社会的共通資本の
外部性制御と
情報開示

統合報告・認証・監査のインセンティブ分析

越智信仁 [著]
Nobuhito Ochi

Control of Externalities related to Social Common Capital through Disclosure

:Incentive Analysis of Integrated Reporting, Accreditation and Auditing.

日本評論社

はしがき

　本書では、現代社会が抱える社会的共通資本の外部性問題を包括的に考察対象とし、インセンティブ分析の思考枠組みを方法論的基礎に用いて、情報の非対称性や契約の不完備性に伴う非効率の改善に向け学際的なディスクロージャー論を展開している。そこでは、究極的には人間の幸福に資する金融経済社会を構築する観点から、自然資本や社会関係資本（環境・地域コミュニティ等）、さらには制度資本（金融・監査）に係る外部性制御に向け、ともに原因者への対応インセンティブを引き出すべく、開示規律を活用した枠組みの下で社会的価値の実現にも貢献する情報開示のあり方を提示している。本書のユニークな点は、外部性問題として、自然資本（地球環境等）のみならず、社会関係資本（企業不祥事・地方創生）や制度資本（金融バブル・監査の失敗）を巡る今日的諸課題を情報開示という共通の分析枠組みの下で、各経済主体における開示インセンティブの視点から横断的に考察しているところにあり、こうした考察はSDGsを巡るグローバルな課題にも貢献可能と思慮している。

　詳しいイントロダクションは「序章」に譲るが、本書では、外部性問題の解決策として経済主体のインセンティブに働きかけるドライビング・フォースとしての情報開示において、如何に実効的な開示を引き出し、当該情報が外部で適切に評価されるかという問題を論じている。これまで環境・地域コミュニティや金融・監査等の外部性問題は個別に独立して論じられてきたが、そうした社会的共通資本に共通して適用可能な開示規律の論理やインセンティブ設計を見出し得ると考えており、こうした総合化は本書において初めて扱われる着眼点である。環境等政策の観点から導いた開示の論理は、自然資本のみならず社会関係資本や制度資本（金融制度、監査制度）など社会的共通資本の外部性制御を論ずる際にも有効であり、統合報告のみならず広い意味での開示論の文脈でも応用可能と考えられる。ここで情報開示とは、会計ディスクロージャーのみならず、第三者機関による認証、会計監査人による

監査報告をも含む広い概念として用いている。

　本書は、第Ⅰ部「自然資本の外部性制御と企業ディスクロージャー」、第Ⅱ部「社会関係資本のマネジメントとシグナリング」、第Ⅲ部「制度資本の外部性制御への開示規律」という三部構成となっている。第Ⅰ部では、地球環境等の自然資本の外部性制御に向け、誘因両立的な開示フレームワークの拡張可能性を論じる。第Ⅱ部では、人々の絆である社会関係資本について、インタンジブルズの源泉として統合報告におけるシグナルとなり得る側面の考察のほか、地方創生に向けてコミュニティの協働を支える資源との観点から、その結節点となる「地域社会益法人」のブランディングに資する制度提言を行う。第Ⅲ部では、制度資本として金融バブルや監査の失敗による外部性問題を論じるとともに、両者と関係する会計インフラ問題として、国際財務報告基準（IFRS）を巡る不確実性問題やボラティリティ問題について敷衍する。

　本書に至る問題意識は、筆者のこれまでの研究テーマを基礎に、時間をかけて醸成されてきたものである。すなわち、①金融システムの安定に資する監査制度研究：『銀行監督と外部監査の連携』（2008年、日本評論社）、②その後の金融危機発生を踏まえた公正価値研究：『IFRS 公正価値情報の測定と監査』（2012年、国元書房）、③ CSR/ESG を含む非財務情報開示や近年の統合報告を巡る研究：『持続可能性とイノベーションの統合報告』（2015年、日本評論社）において、制度資本や自然資本を巡る現実の諸問題（外部性問題）を扱ってきた。本書も、こうした研究の延長線上にあるが、社会的共通資本とインセンティブを基礎とした分析枠組みの下、統合報告のみならず広くディスクロージャー論の文脈で、各種資本の維持や外部性制御の問題を学際的・総合的に発展させたものである。

　現実の問題は学問縦割りに存在しているわけではないので、現実の問題を起点に事象の全体的・包括的な考察を巡らせるには、特定の学問領域に軸足を置きつつも、関連する学問領域・手法を選択しながら多面的な理解を深めていく必要に迫られる。このため、そこでの研究方法は学際的・総合的なものにならざるを得ないが、浅学非才の身で横断的・包括的な接近を試みるに際しては、その限界をカバーするために実に多くの先達から、教えを請う機会を数多くいただいてきた。会計学ないしディスクロージャー論に軸足を置

きつつも、関連する環境・非営利法人・金融など数多くの関連学会への参画とともに、プライベートな研究会・勉強会・セミナー等にも幅広く積極的に参加してきたが、そうした数多くの研鑽の場で培った土台や賜った知見なくして、本書は成り立ち得ないものである。

以下では、そうした取り組みの一端を紹介しながら、関係各位に対する謝辞に代えさせていただきたい。まず自ら参画した学会研究部会等として、古庄修先生（日本大学）主査の統合報告に関する国際会計研究学会スタディグループ、吉見宏先生（北海道大学）主査の会計不正事例に関する日本監査研究学会課題別研究部会では、それぞれ既に研究成果が発表されているが、そこでの分担成果も本書の基礎の一部となっている。同様に巻末の初出一覧等に掲げている共著論文の一部も補章2の一節において基礎として用いており、本書への活用を快諾いただいた日本銀行金融研究所勤務時の同僚である共著者（米谷達哉氏、諸田崇義氏）にも感謝の意を表しておきたい。

この間、自然資本に関連しては、日本政策投資銀行（設備投資研究所）の社会的共通資本研究会、藤井良広先生（上智大学）の環境金融研究機構勉強会、國部克彦先生（神戸大学）の神戸CSR研究会等の場において、最前線の理論や実践的取り組みを参考にさせていただいた。社会関係資本では、稲葉陽二先生（日本大学）のソーシャルキャピタル研究会、出口正之先生（国立民族博物館）の非営利法人研究学会NPO法人部会、小林立明先生（学習院大学）のソーシャルファイナンス研究会等において、海外動向も含め文字通り基礎から研鑽を積む機会を賜ってきた。制度資本のうち、監査制度に関しては長吉眞一先生（明治大学）の研究会で監査実務との整合性について常に省みる場を頂戴してきたほか、金融制度においては31年間奉職した日本銀行におけるプルーデンス関連の実務経験に負うところ大である。この他にも、本書の基礎となる学会の統一論題報告・パネル討論（日本知的資産経営学会、社会関連会計研究学会、国際会計研究学会、日本監査研究学会）や自由論題報告（日本会計研究学会、財務会計研究学会、日本ディスクロージャー研究学会、日本IR学会、非営利法人研究学会、Asian-Pacific Conference、European Accounting Association、日本経営分析学会〈いずれも発表順〉）等で質疑をいただいた先生方のほか、様々なご交誼の中で数多くのご教示を仰いでいるが、紙幅の関係で網羅的に書き尽くせないことをご容赦賜りたい。

最後に私事にわたるが、学究の道を志して以降、いつも後顧の憂いなく研究に打ち込める家庭環境を整え続けてくれている妻・徹子と、いくつになっても力を与え続けてくれている長男・信太郎に、普段はなかなか口に出せない感謝の気持ちを記しておきたい。また、出版事情の厳しき折にもかかわらず、10年前の第1作目からのご縁もあって、今回も㈱日本評論社から出版のご快諾をいただいた。この間、同社社長（第1作目）、顧問（第3作目）、社外協力者（今回）のお立場で、一貫して筆者の出版活動を先導いただいている林克行様にも、深甚なる謝意を申し上げる。

　2018年8月

越智　信仁

［本書は、JSPS科研費（基盤C：研究課題番号 16K03996）の助成を受けた研究成果である。］

社会的共通資本の外部性制御と情報開示
―統合報告・認証・監査のインセンティブ分析

目　次

はしがき………i

序章　本書の目的と分析視角……………………………………1

1．本書の目的と研究対象………1
2．研究の方法と先行研究………5
（1）研究の方法　5
（2）先行研究と本書の位置付け　9
3．本書の構成………15
（1）自然資本の外部性制御と企業ディスクロージャー　15
（2）社会関係資本のマネジメントとシグナリング　16
（3）制度資本の外部性制御への開示規律　17

［第Ⅰ部］　自然資本の外部性制御と企業ディスクロージャー

第1章　自然資本会計と統合報告の接合……………………………20

1．はじめに………20
2．拡張された富とマクロ・ミクロ社会会計………23
（1）資本アプローチと社会的共通資本　23
（2）マクロ社会会計への展開　25
（3）ミクロ社会会計への展開　27
3．企業社会会計の今日的意義と教訓………30
（1）企業社会会計の今日的意義　30
（2）企業社会会計を巡る過去の教訓　32
4．自然資本会計と統合報告の接合………33
（1）自然資本会計のビジネスへの活用　33
（2）統合報告と自然資本会計の親和性　38
（3）自然資本プロトコルやSDGコンパスの活用可能性　41
5．おわりに………44

第2章　自然資本等の開示インセンティブ分析……46

1．はじめに………46
2．ESG に係るリアルオプション価値の任意開示………48
  (1) 日本企業における環境・社会関連「機会」の認識不足　48
  (2) リアルオプション思考の特徴と有用性　51
  (3) リアルオプション経営による企業価値創造　55
  (4) リアルオプション経営に係る事業機会の任意開示　60
3．シグナル開示インセンティブの制度補完………63
  (1) 制度補完を考える視点　63
  (2) 法定財務報告内での開示規制　67
  (3) 人間の視点からの開示規制　72
4．おわりに………77

［第Ⅱ部］　社会関係資本のマネジメントとシグナリング

第3章　社会関係資本のダークサイドと外部性マネジメント………82

1．はじめに………82
2．社会関係資本とインタンジブルズの異同………83
  (1) 社会関係資本の概念　83
  (2) インタンジブルズとの異同　86
3．インタンジブルズにおける負の側面………91
  (1) 社会関係資本の「ダークサイド」　91
  (2) 「負のインタンジブルズ」の態様　94
  (3) 企業価値創造に向けたマネジメントとシグナリング　97
4．おわりに………100

第4章　社会関係資本を活かす「地域社会益法人」認証………102

1．はじめに………102
2．地方創生問題を考える視座………105
  (1) well-being 改善に向けた資本アプローチ　105

(2) コレクティブ・インパクトを促す社会的事業体　107
3．地域内協働に向けた「認証」の活用可能性………111
　(1) 社会的事業体の横断的連携に向けて　111
　(2) 「地域社会法人」認証の制度インフラ整備　114
　(3) 非営利株式会社の社会性担保　119
4．おわりに………126

［第Ⅲ部］　制度資本の外部性制御への開示規律

第5章　金融機関のモラルハザードと信用外部性 …………………130

1．はじめに………130
2．金融機関による外部性と監督当局の役割………133
　(1) 金融機関のモラルハザードとコーポレート・ガバナンス構造　133
　(2) プルーデンス機能における監督当局の役割　136
　(3) 信用外部性とマクロプルーデンス政策　139
3．外部性制御に向けたインセンティブの活用………142
　(1) BIS 規制第3の柱「市場規律」の見直し　142
　(2) 統合報告によるリスクアペタイトのシグナリング　146
4．おわりに………149

第6章　粉飾決算と監査の失敗による外部性 ……………………152

1．はじめに………152
2．会計上の見積りの監査におけるリスク要因………155
　(1) 公正価値等見積り情報の不確実性　155
　(2) 見積りの監査を巡る認知バイアス　158
3．職業的懐疑心に基づく反証的立証活動の必要性………160
　(1) 不正リスク対応基準と職業的懐疑心　160
　(2) 不正の疑義と判断した後の反証的立証活動　162
4．懐疑心の発揮状況に関する情報の非対称性問題………165
　(1) 監査人のエージェンシー問題とアカウンタビリティ　165

(2) KAM 開示による監査品質のシグナリング　167
5．懐疑心の発揮過程におけるホールドアップ問題………170
　(1) 監査報酬の増額に向けた再交渉　170
　(2) 金商法193条の3の発動　173
6．おわりに………176

[第Ⅲ部 補章]　金融・監査インフラとなる IFRS の留意点

補章1　IFRS の不確実性問題　……………………………… 180

1．はじめに………180
2．金融商品の公正価値測定………182
　(1) IFRS 第9号の公正価値測定領域　182
　(2)「事業活動の性質」と売却可能性・信頼性　185
3．レベル3公正価値測定における重要な不確実性………188
　(1) 信頼性と忠実な表現の概念的整理　188
　(2) IASB 概念フレームワーク見直しにおける「測定の不確実性」　193
4．重要な不確実性と検証可能性の関係性………195
　(1)「検証可能性」に関する IASB 説明への疑問　195
　(2)「検証可能性」概念区分の再構築　201
5．おわりに………205

補章2　IFRS のボラティリティ問題　……………………………… 208

1．はじめに………208
2．IFRS とバーゼルⅢの交錯………209
3．予想信用損失モデルにおける情報インダクタンス………212
　(1) 金融商品の減損を巡る見直し経緯　212
　(2) 減損見積りにおける情報インダクタンス　218
　(3) 若干のインプリケーション　225
4．IFRS におけるボラティリティ問題への対応………227
　(1) 銀行監督当局のオフサイトモニタリングへの影響　227

(2) 銀行監督における比較可能性の確保　229
　5．おわりに………232
　補遺：ケース(i)及び(ii)における均衡の導出………234

終章　総括と今後の課題 ……………………………………… 238
　1．本書の総括………238
　2．今後の課題………241

【参考文献】………243

【初出一覧】………267

【索　　引】………268

序章

本書の目的と分析視角

1. 本書の目的と研究対象

　本書の目的は、人間の幸福（well-being）に資する金融経済活動を増進すべく、自然資本や制度資本など「社会的共通資本」に係る外部性制御に向けて、情報開示による規律付けの道筋と論理を明らかにすることにある。本書のユニークな点は、外部性問題として、自然資本（地球環境等）のみならず、社会関係資本（企業不祥事・地方創生）や制度資本（金融バブル・監査の失敗）を巡る今日的諸課題を情報開示という共通の分析枠組みの下で、各経済主体における開示インセンティブの視点から横断的に考察しているところにある。ここで情報開示とは、会計ディスクロージャーのみならず、第三者機関による認証、会計監査人による監査報告をも含む広い概念として用いている。

　社会的共通資本は、1つの国ないし特定の地域に住む全ての人々が、豊かな経済生活を営み、優れた文化を展開し、人間的に魅力ある社会を持続的、安定的に維持することを可能にするような社会的装置と定義されており、具体的には自然環境、社会的インフラストラクチャー、制度資本の要素から構

成される（宇沢［2000］4-5頁）。もとより外部不経済は自然資本に限られるものではなく、経済活動に伴いコミュニティの関係性に根差した社会関係資本[1]や制度資本が崩されるようであれば、これらも外部効果に基づくマイナスの社会的費用であることに変わりはない。社会的共通資本には所有権が帰属しないことが、外部性を内部化する実効性ある仕組みを構築できない遠因となっており、所有権を割り当てられない中で、個々の経済主体が外部性問題を自分の問題として取り組まなければならない状況を如何に創り出せるかがポイントになる。

　こうした問題意識から本書では、外部性問題の解決策として経済主体のインセンティブに働きかけるドライビング・フォースとしての情報開示において、如何に実効的な開示を引き出し、当該情報が外部で適切に評価されるかという問題を論じている。これまで環境・地域コミュニティや金融・監査等の外部性問題は個別に独立して論じられてきたが、そうした社会的共通資本に共通して適用可能な開示規律の論理やインセンティブ設計を見出し得ると考えており、こうした総合化は本書において初めて扱われる着眼点である。そこでは企業等のミクロ経済主体への開示規律による外部性制御を中心に据えており、社会的共通資本は企業マネジメントに関わる各種資源としても位置付けられることになる。

　社会的共通資本の持続可能性とその外部性制御の問題は、マクロ社会会計である「富の会計（wealth accounting）」とも通底しており、その意味で本書は、「新しい国富（包括的富：inclusive wealth）」の維持・強化に向けたミクロ的考察でもある。富の会計の理論的支柱である Dasgupta［2001］は、市場財から得られる効用のみならず、健康や教育、個人が享受する権利など、人間の幸福を包摂する広い概念として well-being を捉えるとともに、その財的投入の基盤についても、製造資本から自然資本、社会関係資本など幅広い富を射程に入れた枠組みを提示している。そこでは、世代を通じた well-being の維持に向けて、その源泉であるストックとしての包括的富の維持・

---

[1] ネットワーク・規範・信頼によって協調行動を導く Social Capital は、直訳すると社会資本となり、日本語で社会資本というと、道路、空港、港湾など公共的便益を生産する資本ストックを指す用語として定着していることから、社会関係資本と訳出されることが一般的である。

強化の観点から持続可能性が定義されるとともに、国民経済の持続可能な発展に向けた経済と環境等の統合という考え方も導かれることになる。

そうした考え方は、IIRC（International Integrated Reporting Council）が公表した国際統合報告フレームワーク（IIRC [2013b]）における「オクトパスモデル[2]」にも通じるものがあり、企業に対し外部性マネジメントのインセンティブ付与を通じてシグナリング理論と正当性理論との接合領域の拡張を図るうえで、統合報告は有用な開示媒体と位置付けられる。本書では、持続的企業価値の統合報告による誘因両立的な外部性制御の道筋として、企業にリスクマネジメント対応の開示拡充を促すルートのみならず、ESG（環境・社会・ガバナンス）に係る事業機会（リアルオプション価値）の獲得に着目した任意開示のインセンティブ付与にも論及している。同時に、情報の非対称性に乗じて外部性をくいものに行動する主体をも視野に入れた制度補完策として、評判による正負のインタンジブルズが企業価値に影響し得る開示規制が重要になると考えている。

本書では ESG 等の非財務情報について、意思決定有用性と同時に外部性制御という政策目的も追求する観点から考察を進めている。環境経済学では、資源配分の最適化の観点から経済と環境の2つの問題領域を統合化する研究が1つの重要な分野であり、特に環境費用（外部不経済）の内部化論の応用分野として情報開示も有力な政策手段となるが、情報の非対称性緩和を軸にしたディスクロージャー論（「開示の会計学」）としても、外部性制御に向けた開示規律の向上策は重要な考察対象になる。環境等政策の観点から導いた開示の論理は、自然資本のみならず社会関係資本や制度資本（金融制度、監査制度）など社会的共通資本の外部性制御を論ずる際にも有効であり、統合報告のみならず広い意味での開示論の文脈でも応用可能と考えられる。

企業ディスクロージャー論では、伝統的な製造資本や財務資本だけでなく、企業価値に影響を及ぼす知的資本や人的資本などの無形資産（インタンジブルズ）まで射程に入れたレポーティングの必要性も古くから論じられてきたが、本書では、組織体や地域コミュニティが有する社会関係資本等にまで射程を

---

[2] IIRC [2013b] p.13 で図示された「価値創造プロセスの全体像」では、中央の「ビジネスモデル」から左右両サイドの「6つの資本」に延びる線が「タコの足」のように見えることから、オクトパスモデルとも呼ばれる。

広げた開示論を展開している。不正等に絡んだ不祥事の背景には企業文化（組織風土[3]）の問題が深く根差しており、近年の問題事例には、社会関係資本のダークサイドが「負のインタンジブルズ」として企業価値を毀損している状況が多く観察される。好ましい企業文化を生む社会関係資本の構築には、企業理念や行動指針の社内浸透が求められ、その際に統合報告等を通じた組織内価値の見える化・共有化も重要な役割を果たす。他方で、地方創生という観点からは、地域コミュニティに相対的に豊富な社会関係資本という資源を活用していく視点が求められ、絆の見える化（「地域社会益法人」認証によるシグナリング）が取引費用の節約とともに、社会的事業体間の横断的連携に向けた共通のプラットホームにも役立てられ得ると考えている。

　社会関係資本は、金融機関や監査法人のリスクカルチャー、ガバナンスカルチャーといった企業文化の基礎としても機能する。本書では金融システムの安定に資する制度資本として金融制度と監査制度を採り上げ、間接金融の担い手たる金融機関や直接金融（資本市場）を支える監査人における外部性問題を論じている。一般に金融制度の外部性については、バブルの崩壊を通じて金融破綻が連鎖するシステミックリスク、これに伴う事後的な公的資金注入が挙げられることが多いが、本書では事前的な過剰リスクテイク（金融バブル生成）の側面に焦点を当てている。また、究極の企業価値破壊行為である粉飾決算の見逃し（監査の失敗）により投資家等は多大な損失を被り、規制負担を含め社会的コストも嵩むという意味で、監査制度も外部性を有している。いずれの問題も、情報開示（統合報告のRAF[4]〈Risk Appetite Framework〉、監査報告のKAM[5]〈Key Audit Matters〉等）を梃とし、経済主体のインセンティブに影響する開示規律を生み出すと同時に、適切な企業文化（リスクカルチャー、ガバナンスカルチャー）の形成に役立てていく必要がある（図表序 -1）。

3　他にも、同一事象に対し「企業風土」、「組織文化」の用語が、分野・文献毎に異なって用いられているが、本書では「企業文化」で基本的に統一した。

4　金融安定理事会（FSB）はリスクアペタイトを「金融機関が、自己の戦略上の目的と事業計画を達成するために、自己のリスク負担能力の範囲で受け入れる意思のあるリスクの種類と水準の合計」（FSB [2013] p.3）と定義している。

5　金融危機における監査の失敗を教訓に、「監査上の主要な検討事項（KAM）」を監査報告書に盛り込む改革が世界的に進行し、わが国でも導入された。

図表 序-1　各章の考察対象と情報開示媒体

社会的共通資本／章		考察対象(開示の内容・効果等)	情報開示媒体(開示手段・基準等)
自然資本 (第Ⅰ部)	1章	地球環境問題等のリスクマネジメント	富の会計、自然資本会計、SDGコンパス等
	2章	ESGの事業機会等	統合報告書、法定開示等
社会関係資本 (第Ⅱ部)	3章	インタンジブルズ・企業文化マネジメント	統合報告書
	4章	社会的事業体のブランディング等	自治体による「地域社会益法人」認証
制度資本 (第Ⅲ部)	5章	金融機関のリスクテイク状況	統合報告書、バーゼル開示規制(第3の柱)
	6章	職業的懐疑心の発揮状況	監査報告書(KAM)、透明性報告書、AQI等
	補章	金融・監査インフラとなる会計情報	国際財務報告基準(IFRS)の公正価値測定等

2. 研究の方法と先行研究

(1) 研究の方法

　社会的共通資本の外部性問題については、とりもなおさず「新しい富」を巡る「市場の失敗」の原因と対策を考えることである。そのための研究方法として本書では、社会的共通資本に係る外部性の制御に向けたインセンティブ構造を分析し、開示規律を通じて問題状況の改善に向かうような制度改善案を導きたいと考えている。経済主体のインセンティブを分析する情報の経済学ないし契約理論のアプローチでは、情報を経済財として扱い、情報の非対称性や不完備契約に伴う問題などを考慮しつつ情報提供のあり方を検討することから、特定の分野や現象にのみ当てはまるものではなく、非金銭的便益を含め社会的共通資本に広く適応できる理論的な方法と考えられ、本書ではその本質的なアイデアを思考枠組みとして論を進めている。

　契約理論が扱う問題は、一般に、隠された特性による「逆選択」(本来の質に見合う値段がつかない非効率)、隠された活動による「モラルハザード」(エージェンシー関係のコンフリクト)、隠された意図による「ホールドアップ問題」(関係特殊的投資における事前の非効率) などの類型が識別される[6]。それらの問題について、契約理論ではインセンティブ問題という視点から分析し、所

6　わが国における契約理論の解説書として、柳川 [2000]、伊藤 [2003]、清水・堀内 [2003]、伊藤・小佐野 [2003]、中林・石黒 [2010] 等を参照した。

期の目的を実現するよう人々の行動に働きかけることに失敗している原因を探り、その困難を回避するための道筋と方策を示すことが可能になる。そのために本書では、各経済主体のインセンティブに作用する情報（開示）の役割に着目しており、そのために人々の具体的行動の背後にあるインセンティブをもたらしているルール、契約などの実態を学際的に分析している。

まず、「逆選択」と「モラルハザード」の根底には情報の非対称性問題があり、取引の障害を取り除き効率的な（適切な）行動を自律的に引き出すには、非対称情報を適切に開示させるインセンティブ設計の導入が必要である。すなわち、これまでは「逆選択」による「市場の失敗」として、例えば自然資本の使用まで含めた「真の価格（コスト）」が見えないことに起因し、自然資本をくいものにする企業とそうでない企業を区別できない結果、外部性に依存した表面利益の最大化行動を助長してきた。そこで、企業が外部性依存度の低減に向けた努力を開示するインセンティブを生むよう、他社と差別化された比較可能情報が経済主体（消費者、投資家等）の選択行動に影響を及ぼすような情報開示が必要である。

情報の非対称性問題については、他社と比較可能な情報生産を達成し得る制度設計が重要になる。環境負荷やリスクテイクあるいは監査品質等を巡るエージェントの特性・行動に関し、他社と比較可能なシグナルとして情報生産できれば、市場に広く伝わる評判に影響を与え、企業にとっては正負のインタンジブルズという形で企業価値にも循環する。そうしたシグナルは社会的共通資本の態様に応じて多様であり、例えば本書で提案している「地域社会益法人」認証についても、公的機関（自治体）による情報生産として構想した制度インフラであり、そうした認証付与が非営利株式会社の社会性を周知させるとともに、社会関係資本の結節点である各種社会的事業体の協働を媒介するシグナルとしても機能し得るのである。

また、こうした比較可能な開示設計は、プリンシパル・エージェンシー関係における「モラルハザード」への対応としても有効である。例えば、公的支援を見越した預金者を顧みない金融機関の過剰なリスクテイクや、インセンティブのねじれ等による深度を欠く監査を防止するには、エージェントがモラルハザード等を起こさない方が得になる誘因両立的な仕組みが求められる。その際、監督当局の関与（規制・モニタリング・検査等）も１つの解決策

であるが、開示規律の役割を重視する観点から本書では、モラルハザード等のインセンティブを喪失するような状況の創出に向けて、リスクテイクや監査品質の見える化につながる情報を、他社比較可能な形で開示させることが重要と考えている。そうした情報が開示され得る状況の下では、エージェント自身がモラルハザード等を起こさない経済主体であることを、自らプリンシパルにシグナリングするインセンティブも引き出し得るのである。

さらに、制度資本を巡る不完備契約に伴う「ホールドアップ問題」として、監査報酬の再交渉や金融商品取引法193条の3（法令違反等事実発見への対応）の適用にも論及する。監査契約については、起こり得る全ての事象に対して被監査会社、監査人の双方がどのような行動をとるべきかを事細かく定められないという意味で不完備であり、監査の進行に応じて状況は可変的である。通常の二者取引の契約が不完備でコスト（取引費用）を伴う場合には、双方の信頼が高まればコストが節約され取引が長期に及ぶほど双方の利益は高まるので、相互信頼の増進に向けたインセンティブが高まることになる。しかし、監査の場合には監査報告書の利用者を含む三者構造にあり、被監査会社の利益ではなく監査報告書の利用者たる株主（投資家）の利益を第一に考えなければならない。そこでは「インセンティブのねじれ」を矯正し、会社だけでなく株主との信頼関係をより重視する方向に誘導する制度設計（残余コントロール権の帰属）が求められる。

他方で、金融制度（金融バブル）と監査制度（監査の失敗）の外部性問題は、公正価値や割引現在価値を巡る会計情報の不確実性とも密接に関連している。また、開示主体に競争を意識した開示インセンティブを引き出すには、先述したように開示情報の他社比較可能性が重要になる一方、情報に検証可能性がなければ情報操作の余地が生じ他社比較の実効性が失われ、開示インセンティブが働かないことになりかねない。契約理論において「立証（不）可能性問題」として論じられる領域とも重なるが、開示される会計情報も経済財として契約理論の分析対象となり得るのであり、本書では制度資本を巡る開示インセンティブ付与の文脈の中で、国際財務報告基準（IFRS）における公正価値測定や予想信用損失の検証可能性問題等を別途掘り下げて論じている。

売り手の間の競争を通じた「解きほぐし」により情報が自然発生的に開示され、非対称情報が解消される状況は「完全開示」と呼ばれるが、そうした

情報開示のルールが有効であるためには、取引当事者以外の第三者が事後的に、開示された情報の適否を判断できる許容可能なコスト以下での立証（検証）可能性が存在しなければならない。逆に、検証可能性が存在しなければ嘘の情報でも開示できるほか、仮に検証可能でも第三者が負担するコストが禁止的に高い場合にも適切な情報を引き出せなくなり、こうしたケースには開示主体の行動に「解きほぐし」のプロセスが有効に働かなくなる。すなわち、検証不能であれば低品質先に高品質にみせる情報操作のインセンティブを与えることになる一方、消費者等の経済主体が無視できるほどのコストで立証することは難しい場合には、高品質の売り手も積極的に情報を開示するインセンティブをそがれるのである。

例えば消費者・食品会社との関係であれば、消費者にとって味や見た目からは分からず、短期的には自覚もなく食品分析技術もない場合、食品会社に、健康には悪いが安価な原材料（例えば砂糖の代わりにチクロ）を用いた利潤増大のインセンティブとともに、極端なケースではラベル貼り替え等の食品偽装（例えば芝エビの代わりにバナメイエビ）のインセンティブすら生みかねない。検証コストを個人が負担するのは困難であり、こうした検証不能下でのインセンティブ構造は、近年の民間企業による度重なる各種開示・品質不正（品質データ・検査書類・燃費・耐震偽装等）や、公的組織による公文書改ざん（国会議員等への開示文書）、障害者雇用率水増しにおいても同様に観察されるほか、先のグローバル金融危機においてCDO（債務担保証券）の公正価値評価のトレーサビリティが喪失した事例、さらにオリンパスや東芝等の粉飾決算において、会計上の見積りの不確実性という検証可能性の弱点が不正の手口に悪用されたケースにも通底している。

こうした状況に対処し適切な情報開示を有効に作動させるには、任意開示によるシグナリングのみでは十分な解決策にならず、費用・便益を踏まえた明確で比較可能な開示クライテリアのルール化（財の質に関する開示規制）が補完的に求められるとともに、公的・公益的立場からの真に実効的な第三者チェック（監督・監査等による信頼性付与）が担保される仕組みとなっていなければならない。財・サービスの品質のみならず会計情報、とりわけ公正価値等見積りにおいても検証可能性がなければ、忠実な表現が保証されないだけでなく、監査の有効性に限界を生み不正会計の温床を提供することにもな

りかねないことから、会計基準設定自体に慎重な検討が求められる[7]。同様に金融商品の予想信用損失という主観的見積りを巡っても検証可能性を欠く会計情報は、プロシクリカリティ（景気循環増幅効果）の抑制という金融規制目的の達成において、規制側と被規制側との間で「いたちごっこ」を生む懸念があり、本書では情報インダクタンスやゲーム理論による分析によって検証可能性が担保される仕組みの重要性を裏付けている。

(2) 先行研究と本書の位置付け

　情報開示インセンティブを巡る先行研究として、情報の非対称性によって生み出される諸問題に関する分析は、Akerlof［1970］、Spence［1973］、Stiglitz［1975］、Rothschild and Stiglitz［1976］等によって切り拓かれた後、Milgrom［1981］、Grossman［1981］等を嚆矢に「解きほぐし」による自発的情報開示（完全開示）の理論研究も進展した。すなわち、Milgrom［1981］では、もし売り手が無コストで信用できる情報開示を実行できるのなら、平均的な質よりも高い質の商品をもつ売り手は市場に質の情報を開示する一方、情報を開示しない売り手の商品に対して買い手は懐疑的な見方をするので、開示する売り手が増えて全ての売り手が商品の質を開示する均衡が導かれるとした。また、Grossman［1981］でも、取引成立後の商品の質を事後的に証明することが可能であれば、売り手は商品の質についての全ての情報を開示するとした。

　その後も市場における情報の非対称性とそれに伴う逆選択を緩和するために、情報優位にある経済主体から自発的に情報開示させる条件の検討として、Milgrom［1981］やGrossman［1981］になかった情報生産のコストや経営者情報の偏在等を分離して考察し、開示インセンティブを理解しようとする理論研究が進展してきた。そのうちJovanovic［1982］やVerrecchia［1983］では、情報開示にコストがかかる場合にも高品質先は開示インセンティブを

---

[7] 日本銀行［2017］34頁（徳賀発言）では、経営者が会計基準における判断の余地を機会主義的に利用しても、それを利用者が識別できるならば会計基準は原則主義的なものでよいとする一方、わが国における近年の会計不正事件を踏まえつつ、そうした条件が満たされないような会計基準の維持・新設については、判断の余地を狭める細則の必要性も含め慎重に検討しなければならないとしている。

有するが、開示しない場合に、悪い情報（低品質）のためか、所有者コストを払ってまで開示するだけの良い情報（高品質）ではないのか、市場参加者は読み取り難くなり、このことが情報開示の行動自体にも影響するとした。その際、Verrecchia [1983] は、情報開示による所有者コストとして、伝達費用のみならず敵対者の有害な行動を誘発することによる損失まで勘案した。

　他方で、不完備契約理論の分野では、Grossman and Hart [1986] において、関係特殊的投資を行う場合には事前に完備契約を結ぶことはできないため、事前的には投資水準が最適にならない「ホールドアップ問題」が論じられた。そこでは、契約に記されていない事象が生じた場合の残余コントロール権がどのような形で事前に配分されるかによって、事後的な交渉における剰余の分配が影響を受ける結果として、関係特殊的投資のインセンティブが左右されるとした。その後も Hart and Moore [1990] や Hart [1995] 等において、残余コントロール権に注目した研究が重ねられるとともに、不完備契約理論は様々な分野に応用され、如何にホールドアップ問題を軽減するかの研究が進展してきた。

　さらに、上記の理論研究の蓄積を受けて、それらを検証する実証・実験研究も重ねられ、こうした理論・実証面における先行研究を比較・整理した国内文献として、椎葉・高尾・上枝 [2002] [2010]、秋田 [2002]、上枝 [2004]、水谷 [2006]、伊藤 [2007] 等があるほか、中久木 [2002] では、米国を中心とした自発的に開示される情報の作成・開示プロセスにおける経営者のインセンティブについて、会計数値に限らない広い意味での自発的開示に関する実証研究が紹介されている。この間、Sunder [1997] など契約理論を会計に応用した研究も進展しており、佐藤 [2009] では契約理論を用いた米国学術誌における近年の研究が詳細に解説されている。また、柴・須田・薄井 [2008]、太田 [2010] でもディスクロージャー研究ないし分析的会計研究の一分野として、契約理論が採り上げられている[8]。

---

[8] 契約理論は、とりわけ企業間におけるインセンティブの問題に深く関わっていることから、管理会計の分析手法として関連した実証研究の蓄積が進んでおり、例えば椎葉・小倉 [2010] では、業績管理会計の分野におけるエージェンシー理論とゲーム理論に基づく研究の変遷が説明されている。また、わが国における契約理論を用いた会計・経営研究として、亀川 [2004]、桑原 [2004]、中野 [2004]、椎葉 [2011]、伊藤 [2012] 等がある。なお、環境政策の契約理論的考察としては、中泉 [2004] がある。

こうした中で本書は、現代社会が抱える社会的共通資本の外部性問題について、社会的共通資本とインセンティブ分析をベースにした開示論というフレームワークで接近を試みているが、数理モデルをメインにした分析的・実証的研究ではなく、あくまで現状改善に向けた学際的かつ総合的な問題解決型研究である。そこでは、アウトサイド・インの目標仮説の達成に向けて、現実の事例観察に基づいて問題解決策を探究する「規範帰納的研究」を志向している[9]。意思決定者の行動を数理モデルで表現するには多くの単純化が行われるとともに、定式化された問題に解があることを確認するために現実とは乖離する制約条件も必要となる一方、本書の関心は、現象観察のための解釈・分析や命題の厳密な証明それ自体にあるわけでなく、インセンティブ分析の切り口を思考枠組みとして用いることによって、現状の問題解決に資する具体的な処方箋を提示することにある。

　現実に公害問題等の深刻化を映じて前世紀後半以降、欧米を中心に企業活動の環境等社会的インパクトの測定・報告に向け企業社会会計を巡る理論的・実践的試みが拡がり、既に国内外で多くの研究蓄積もある（例えば、Estes [1976]、Johnson [1979]、Gray et al. [1987]、SIGMA [2003]）。しかし、こうした取り組みは理想主義的で、利害関係者に対するアカウンタビリティ概念を方法論的基礎に財務書類に酷似した形で非財務情報を体系化しようとしたために、その測定困難性が壁となって普及しなかった。本書では、マネジメントと切り離して会計上の測定ないし計量化に拘泥するのではなく、むしろ外部性に関する情報をフォワードルッキングなリスク管理や機会獲得に役立てるとの観点から、非財務情報を射程に含む「開示の会計学」として論じている。

　換言すれば、過去の企業社会会計は経済主体へのインセンティブ設計の視点を欠いていたために、望ましいと考える金融経済社会を実現する行動をと

---

[9]　観察される現状の課題（外部性）に対し、あるべき姿（目標仮説）をアウトサイド・インの考え方で設定したうえで、現状とあるべき姿（外部性制御）とのギャップを埋める改善策の道筋と論理を探求している。その際、現実の問題解決に資する処方箋を考察する観点から本書では、数理モデル等を用いた演繹的推論のみで論理的に必然的な結論（目標の実現方法）を得る「規範演繹的研究」ではなく、目標仮説と帰納的に観察された事実（企業事例）を踏まえ、解決策（外部性制御の開示インセンティブ付与方策）を提示する「規範帰納的研究」のアプローチに基づいている（こうした規範研究の方法論については徳賀 [2013] を参照した）。

るよう人々に有効に働きかけることに失敗したともいえる。本書では、アカウンタビリティという概念的基礎付けだけにとどまらず、行動の基盤となっているインセンティブの内容を踏まえ、特定のルールが具体的にどのような行動を企業に誘導するかについても考察している。自然資本のみならず社会的共通資本の外部性制御に向けて、所期の目的を達成するよう人々の行動に影響を与えるには、各経済主体の行動パターンを現実的に理解し、その望ましい行動に対するインセンティブを引き出す誘因両立的な仕組みを考えなければならない。

表面的な価格・財務の裏にある外部性に関し、経済主体（消費者、投資家等）の選択行動や評判に影響を及ぼし得る比較可能な非財務情報が必要であり、外部性問題の原因者自らが自分のことは自分が一番よく知っているので、外部性依存度の低減に向けた努力を開示するインセンティブを生む制度設計が求められる。そうした観点から本書では、情報の非対称性や契約の不完備性に伴う非効率を改善する方策を考察しており、そこで導いた本書の特徴や意義を予め列挙しておくと以下の通りであるが、こうした開示を軸にした外部性制御の考察は、グローバルな「SDGs（Sustainable Development Goals）[10]」や「人間の安全保障[11]」を巡る議論に貢献可能と思慮しており、本書で採り上げていない他の制度資本（例えば、医療、教育）などにも応用可能ではないかと考えている。

① シグナリング理論と正当性理論が接合し得る開示促進への貢献を目的に、まず自然資本の外部性制御に向けた事業機会のリアルオプション価値に着目し、企業価値創造のシグナルとして任意開示するアプローチについて論じている。リアルオプション理論を研究開発・M&A・ベンチャー

---

10 国連加盟国が 2015 年に合意した「持続可能な開発目標」であり、より良き将来の実現に向けたグローバルな諸課題として 17 の目標と 169 のターゲットを設定し、2030 年を目標年に幅広い経済主体による総合的な取り組みを推進している。
11 人間一人ひとりに着目し、生存・生活・尊厳に対する広範かつ深刻な脅威から人々を守り、それぞれの持つ豊かな可能性を実現するために、保護と能力強化を通じて持続可能な個人の自立と社会づくりを促す考え方であり、2012 年 9 月に国連総会において「人間の安全保障の共通理解に関する総会決議」が採択され、人間の安全保障を巡る議論は大きく前進した（外務省ホームページより抜粋）。

投資等や経営論の文脈で応用した先行研究はみられるが（例えば、Dixit and Pindyck [1995]、Amram and Kulatilaka [1999]）、社会・環境面での企業の取り組みを後押しする理論的バックボーンとして活用したのは、本書にオリジナルな立論である。また、任意開示のシグナリングを補完する開示規制において、誘因両立的に外部性制御の企業インセンティブを引き出す観点から、同業他社比較が可能な開示枠組みの導入により投資家の参画を促すことや、非財務情報開示において柔軟性とともに比較可能性を意識することの重要性を、投資家にとっての情報の非対称性緩和や、これに伴う開示主体への「解きほぐし」の視点から根拠付けている。

② 社会関係資本を巡っては、当該資本のダークサイドが隠蔽体質を生む企業文化の根源にあるとの先行研究もみられるが（例えば、稲葉［2005］［2017］）、本書ではダークサイドを「負のインタンジブルズ」（越智［2015a］139 頁）の文脈で位置付けるとともに、近年における粉飾決算・開示・品質不正事例を踏まえつつ、企業文化に影響する見えない行動規範のマネジメント・可視化に向けて、組織外へのシグナルとしてのみならず組織内の価値認識の共有化にとっても、統合報告が有用となる側面の考察を付加している。他方で、地域の潜在的に豊かな社会関係資本を糾合する社会的事業体に対し、社会的認知の付与を通じて情報の非対称性を緩和し資金調達の円滑化等に資するため、「地域社会益法人」認証というシグナリングに向けた新しい制度インフラの創設を提言しており、地方創生にも貢献可能な意義を有すると考えている。

③ 金融システムという制度資本を毀損する金融バブル（金融危機）に関し、金銭的外部性（ないし信用外部性）という理論的視座（例えば、Lorenzoni [2008]、加藤・敦賀［2012］）から事前的なリスクテイク増殖の問題を採り上げ、銀行業におけるリスクに係る開示規制の標準化を巡る近年の動きを、他社比較可能な情報開示の文脈で積極的な意義付けを付加している。また、銀行業の任意開示において、RAF による対外シグナリングと組織内価値の認識共有化（リスクカルチャー醸成）の同時実現に向けて、金融システム論とディスクロージャー論を融合した新たな視点での統合報告論を提示している。

④ 監査の失敗により、事後的に投資家のみならず社会は多大なコスト

を余儀なくされるという意味での監査制度の外部性は、栗濱［2011］でも触れているが、本書では、監査の外部性に対する開示規律の活用という視点で、KAM 等が比較可能な差別化情報としてシグナリングされることを起点に、会社への事前的牽制機能を発揮し得る視点を強調している。また、追加的監査時間の投入等が事後的な社会的コストを本来カバーして然るべき水準に達せず、社会的非効率を生みかねないインセンティブ構造を不完備契約のホールドアップ問題として論じている。不完備契約理論は様々な分野に応用されているが、監査報酬の再交渉や金融商品取引法 193 条の 3 の適用を巡る制度改革に向けた理論的な切り口として監査論に応用したのは、本書にオリジナルな考察であり、不正と監査を巡る実効的な制度改善策の議論に資する意義を有すると考えている。

⑤ 検証不能な情報では、忠実な表現であることの保証が得られないばかりか、過剰リスクテイクや会計不正の温床ともなりかねないことから、最も不確実性の高い見積りであるレベル 3 公正価値測定のうち、無裁定価格の金融工学的な保証を大きく逸脱した領域、すなわち未定式の評価技法に起因し測定に重要な不確実性を生む「レベル 4」領域（越智［2012］65 頁）の測定が行き過ぎ（不適当）であることについて、新たに提唱した「合理的検証可能性」の概念を用いて論証している。こうした研究は概念フレームワークの基礎研究としての意義を有しているほか、新たな概念的枠組みを下に規範的・実証的議論がさらに活性化すれば、財務会計論と監査論を統合した堅牢な会計システムの構築にも貢献可能と考えている。

⑥ 予想信用損失モデルのように会計上の見積りにマクロ経済政策的な視点（プロシクリカリティ抑制）が持ち込まれると、市場の反応を先読みする経営者の主観が介在する中で、「いたちごっこ」の状況を呈しかねないことをゲーム理論で論証することによって、検証可能性や監査可能性を担保する枠組み（基準・ガイドライン等）の重要性を裏付けた。この点は、IFRS の下で予想信用損失の実務が今後本格化していく中にあって、情報インダクタンスによる経営者の不適切な運用の抑制に向けて、新たな着眼点を提供する今日的意義があると考えている。

3. 本書の構成

 本書は、第Ⅰ部「自然資本の外部性制御と企業ディスクロージャー」、第Ⅱ部「社会関係資本のマネジメントとシグナリング」、第Ⅲ部「制度資本の外部性制御への開示規律」という3部構成となっている。まず第Ⅰ部では、地球環境等の自然資本の外部性制御に向け、誘因両立的な開示フレームワークの拡張可能性を論じる。次いで第Ⅱ部では、人々の絆である社会関係資本について、インタンジブルズの源泉として統合報告におけるシグナルとなり得る側面の考察のほか、地方創生に向けてコミュニティの協働を支える資源との観点から、その結節点となる「地域社会益法人」のブランディングに資する制度提言を行う。最後に第Ⅲ部では、制度資本として金融制度と監査制度の外部性問題を論じるとともに、補章において両者に関係する会計インフラ問題についても敷衍する。

(1) **自然資本の外部性制御と企業ディスクロージャー**

 第Ⅰ部「自然資本の外部性制御と企業ディスクロージャー」では、地球環境等の自然資本の外部性制御に向け任意開示拡張や制度開示によるインセンティブ補完などの開示フレームワークを論じており、まず第1章「自然資本会計と統合報告の接合」において、自然資本会計を巡る近年の国際的動向をレビューしつつ統合報告との接合可能性を考察する。そこでは、「富の会計」の理論的支柱である資本アプローチと、これに親和性の高い社会的共通資本の考え方をベースに、さらに過去に試みられた企業社会会計が普及に至らなかった教訓をも踏まえながら、近年における新しいミクロ社会会計が統合報告との親和性が高いことを論じるとともに、自然資本プロトコルやSDGコンパスといった企業向けツールの活用可能性にも論及する。

 第2章「自然資本等の開示インセンティブ分析」では、シグナリング理論が正当性理論を包摂して拡張するための開示インセンティブ付与に向けて、まずESG戦略が事業機会として企業価値創造につなげるリアルオプション価値を生むことに着目し、オプション性が納得してもらえるよう統合報告による非財務情報開示を構造化していく必要性を論じる。次いで、情報の非対

称性に乗じて外部性をくいものにする主体に市場規律をより実効的に機能させる観点から、財務報告制度の非財務情報開示において、外部性制御に係る同業他社との差別化シグナルを発するインセンティブ補完が求められると同時に、財務報告の重要性はビジネスにとってのリスクと機会が中心となるため、重要な社会的価値には別途の開示規制が必要となることにも論及する。

(2) 社会関係資本のマネジメントとシグナリング

　第Ⅱ部「社会関係資本のマネジメントとシグナリング」では、まず第3章「社会関係資本のダークサイドと外部性マネジメント」において、社会関係資本という企業との関係性分析の概念を用いることによって、これまで会計論者によって区々に定義されてきたインタンジブルズ（組織資本、関係資本、ブランド、レピュテーション等）との異同、とりわけその同質性を包括的に理解する。そのうえで、結束型社会関係資本の「ダークサイド」に関する先行的知見を端緒に、外部性をもたらす企業不祥事の背景にある企業文化について、過少収益力を惹起する「負のインタンジブルズ」の視点から採り上げる。次いで、これをより一般化する形で社会関係資本における「負のインタンジブルズ」の態様を考察した後、正の効果につなげる資本（資源）マネジメントのあり方と組織内外への開示（シグナリング）の必要性に論及する。

　第4章「社会関係資本を活かす『地域社会益法人』認証」では、地方創生問題を考える理論的視座として、暮らし易さ（well-being）の改善に向けた資本アプローチに依拠しつつ、コレクティブ・インパクト（協働による社会的課題の解決）を促す社会的事業体の役割について、欧州の事例から得られた示唆をベースに、わが国における地域内協働に向けた「地域社会益法人」認証の活用可能性について考察を進める。ここでの「認証」は、税制優遇等と結び付いた要件確認制度（公益認定法における認定、特定非営利活動促進法における認証）とは異なり、広く社会的事業体の活動を利用者目線で水平的に認知・評価する制度インフラであって、むしろ情報の非対称性を緩和する意味でのシグナリングによるブランドイメージ創出が主眼である。地方自治体の「認証」付与を通じて、既存の社会的事業体の枠内に法的形態や組織目的の多様性を超えて共通のラベルで括られた協働空間を作り出すとともに、出資の受け入れが可能な非営利株式会社の社会性をも担保していく視点から

考察を進める。

(3) 制度資本の外部性制御への開示規律

　第Ⅲ部「制度資本の外部性制御への開示規律」では、制度資本として金融制度と監査制度の外部性問題を扱っており、まず第5章「金融機関のモラルハザードと信用外部性」では、バブル生成期における金融機関の信用外部性について、グローバル金融危機の教訓を踏まえた開示規制の見直しや、経営管理の枠組みとしてのRAFの進展も踏まえて、開示規律のあり方を論じる。バブルの生成過程において金融機関は、公害を垂れ流すようにリスクを増殖・拡散する収益競争に明け暮れた結果、全体として社会に許容不能なリスクが顕現化し個々の経済主体をも巻き込むことになる。その意味では、公害を含めた地球環境等の外部性問題とも類似した構造を有している。本章では健全性規制等の事前的予防策と併用する形で開示規律の相互補完的な役割にフォーカスし、バーゼル開示規制（第3の柱）の見直しによる開示標準化の動向を踏まえつつ、金融機関の個別的なリスクマネジメント情報となるリスクアペタイト情報を統合報告する意義や、それを実効化するリスクカルチャー蓄積の重要性に論及する。

　第6章「粉飾決算と監査の失敗による外部性」では、粉飾決算と監査の失敗の抑止に向け、エージェンシー理論に基づく監査報告書の改革（KAM開示）に加え、不完備契約によるホールドアップ問題（監査報酬の再交渉、金融商品取引法193条の3の発動）の改善策を論じる。粉飾決算を看過する監査の失敗によって金融経済社会は多大な外部性を被るのであり、監査品質の向上に資する視点から、まず、逆選択やモラルハザードといった情報の非対称性問題への対応として、見積り情報等に関する監査報告書でのKAM開示等がシグナルとして監査人の差別化情報となり、会社とのコミュニケーション促進による事前的牽制機能の発揮が見込まれることを論じる。次いで、隠された意図に起因するホールドアップ問題として、監査報酬の事後的な引き上げ交渉あるいは金融商品取引法193条の3の発動の局面を採り上げ、不完備契約による非効率を予防する理論的視座から、変動報酬契約や法令要件の明確化、セーフハーバー・ルールなど誘因両立的な制度改革の必要性に論及する。

　さらに、第Ⅲ部補章では、金融・監査制度の外部性制御と密接に関係する

会計インフラ問題として、IFRSにおける公正価値評価等の不確実性問題やボラティリティ問題について敷衍しており、補章1「IFRSの不確実性問題」では、測定の不確実性の視点から公正価値測定の適用領域とその限界領域を基礎付ける概念的考察を付加する。そこでは、まず金融投資の評価技法（モデル）によるレベル3公正価値測定の重要な不確実性を論じた後、「検証可能性」概念区分の再構築（「合理的検証可能性」区分の識別）による考察を通して「合理的検証可能性」を欠く測定の重要な不確実性への概念的基礎付けを行い、「一致的検証可能性」と併せて「合理的検証可能性」が「忠実な表現」の構成要素たり得ることに論及する。

　また、補章2「IFRSのボラティリティ問題」では、銀行監督を中心とした利害調整の視点から、まずIFRSによる金融商品会計見直しとバーゼルIII改訂の交錯領域として、株式の全面公正価値測定とその含み損益のコア自己資本算入により、規制自己資本比率の変動が増幅されかねない点について論じる。次いで、公正価値を含む割引現在価値測定等のボラティリティ問題の例として、IFRS第9号の予想信用損失の見積りを巡り情報インダクタンスによる経営者裁量の介在が、プロシクリカリティの抑制という政策目的の阻害要因になりかねないため、当該予想を「合理的かつ裏付け可能な情報」を基に判断できるような検証枠組み（基準・ガイドライン等）が重要になることを論じる。最後に、ボラティリティ問題への対応として、欧州でIFRS適用銀行に要求されている追加的な監督用財務報告（FINREP）の比較可能性向上への役立ちとともに、IFRS第9号における予想信用損失の偏りのない見積りと適切な監査に向けた政策当局・基準設定主体の環境整備等にも論及する。

　最後の終章「総括と今後の課題」では、本書の研究成果を確認し本書の総括とするとともに、今後の課題に論及する。

第Ⅰ部

自然資本の外部性制御と企業ディスクロージャー

第1章

自然資本会計と統合報告の接合

1. はじめに

　新古典派経済学の下で私的経済財のストックに限られた経済成長の議論では、生産者が市場で提供する価格に私的費用のみ反映され、社会的費用は含まれないため、その財・サービスが必要以上に大量に生産・消費され、負の外部性を増進する。こうした外部費用の内部化には原因者への対応インセンティブを付与していくことが実効的となる。その際、情報開示による企業への規律付けは、直接的規制や経済的手段等と並んで有力な手段であり、そこでの情報開示は、企業行動を社会的な監視にさらし、企業の経営が国民の十分な理解の下に行われる環境を確保することで、企業の社会的責任の履行に向けて、経営者の行動を適切ならしめることにつながる。

　こうした自己抑制機能の端的な表現として、「太陽の光は最良の消毒剤である」、「電気の光は最も有能な警察官である」とのルイス・ブランダイス判事の有名な言葉(Brandeis [1914] p.92)がしばしば引用される。こうした機能は「情報インダクタンス」(information inductance)とも呼ばれ、実際に情

報を伝達する以前に、情報のフィードバック効果の予測に基づいて、経営者の行動に変化が生じることを期待しているのである（Prakash and Rappaport [1977] pp.29-32）。他方で、企業に情報開示という手段を自発的・戦略的に用いるインセンティブを生起させるには、投資家等利害関係者に対し、①企業にとってのリスク要因へのマネジメントを説明する必要性のほか、②外部性への対処による事業機会の追求というシグナリング状況が存在し、そうした対応の開示を通じて自らの企業価値につながるという条件が成立していなければならない。

そうした条件を巡る考察として第Ⅰ部では、自然資本[1]を中心にESG情報全般に通底する開示フレームワークや開示インセンティブの問題を論じることとし、まず本章では主としてリスクマネジメントの視点から、ミクロ社会会計（自然資本会計等）と国際統合報告フレームワーク（IIRC [2013b]）との接合を採り上げる。そこでは、「拡張された富（extended wealth）[2]」や社会的共通資本の考え方も踏まえつつ、統合報告の開示コンテンツの文脈で自然資本について論じる。次いで第Ⅰ部第2章では、外部性への対処による事業機会の追求という視点から自然資本等ESGに係るリアルオプション価値の投資家へのシグナリングを論じるとともに、外部性をくいものにする主体を念頭に開示インセンティブの制度補完策等にも論及する。

統合報告は、企業の価値創造に関連する重要な非財務情報を財務情報とともに提供する開示媒体であり、そのフレームワークでは、財務資本、製造資本、知的資本、人的資本、社会関係資本、自然資本といった6種類の資本（資源）がビジネスの前後でどのように変化したかが示される[3]ことで、投資家

---

[1] IIRC [2013b] p.12（邦訳14頁）では、組織の過去、現在、将来の成功の基礎となる物・サービスを提供する全ての再生可能及び再生不可能な環境資源及びプロセスとされ、空気、水、鉱物、森林、生物多様性、生態系の健全性が例示列挙されている。
[2] ここでの「富」とは、国や地域に存在する有形無形の資源の集合であり、後述する「富の会計」には、生態系サービスの源泉としての自然資本など国民経済計算にはない幅広い資本（資源）が含まれる。
[3] フレームワークの公表に先立つ論点整理ペーパーによれば、資本は資源や関係性に係る価値の蓄積として、組織のビジネスモデルに投入されることから、組織が構造化された開示を行ううえで資本概念を採用することは適当な手段になるとしている。ただし、フレームワークの資本モデルが唯一のものとして提示することは企図していないし、全ての組織に統合報告で網羅的に資本に言及することを要求するものではない（IIRC [2013a] pp.2-5）。

等利害関係者は、その会社の持続可能なビジネス・マネジメントの状況について判断可能になる。すなわち、統合報告は、中長期の企業価値創出に影響を与える資本を明らかにし、それが企業特有のビジネスモデルの中で、如何にマネジメントされているかを報告するフレームワークとしても役立てられ得るのである[4]。ここでの資本とは、経済学の文脈で捉えれば、将来にわたって価値のある商品・サービスを生み出す資源となる。

統合報告フレームワークの「オクトパスモデル」(IIRC [2013b] p.13) において、ビジネスの前後で変化する各種資本の中で自然資本や社会関係資本等が採り上げられたのは、近年における新しい社会会計の世界的潮流とも通底している。人間の福祉水準 (well-being) の持続的向上のため、経済学の資本理論を自然資本や社会関係資本等にまで拡張した「資本アプローチ」(Dasgupta [2001]) では、持続可能性について、社会に存在する様々な資本（ストック水準）を世代間で維持・増加することと定義される。こうした考え方は、富の会計 (wealth accounting) の理論的支柱となり、国連におけるWAVES（富の会計と生態系評価）のほか、包括的富指標 (Inclusive Wealth Index) などの実践的なマクロ会計枠組みの進展を支え、近年ではミクロ社会会計（自然資本会計等）にも展開してきている。

以下では、まず「富の会計」の理論的支柱である資本アプローチと、これに親和性の高い社会的共通資本（宇沢 [2000] 等）の考え方も採り上げながら、自然資本会計に至る近年の国際的動向を概観する。次いで、1970～80年代以降に欧米を中心に試みられた企業社会会計[5]を巡る過去の取り組みをレビューし、近年における新しいミクロ社会会計（自然資本会計等）に通じる今日的意義を再評価しつつも、普及に至らなかった教訓を振り返る。こうした基礎的分析を踏まえ、自然資本の可視化に向けた新しい取り組みが過去の企業社会会計と異なる特徴や、その生成を促した現代的背景を論じた後、開示

---

4 折しも近年の統合報告書には、企業の事業や戦略と関連性の強いサステナビリティ課題について、経営上の機会やリスクとの関連性が理解できるような報告が行われる傾向が強まっている（日本公認会計士協会 [2015] 17頁）。

5 わが国においては、実務界を中心に社会責任会計という用語もみられるが（徳谷 [1977] ii頁)、本書では企業社会会計という用語で統一した。なお、企業の会計等式に準拠した社会・環境計算書という取り組みに限定せず、定性的・定量的な開示を含む社会関連・環境・持続可能性報告書というより広い文脈で用いている。

に際し自然資本プロトコルやSDGコンパスなど企業向けガイダンスの活用可能性にも論及する。

2. 拡張された富とマクロ・ミクロ社会会計

(1) 資本アプローチと社会的共通資本

　Dasgupta［2001］は、市場財から得られる効用のみならず、健康や教育、個人が享受する権利、幸福感などを含む幅広い概念として福祉（well-being）を捉えたうえで、人間の福祉水準の持続的発展に向け、社会に存在する様々な資本の世代間維持を持続可能な発展の要件とする「資本アプローチ」という枠組みを提示した。ダスグプタの生産的基盤における資本は基本的に生産要素を拡充した内容であり（植田［2015］24頁）、福祉を生み出す財的投入の基盤である「拡張された富（extended wealth）」には、製造資本から人的資本や自然資本、社会関係資本等まで幅広く射程に含まれる（図表1-1）。現在では、そうした富を経済政策の中で如何に主流化していくかが実践的な課題となっている（Duraiappah and Fuentenebro［2012］p.275）。

　ダスグプタの「資本アプローチ」の下では、各世代が享受する幸福や福祉だけでなく、それを実現するために必要な資本が世代を超えて受け継がれる

図表1-1　生産的基盤と人間の福祉(human well-being)

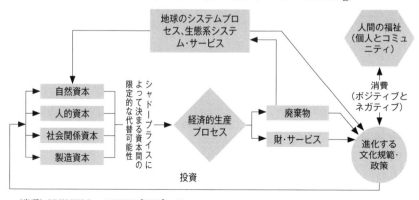

（出所）UNU-IHDP and UNEP［2012］p.15.

ことが持続可能性の要件とされ、それら諸資本（ストック）の変化分（フロー）である社会的価値として「ジェニュイン・インベストメント」が構想された。福祉水準は資本ストックだけでなく、制度がどれだけこれらの資本を効果的に利用するかによっても変わり得るので、ダスグプタの生産的基盤は資本と社会環境の組み合わせとなり（植田［2015］22頁）、こうした考え方は、宇沢の「社会的共通資本」あるいはハーディングやオストロム等の「コモンズ」の議論とも部分的にオーバーラップするように窺われる。また、各種資本を活用した枠組みの図式化（前掲図表1-1）は、国際統合報告フレームワークで有名になった「オクトパスモデル」（図表1-2）の考え方とも一部重なるように窺われる。

他方で、宇沢が提唱した「社会的共通資本」は、1つの国ないし特定の地域に住む全ての人々が、豊かな経済生活を営み、優れた文化を展開し、人間的に魅力ある社会を持続的、安定的に維持することを可能にするような社会的装置と定義され、具体的には、自然環境（大気、水、森林、河川、湖沼、海洋、沿岸湿地帯、土壌等）、社会的インフラストラクチャー（道路、交通機関、上下水道、電力・ガス等）、制度資本（教育、医療、金融、司法、行政等）の要素か

図表1-2　IIRC統合フレームワークの「価値創造プロセス」

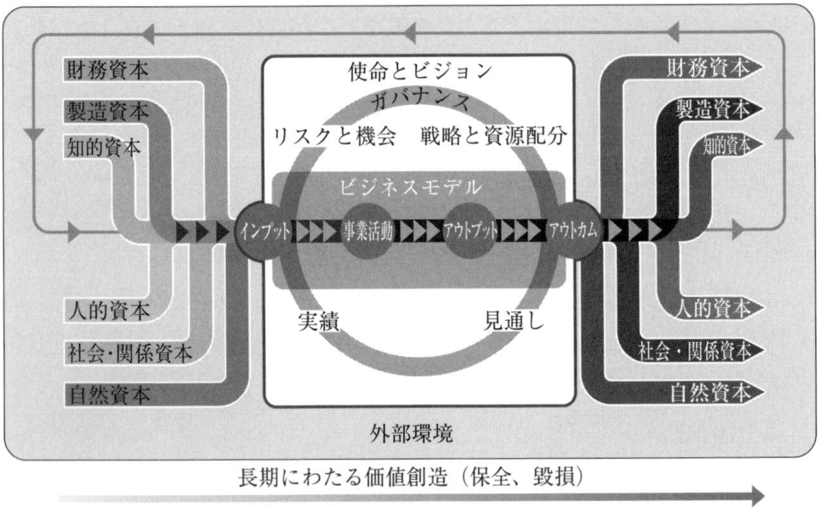

（出所）IIRC［2013b］邦訳15頁。

ら構成されるとする（宇沢［2000］4-5頁）。ダスグプタの生産的基盤における資本が基本的に生産要素を拡充した内容であるのに対して、宇沢の社会的共通資本は、生産活動や消費活動の共通の基盤となる制度インフラをも射程に入れているが、社会的共通資本はダスグプタのモデルとも接合可能であると同時に、生産的基盤にとどまらない社会価値をも包含した内容として、本書で各種外部性問題を横断的に論ずる際の共通のプラットフォームと位置付けている。

(2) マクロ社会会計への展開

ダスグプタの資本アプローチは、経済学の資本理論を自然資本等にまで拡張したものであり、世代を通じた福祉の維持、すなわち持続可能性の評価に向けた「新たな国富／包括的富」の考え方として、「富の会計（wealth accounting）」というマクロ社会会計の理論的支柱にもなっている（佐藤ほか［2014］3頁）。富の定量的把握に向け国連や各国研究者によっても推計の試みが重ねられてきたが、そこには生態系サービスの源泉としての自然資本など国民経済計算（SNA）にはない幅広い資本が含まれており、その背景には、GDPを算出するSNAには自然資源の破壊や消耗が構成要素として入っていないために経済活動が優先され、生態系の破壊が無視されてしまいかねないとの問題意識があった。

SNAでは、経済活動中の環境保護活動等の状況を詳細に把握することは困難であることから、経済活動に伴う環境の悪化（外部不経済）を捉えることはできないため、持続可能な開発の実現に向け環境と経済の相互関係が把握可能な統計体系（持続可能な発展に資する新たな指標）が必要との考え方は、1992年の地球環境サミットで既に発露されていた。こうした中、国連統計委員会は1993年のSNA改訂に合わせて、SNAに環境面を組み込んだ「環境経済統合勘定（SEEA：Satellite System for Integrated Environmental and Economic Accounting）」を導入し、その後に二度の改訂を経て、2012年には「環境経済統合勘定・中核的枠組み（SEEA-CF）」を採択する一方、これとは分離・独立した形で「実験的生態系勘定（SEEA-EEA）」を策定した[6]。

この間、世界銀行等は1992年の地球環境サミット以降、自然の価値を国家会計に組み込む活動を開始していたが、2010年に名古屋で開催された「生

物多様性条約第10回締約国会議（CBD-COP10）」が大きな節目となり、活動が加速することになった。そこでは、CBD-COP10で公表された「生物多様性版スターン・レビュー」と称されるTEEB（The Economics of Ecosystems and Biodiversity）による報告書（TEEB［2010］等）が嚆矢となった。同報告書は、経済学的な観点から生物多様性の喪失に関する世界レベルでの研究成果を取りまとめたもので、生態系サービスを経済的価値で評価し、生物多様性や生態系の保全が社会や企業活動の持続可能性のために必要と論じるとともに、生物多様性及び生態系に関連したビジネスにおけるリスクと機会にも言及していた。

最終的に、COP10で採択された愛知目標では、2020年までに生物多様性の価値を国家勘定に組み込むことが盛り込まれるとともに、こうした動きに呼応して、世界銀行を中心に発足したグローバル・パートナーシップ（WAVES：Wealth Accounting and the Valuation of Ecosystem Services）が発足し、生物多様性や生態系サービスの価値を各国の経済政策や開発政策に反映させるイニシアティブを開始した。その2年後、2012年にブラジルで開催された「国連持続可能な開発会議（リオ＋20）」において、世界銀行は、自然資本会計を国家会計（50か国）や企業会計（50社）に盛り込む「50：50プロジェクト」も提唱し、59か国、88社から署名（当時）を得たほか、UNEP FI（国連環境計画・金融イニシアティブ）が提唱した「自然資本宣言」（Natural Capital Declaration）には、世界の金融機関37行が署名（当時）した。

このほか、包括的富報告書（Inclusive Wealth Report）ないし包括的富指標（Inclusive Wealth Index）の開発も、「富の会計」のマクロ会計的枠組みとして世界的に進展してきた。包括的富指標は、持続可能性の評価に関する資本アプローチを受け継ぐ実践的な指標であり、人間の福祉の実現や持続可能な発展を世代間福祉が減少しないような社会発展のパターンとして定式化し、持続可能性を測る尺度を提示しようとしている。そこでは、GDPなどで包

6　オランダ中央統計局でも1994年からNAMEA（National Accounting Matrix including Environmental Accounts）を継続的に作成しており、統合的なマクロ環境会計として国際的に高い評価を受け（小口［2002］225頁）、わが国でも、1995年に国連のハンドブックの考え方に沿って第一次の試算値を公表した後、2004年にはNAMEAのフレームワークに日本の実情を加味して「新しい環境経済統合勘定」を公表している（内閣府［2007］7頁）。

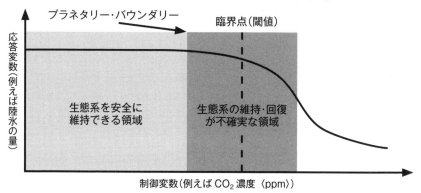

図表1-3　プラネタリー・バウンダリーと不確実性

（出所）Rockström et al.（2009）Fig.2 を一部抜粋。

摂し切れない持続可能性に焦点を当て、自然資本等の国の富の全体を評価した数値化が試みられる。包括的富指標の算出に際しては、各資本の限界的な社会的価値（シャドープライス）で当該資本がウエイト付けされるので、資本が希少になるにつれてシャドープライスが跳ね上がり、当該資本の減少を事実上禁止することになる（京都大学［2013］18頁、佐藤ほか［2014］10頁）。

自然のストックが豊富にあれば、その限界価値はストックの変化に対してある程度一定して推移するが、生態系への攪乱が継続的に生じ、自然資本の全体的な水準が減少すると限界価値が上昇し始め、そして仮に生態系の機能を維持・回復（レジリエンス）できるような生態系の許容力（臨界点、閾値）を超えると、生態系は急変して従来のように機能しなくなり、自然資本はそれ以上の損失・劣化から自動的に回復できなくなるレジームシフトを招来する（Pascual et al.［2010］（IGES［2011］69頁））。こうしたレジームシフトが生じないように生態系を管理することが持続可能性の要件となり、現在の自然回復力（レジリエンス）の限界的変化が縮小するにつれ、将来にもたらす不確実性の程度は大きくなる（図表1-3）。

(3)　ミクロ社会会計への展開

マクロ社会会計における GNP の修正（環境経済統合勘定）については、未だ試算の域を脱していないのが現状であり、資本アプローチにおいても、具

体的どのような資本がどのような根拠で含まれるべきか自明ではないほか、自然資源等の貨幣価値評価のマクロ的妥当性への判断基準の設定も非常に困難な作業とならざるを得ない（林［2002］237頁）。こうした中、マクロ分野の環境経済学と、ミクロ分野あるいは企業レベルの環境マネジメントを統合し、ミクロ面で提供され利用可能な情報を積み上げていくことによって、マクロ面で必要とされている情報とのギャップを埋めていく取り組みが有用となり得る。マクロレベルにおいて伝統的国民所得の修正へと発達した社会会計や社会指標をミクロレベルに応用すると同時に、ミクロレベルの企業開示の蓄積を通じてマクロ政策にもフィードバック可能な循環構造の構築が求められるのである（大西［2002］278頁）。

　CBD-COP10 あるいはリオ+20 を契機に、WAVES の下で自然資本のマネジメントという観点から改めて各国の注目が集まるにつれて、マクロ社会会計の分野を中心に開発が進展してきた環境影響金額の経済評価手法[7]が、近年はビジネスにおける意思決定にも活用されるようになってきた（吉田ほか［2016］48頁）。その推進母体として 2012 年 11 月には、TEEB の研究リーダーであるパバン・スクデフ氏を中心に「ビジネスのための TEEB 連合」（TEEB for Business Coalition）が組織化され（2014 年に世界銀行等にもメンバーを拡大し「自然資本連合」〈Natural Capital Coalition〉に改称）、サプライチェーンを含めて持続可能なビジネスに変えていくためのイニシアティブを推進している。そこでは、ビジネスにおける環境の外部不経済の評価、管理、報告に関する統一的な方法の確立を支援しており、参加団体には、WBCSD（持続可能な開発のための世界経済人会議）やアディダス、コカコーラなど企業セクターのほか、世界銀行、ICAEW（英国勅許会計士協会）、IUCN（国際自然保護連合）、

7　環境経済学における評価手法では、選好独立型評価法と選好依存型評価法を区分し、後者には顕示選好法と表明選好法が用いられ、このうち表明選考法は、仮想評価法（CVM：Contingent Valuation Method）とコンジョイント分析法（CAM：Conjoint Analysis Method）が使われる。CVM は、自然を保護することに対する支払い意思額を無作為に抽出された回答者から聞き出すことによって、社会全体としての支払い意思額を捉え、それを環境の価値とする。他方、CAM は、個人から直接意思を聞き出す点では同じであるが、環境を全体として評価するだけでなく、評価対象である環境が有する様々な属性（景観、浄化機能、レクリエーション等）に応じた選好強度の差異を捉えることが可能となる（伊坪［2005］331-333頁）。

WWF（世界自然保護基金）、IIRC（統合報告評議会）、CDP、GRIといった専門機関・国際NGOなどが名を連ねている。

自然資本連合は、2013年4月に公表した報告書（NCC [2013]）において、地域別に各産業セクターの自然資本への影響（コスト）を発表し、価格の付けられていない自然資本コストは7.3兆ドル（世界生産高の13%）と試算した[8]。そして、多くの事業において、自社が与えている直接的な影響より、サプライチェーンが与えている間接的な影響の方がはるかに大きく、自然資本に最も大きな影響を与えている地域毎の業界は、いずれも自然資本への影響をカバーするだけの利益を上げていないとした。この試算の実務を担った英国コンサルタント会社のTrucost社では、環境要素を拡張した投入と産出モデルを用いて、532の一次産品・一次加工品産業における主な外部化されている自然資本の金銭的価値を定量化しており、評価は学術論文、政府による研究、確立された環境経済学的手法に基づくとしている。

COP21後は自然資本のレジリエンスに対する危機認識が世界的に一段と高まり、地球規模での持続可能性の課題は、企業の長期的な事業戦略と一体化したものとして捉える傾向が強まる中で、自然資本連合は、ビジネスの意思決定への自然資本会計の導入を支援するため自然資本プロトコル（NCC [2016]）を2016年7月に公表した。プロトコルが後押しする自然資本会計は、企業版の新しいミクロ社会会計であり、こうした枠組みによりビジネスとの関連で自然資本の文脈を把握し、非財務的なリスク要因と派生し得る機会が識別可能になる。

こうしたWAVESに端を発するミクロ社会会計の国際的潮流は、国連で2015年に合意されたSDGs（持続可能な開発目標）ともオーバーラップしながら、一段と加速してきているように窺われる。SDGsでは、2030年を目標年として17の目標と169のターゲットから成り、そのうち自然資本に関連

---

8 農業、漁業、林業、鉱業、石油・天然ガス開発、水・電気・ガスなどの公益事業を含む一次産品及び、セメント、鉄鋼、パルプ・紙、石油化学製品といった一次加工品における、外部化されている自然資本の金銭的な価値評価である。そこで外部化されている自然資本としては、温室効果ガスの排出、水利用、土地利用、大気・土壌・水質汚染、廃棄物があり、最も自然資本への負担が大きく、大きなリスクを抱えている地域毎の業界として、東アジアと北アメリカの石炭火力発電、南アジアの小麦栽培・米作農業、南アメリカの放牧等が挙げられている。

したものとして、目標12（持続可能な生産と消費）のほか、目標13（気候変動への対処）、目標14（海洋と海洋資源の保全・持続可能な使用）、目標15（陸域生態系、森林管理、砂漠化への対処、生物多様性の損失阻止）等があり、目標12のターゲットには「企業の環境情報開示」も挙げられている。同時期には、企業がSDGsにどのように取り組めばいいのかという手引書として、後述する「SDGコンパス」（GRI・UNDC・WBCSD［2015］）等も公表されている。

3. 企業社会会計の今日的意義と教訓

(1) 企業社会会計の今日的意義

　ミクロ社会会計は、企業や自治体、各種非営利団体などミクロの経済主体が社会に及ぼす社会的影響を測定する試みであり、とりわけ企業を対象にした企業社会会計はミクロ社会会計の中心的存在である（八木［1990］25頁）。企業社会会計については、先述したようにWAVESに端を発する自然資本会計というイニシアティブが近年活発化してきているが、過去にも前世紀後半以降、先進国における公害問題の深刻化等を映じてアメリカから欧州等に様々な試みが広がった経緯がある（八木［1989］301頁）。企業が社会的・経済的に重要な役割を果たすようになるにつれ、企業が外部経済社会に与える影響等についても、これを企業会計自身の課題として取り上げなくてはならなくなった当時の時代背景があり、企業社会会計では、企業の経営活動に関する経済的側面と社会的側面との均衡を保つため、企業活動の社会的インパクトについても測定・報告しようとしたのである（徳谷［1977］30頁）。

　当時の企業社会会計については国内外で多くの研究蓄積があり、ここで改めて多様な取り組みを詳細に紹介することはしないが、米欧等を中心に社会貸借対照表などによる数量化あるいは貨幣的な測定値を用いた会計的アプローチも模索された。アメリカでは、例えばエステスが「社会的インパクト報告書」によって、企業が社会に提供する社会的ベネフィットと、社会が企業に提供し企業が消費する社会的コストを測定し報告しようと試みた（Estes［1976］）。また、1970年代には企業の実践事例としても、Abt社が「社会的・財務的貸借対照表及び損益計算書」を公表したほか、アメリカから企業社

会計理論が移入されたドイツでも、Steag 社が年次報告書とは別に「社会貸借対照表（Sozialbilanz）」を発表し、従業員のみならず社会環境全体に関する影響を提示しようとした。このほか、フランスでは、付加価値概念を鍵としてミクロ会計とマクロ会計の情報連環を形成してきた伝統をベースに「社会貸借対照表（Bilan social）」が作成された。

この間、イギリスでは会計基準運営委員会が 1975 年に公表した「コーポレート・レポート[9]」（ASSC [1975]）が有名であるが、時代は下って 1999 年より貿易産業省の支援の下、英国規格協会、フォーラム・フォー・ザ・フューチャー、アカウンタビリティ社により着手されたプロジェクトの成果である「SIGMA（Sustainability Integrated Guidelines for Management）ガイドライン」（SIGMA [2003]）も特筆される。そこで扱う外部環境会計は、持続可能利益を算出する計算システムとして、企業の財務的利益（税引後利益）から環境負荷の外部費用を控除した環境サステナビリティ調整後利益を示すとともに、「SIGMA 原則」には、5 つの異なる資本（自然資本、社会関係資本、人的資本、製造資本、金融資本）のマネジメントも掲げられており、国際統合報告フレームワークの「オクトパスモデル」にも通じる今日的視点として非常に興味深い。

上に概観した前世紀後半以降の企業社会会計における取り組みは、利害関係者に対するアカウンタビリティ概念の拡充・展開を方法論的基礎としており、組織が責任を有する全活動領域に関連したインパクトを財務的に定量化し、経済活動で生じた利益から控除する包括的な社会報告書の作成が指向された。企業社会会計が環境へのただ乗りなど財務諸表の不完全性を指摘した背景には、環境破壊を進行させた原因の 1 つとして、財務諸表が収益性・財務安定性情報に偏向し過ぎたために情報利用者がそれらの情報に馴らされてしまった（徳谷 [1977] 150 頁）との批判的視点が含まれている。経済的観点ばかりでなく社会的観点からも会計を再検討することにより企業活動の外部性を取り込もうとする問題意識は、現在においても全く色褪せていないどころか、むしろ地球環境問題の進行もあって今日的意義を増しているように窺

---

9 社会的存在である企業の「公共的アカウンタビリティ」（1.3 項）の履行として、基本財務諸表に加えて付加価値計算書、雇用報告書、将来予測説明書、会社目的説明書などの報告書の作成を勧告していた（0.2 項、6.3-6.58 項）。

われる。

(2) 企業社会会計を巡る過去の教訓

　エステスの社会的インパクト報告書やSIGMAガイドラインなどで提示された包括的な計算・表示形式は、アカウンタビリティを論理必然的に追い求め、精緻化、厳密化しようとした結果であり、その意味では理想主義的な取り組みといえる。しかも過去の企業社会会計では、伝統的な財務書類に形式上酷似したやり方で非財務情報の収集及び公開の仕方を体系化しようとしたために、非常に多くの努力が払われた（Johnson［1979］（名東・青柳［1980］6頁））。他方で、「組織の社会的行動のコストとベネフィットのインパクトを示すために、損益計算書と貸借対照表の形式をとる財務諸表を開発しようとした初期の研究者たちのあまりにも野心的すぎる試みが、われわれを袋小路に陥れた」（Gray et al.［1987］（山上ほか［1992］182頁））と述懐されたように、社会的利益の算出を目指した過度に理想的な計算書の多くが、その測定困難性が壁となって普及しなかった（國部［2005］16頁）。

　測定が難しいことに加え、社会的インパクト控除後利益にしても、そもそも日々活動する企業にとってあまりにネガティブであるので、計算してみようという動機が生まれにくい（冨増［2005］197頁）。また、会計計算方法の開発を主眼とする思考は、ともすれば計算することが自己目的化し、価値を可視化・精緻化することにこだわるあまり実務から遊離してしまう危険性があるうえ、可視化してビジネスの決定プロセスにどのように組み込み、活用するかという視点が希薄化しがちである（國部［2005］12頁）。企業社会会計を巡る過去の教訓から学べることは、マネジメントと切り離して会計上の測定ないし計量化に拘泥することの弊害であり、むしろ外部性に関する情報をフォワードルッキングな環境リスク管理に役立てるとの観点から、非財務情報を射程に含む「開示の会計学」として扱っていく方向性が重要と考えられる。

　実際、1970～80年代以降の社会・財務統合計算書が現実適合性を失う中で、前世紀後半から今世紀初頭にかけては、環境効率指標等の実践的な指標が世界的に取り入れられるとともに、従来の包括的・定量的な社会関連報告から記述的な開示内容を含む環境・持続可能性報告書等に移行してきた[10]。財務・非財務の統合報告もその延長線上に位置付けられるが、そこに盛り込むコン

テンツとして自然資本会計等を位置付ける場合にも、複式簿記形式を意識した定量化（測定）にこだわらず非財務情報の開示という視点から、マネジメントの意思決定に役立てる情報体系として組み立てる姿勢が大切であり、そのために環境・社会等へのインパクトと同時に、それらに対する企業の依存度の把握も非常に重要な視点になると考えられる。

今後、自然資本会計に向けた国際的プロトコルの活用に際しては、後述するように自然資本の定量化を自己目的化することなく、自社における自然資本への依存度の視点を踏まえて、自然資本評価の結果から企業がサプライチェーンにわたって、どの調達品目で、どの国で、どのような自然資本リスクを抱えているかを概観するとともに、経営に重要性が高いもの、優先して対応すべき新しいリスクの発見など、リスクマネジメントの重要なヒントを得ていく姿勢が肝要と考えられる。現下における地球環境問題解決に向けた糸口は、イデオロギーではなくインセンティブであり（大西［2002］183-184頁）、COP21後に多くの国の規範意識が低炭素から脱炭素にゲームチェンジしていく中にあって、企業にとっての環境問題は、リスク・機会因子として、今まで以上に前向きな対応を迫られるイッシューであることが鮮明化してこよう。

4. 自然資本会計と統合報告の接合

(1) 自然資本会計のビジネスへの活用

自然資本という言葉は、CBD・COP10 やリオ + 20 の前後から世界的によく使われるようになったが（インターリスク総研［2014a］1頁）、もともとは経済学分野で Schumacher［1973］において初めて用いられた概念である（日経BP［2013］25頁）。自然資本とは、再生可能及び非再生可能資源や生態系サービスのフローを社会に供給する自然資産のストックであり（European Commission［2013］p.31）、新古典派経済学では生産要素の1つとして十分に考慮されていないことが自然資源の不適切な利用を助長し、厚生経済学の立

---

10 わが国では環境省の環境会計ガイドライン策定（2002年、2005年改訂）を通じ、環境会計情報の開示促進も独自に進めてきた。なお、この間の総括として環境省［2016］が包括的である。

場から、外部性や副産物の概念を用いて間接的に自然との関係を捉えてきた。そうした中で、厚生の変化をもたらす要素として直接的に自然を捉えるための概念が自然資本であり（河田［2009］13-14頁）、1980〜90年代にかけて環境経済学分野において研究が進展するとともに、先述したように自然資本のうちエネルギーや物質的な資源についての経済評価も、その頃から既に行われていた。

自然資本という概念は、外部不経済の内部化やトリプル・ボトムラインなどの持続可能な社会を実現するための考え方と通じており、前世紀後半からファクターX[11]やゼロ・エミッション[12]などの考え方が世界的に取り入れられたほか、わが国でもLCA[13]（Life Cycle Assessment）の考え方を用いて製品ライフサイクル全体の環境影響評価（LIME[14]）が行われた。また、企業に関係した環境等社会価値を測定・開示する社会関連会計についても、先述したように前世紀末にかけて欧米等で様々な試みが行われ、わが国でも環境会計の普及が進展した。ただ、そうした取り組みは一時期を境に世界的に下火となっていたほか、わが国における環境（管理）会計の関心も現実的制約等から企業の内部コストに集まりがちであった[15]。

他方で、近年、世界的に注目されている自然資本会計は、外部不経済に対価を支払うとしたらどのくらいの金額になるか把握するツールであり、将来的にリスクが顕在化した時に、事業や財務がどのくらい影響を受けるのかが分かることになる。例えば、メーカーにとっては原材料が使えなくなることが

---

11 1991年にドイツの研究所により提唱された考え方で、新製品（評価製品）と過去の製品（基準製品）の「環境効率」を比較してその改善度を倍数で示した指標である。ここで「環境効率」とは、環境への影響に対する製品の価値を数値化して評価したものである。

12 国連大学が1994年に提唱した考え方で、人間の活動（生産、廃棄、消費等）に伴って発生する廃棄物をほかの産業分野の原料として活用し、最終的に廃棄物を限りなくゼロにすることを目指す理念と手法を指す。

13 環境負荷の測定に際し、企業で生じるコストに加えて製品の使用・廃棄段階で生じるコストも計算して、場合によっては環境負荷による社会的コストも含めて、製品の一生涯におけるトータルなコストを把握する手法である。

14 わが国で展開されたLCAプロジェクトの成果であり、「日本版被害算定型環境影響評価手法」（LIME：Life-cycle Impact assessment Method based on Endpoint modeling）として、製品等が及ぼす環境影響を特性化、被害評価、統合化といったステップにおいて評価することが可能となる。日本初の手法として2005年にLIME1が公表された後、2010年には信頼性や汎用性の向上等を図ったLIME2に更新された。

大きなリスクであり、サプライチェーン全体について定量的に評価を行う自然資本会計は、サプライチェーン上のどこに大きなリスクがあり、どこから原材料を調達するべきかという原材料調達戦略を考えるうえでも非常に重要な情報を提供する（足立［2014］22頁）。そうした情報は企業の内部管理に役立つとともに、投資家にとっても企業が環境・社会等に良好なガバナンスを示していればリスクがより少ないことが分かるようになる（Sukhdev［2012］（月沢［2013］160頁））。

　実際、近年の新興国の急成長によって資源需要が一層拡大する中で、環境影響が増大し資源価格や安定供給が不確実になってきており、個別企業にとっても事業リスクの軽減につながる明確なビジョンや取り組みが求められている（インターリスク総研［2014b］9頁）。例えば、森林破壊の主因とされているパーム油の使用に関し、近年、オランダのユニリーバ社やアメリカのP&G社などが持続可能な調達方法への転換を図った[16]ほか、供給業者であるシナール・マス社は、東南アジアの違法な森林伐採が行われた土地からパーム油を調達したとしてユニリーバ社等から契約を破棄されるに至った（Sukhdev［2012］（月沢［2013］131頁））。他方で、イギリスのキングフィッシャー社（DIY小売業）では、同社が扱う木材と紙を2020年までに全て持続可能なものとし、2050年までに事業の社会・環境への影響まで含めプラスに転じさせる（ネット・ポジティブ）ことを中長期目標に取り組んでいる（Kingfisher［2014］pp.6-7）。

　こうした中、ドイツのプーマ社は、2011年にサプライチェーンを視野に入れた環境損益計算書（EP&L：Environmental Profit & Loss Account）と題したレポートを世界で初めて公表し、サプライチェーンを含めた事業全体の

15　わが国の環境会計ガイドライン（2005年版）では、企業が環境保全に費やしたコストを集計し、環境保全効果と環境保全対策に伴う経済効果を求めるものに過ぎず、企業が関係した外部性（社会的コスト）を捕捉するフルコスト・アカウンティングにはなっていない。また、環境報告ガイドライン（2012年版）との連携も十分に図られていないことから、同ガイドラインに環境会計スキームを組み込んだ2018年改訂版（案）が同年5月に公表された。

16　同様に、2014年9月の国連気候変動サミットで、ダンキンドーナツ社やクリスピー・クリーム・ドーナツ社等がパーム油使用をやめる方針を明らかにしたほか、花王も同年中に、洗剤やシャンプーの原料であるパーム油に代わって藻類を活用した原料による製品化を目指すことを発表した。

図表1-4 プーマ社のサプライチェーンにおける EP&L

(単位：百万ユーロ)

評価範囲区分	代表的な活動	環境影響
プーマの事業	オフィス、店舗、倉庫、出張、物流、IT	8
第1層サプライヤー	靴製造・アパレル製造・アクセサリー製造	13
第2層サプライヤー	靴の外底生産・靴の中敷生産・織物刺繍と裁断・接着剤等	13
第3層サプライヤー	革なめし・石油精製・綿織布と染色	28
第4層サプライヤー	家畜飼育・ゴム園・綿花栽培・石油生産・その他原材料生産	83

(出所) Puma [2011] p.8.

自然資本コスト（環境負荷）を算出した（図表1-4）。そこでは、温室効果ガスのみならず土地利用、水利用、廃棄物、大気汚染物質といった幅広い環境負荷を定量的に評価しており、原材料調達、製品の製造から最終的に製品が処分されるまでのバリューチェーン全体での環境へのインパクトを金銭的に換算することで、サプライチェーンのどの段階で環境負荷が生じているのかを可視化し、それを商品開発に活用するとともに商品タグで自然資本コストを表示している。同社の EP&L では、第4層サプライヤーまで含めて事業全体の自然資本コストを貨幣価値で評価しており、当該評価手法は、世界の専門家による評価報告書（PPR [2012]）において信頼できる方法だと評価されている[17]。

プーマ社の EP&L では、価格の付けられない自然資本から派生する財務リスクの金銭的価値を地域レベルの産業部門毎に推定しており、そこで用いられた手法は Trucost 社や PWC 社によって開発されている(Puma [2011] p.12)。このうち Trucost 方式は、負荷の量（水使用量、土地利用面積、温室効果ガス排出量、廃棄物、大気汚染等）を算定し、それらを金額に換算して自然に与えるコストを導出するもので、ノボ・ノルディスク社など既に世界各国で50社程度が採用しているほか、Trucost 社は日本を含む上場企業の公開データを基に独自に作成した EP&L を機関投資家に販売しているとされる（日経

---

[17] 専門家によるレビュー結果では、分析の標準化などに今後の改善余地はあるとしながらも、企業が自然資本の価値をビジネスの中に組み入れて、これを持続可能な形で利用するための優れたアプローチであり、企業が戦略的な意思決定を行うために有用と評価している（PPR [2012] pp.15, 20）。

BP［2013］26-27頁）。他方、PWC方式では、国際的な貿易分析モデルの分類に合わせ57品目、129か国に分けた会社提供データを基に、地域間の貿易フローを考慮して企業のサプライチェーン上流地域の負荷を試算しており、同社の方式はシーメンス社など10数社が採用しているとされる（日経BP［2013］26、30頁）。

　わが国企業には、自然資本の定量評価に未だ消極的な企業が多い中にあって、先述したUNEP FI「自然資本宣言」（2012年6月）に署名した三井住友信託銀行では、PWC社と連携して、世界に先駆けて自然資本の評価を融資基準に組み入れる「自然資本評価型環境格付融資」という商品を開発し、2013年4月にサンデン株式会社に実施した[18]。このほか、LCAによるLIME等の手法を用いて、積水化学工業では環境負荷・貢献の両面を定量的に指標化してマネジメントに役立てており（積水化学工業［2016］50頁）、JSRグループでも研究開発段階からLCAを導入するなどして、バリューチェーンにおける温室効果ガス排出量等の把握・管理に取り組んでいる（JSR［2016］12頁）。

　翻って、こうした新たなミクロ社会会計への取り組みが国際的に強まっている背景としては、地球環境問題とビジネスとの関連がより強く意識されるようになってきた事情が挙げられる。人間活動の量より自然の規模が十分大きければ自然は自由財もしくは公共財として扱われるが、その限界に近付いていることが意識され始めると、自然資本の適切な管理のニーズが喚起されることになる。COP21後は自然資本のレジリエンスに対する危機認識が世界的に一段と高まる中で、地球規模での持続可能性の課題は、企業の長期的な事業戦略と一体化したものとして捉える傾向が強まってきている。その際、新しい企業社会会計としての自然資本会計の枠組みにより、ビジネスとの関連で自然資本の文脈を把握し、非財務的なリスク要因と派生し得る機会が識別可能になるとともに、そこでのマネジメントを財務との関連で統合報告する意義も高まることになる。

---

18 「経営者のメッセージが自然資本の重要性に言及しているか」など全60～70項目で企業をチェックし格付けし、高格付先には融資条件を優遇するもので、企業にとってサプライチェーンの上流に遡って自然資本にどの程度依拠しているかを定量的に把握することは、原材料の調達リスクの管理を強化することにつながり、環境への配慮だけでなく経営戦略上も重要としている（三井住友トラストホールディングスほか［2013］1頁）。

⑵ 統合報告と自然資本会計の親和性

　IIRC［2013b］における統合報告の枠組みは、重要な6つの資本の1つに自然資本を位置付けているが、自然資本等の報告に関する詳細なガイドラインは含まれていない。他方で、自然資本会計は、環境等自然資本に与えた外部不経済を見える化し、これをマネジメントサイクルの中で捉え、事業活動、リスク因子、顧客ポートフォリオ、サプライチェーン、ビジネス機会に関連する自然資本への影響を理解し、対策の優先度の検討を可能にする手法である。統合報告書に自然資本会計を組み入れることは、従来であれば外部不経済であった自然資源をマネジメントの文脈で開示する試みであり、統合報告は、自然資本のマネジメントを含め持続的企業価値を機関投資家等に説明する開示媒体として機能し得るのである。

　投資家の目線としても、自然資本のマネジメントを巡り経営者がどのような姿勢を打ち出すのかは関心事項の1つであり、自然資本を保全することがリスク低減等を通じて企業の中長期的価値向上に結び付くことが理解できるのであれば、統合報告と自然資本会計の接合は有用となり得る。機関投資家は受託者責任の下で、基本的に受益者の経済的利益を最優先に考えなければならないが（萬澤［2015］31頁）、そこにはリスクに関する考慮を含むのであって、外部性を注意深く扱い可能な限り内部化することは未来志向で適応性がある企業の証であり（Sukhdev［2012］（月沢［2013］143頁））、世論を通じた顧客基盤の喪失リスクを最小化することは、受益者の長期的利益に沿うと同時に市民社会・NGOからの社会的正当性の獲得にも資することになる。持続的企業価値に資するリスクマネジメントは、正当性に係る社会価値をも市場の論理に包摂し得るのである（図表1-5）。

　リスクマネジメントに基づく開示フレームワークの下では、NGO等を交えたグローバル・ガバナンスが重要な役割を果たし得る（越智［2015a］83頁）。例えば、2013年に国際NGOがマレーシア木材生産業者の違法伐採を告発した際には、その木材を輸入しているとされる商社などの数社に対し、世界最大の年金基金であるノルウェー政府年金基金を動かすなど投資家サイドからも圧力をかけたと言われており、自然資本への取り組みは評判リスクだけでなく、財務や市場リスクにまで発展し得る社会状況になってきている（インターリスク総研［2014b］4頁）。こうした状況下、国連が支援するPRI（責任

図表1-5 「持続的企業価値」に資する開示の拡張

(出所) 越智［2015a］105頁。

投資原則）は、債券市場で発行体の信用力を評価するに際し、ESG要因の考慮をシステマティックかつ透明性を高める方向で推進するため、まず格付機関に対する実情調査に着手している（PRI［2017］p.5）。

この間、UNEP FIとGFN（Global Footprint Network）は、国債の信用リスクに生態系リスクを反映させるプロジェクト（E-risk：Environmental Risk Integration in Sovereign Credit Analysis）に取り組んでおり（UNEP FI and GFN［2012］p.34）、さらにUNEP FIは、自然資本に配慮した企業への投融資に関し銀行の自己資本比率を有利にカウントするよう規制当局に提案するなど、国や投資家、金融機関を包含する形で、自然資本に配慮している企業を評価する呼び水としての活動を展開している（日経BP［2013］27頁）。このように、持続可能性という評価視点も加えた持続的企業価値開示の論理は、先述したWAVESや国際NGO等の活動とも相まって、企業から国家をも射程に入れたグローバル・ガバナンスとして、今後とも市民からの社会的正当性の獲得に向けた接合領域（図表1-5）を拡張していく可能性が高いと考えられる。

国際金融資本の流れは様々なリスクに敏感であり、大きなリスクの1つとして気候変動がビジネスの世界で認識されるにつれて、こうしたリスクを念頭に海外の大手機関投資家等では、化石燃料関連資産を座礁資産（Stranded Asset）として投資引き揚げ（Divestment）を行う事例も出てきている[19]。こうした中、2015年4月の20か国財務大臣・中央銀行総裁会議（G20）によ

る要請を受け、同年10月に議長文書の中で気候変動リスクが国際金融システムの安定に影響を及ぼし得る新たなリスクとして取り上げられ、2017年6月にはFSB（金融安定理事会）のタスクフォース（TCFD）から、金融安定に影響する気候関連財務リスクの開示強化を促す「気候関連財務ディスクロージャー・タスクフォースの提言」が公表された（同年7月のG20サミットに提出された）。

　今、企業が求められているのは、生態系サービス（ecosystem services）に企業の経済活動も依存していることを自覚し、自然資本の劣化が事業（経済）に関わる重大な経営リスクであると認識して取り組みを進めていくことにある（インターリスク総研［2014a］8頁）。自然資本会計に投資家が注目しているのも、生態系の損失が企業にとってのリスクになるという点にある。社会的共通資本として自然資本を見ることはトリプル・ボトムラインの考え方とも通じており、自然資本の価値を基礎とした自然資本経営によって、自然資本を企業が将来的にも無償で使用し続けられるものではなく、企業活動を行ううえでの必要不可欠な資本であることが明示的に認識可能になる（村井［2015］154頁）と同時に、地球規模での自然資本の保全に貢献していくことも期待される（宮崎［2015］99頁）。

　統合報告書は、組織の重要性の決定プロセス及び主要な判断の要素を含む重要性（マテリアリティ）の決定プロセス[20]の開示を求めており（IIRC［2013b］4.42項）、企業は長期的企業価値の視点も取り入れながら重要性を判断していくことが望まれる。IIRCでは重要性概念の考え方として、組織の価値創造力に関する報告利用者の評価に著しく影響を及ぼすかどうかを重視してお

---

[19] 「座礁資産」は、英国の非営利シンクタンクであるCarbon Tracker Initiative（CTI）によって初めて用いられた用語であるが、温室効果ガス（GHG）総量の排出制約（カーボンバジェット）から、化石資源を主たる事業とする企業にとって利用できない不良資産を生む。結果的に当該企業の株価等は過大評価されている（カーボンバブル）ことになり、世界第2位の運用資産を擁するノルウェーの政府年金基金（GPFG）では、石炭関連企業（当該売り上げが3割以上）52社に対する投資引き揚げを発表した（2016年4月）。また、カリフォルニア州職員退職年金基金（CalPERS）でも、たばこ産業に対するダイベストメント拡大を決議した（2016年12月）。

[20] そこでは、①適合性を有する事象の特定、②影響の大きさ・発生可能性の2軸による重要性評価、③重要性を有する事象の優先付け、④重要性を有する事象に関する開示の決定、を区分している。

り、組織の戦略、ビジネスモデルまたは資本への影響を考慮して、経営陣が利用者の視点を考慮しつつ重要性を判断するとしている。その際、資本は、企業価値を持続的に向上していくための源泉であり、企業における儲けの仕組みとしてのビジネスモデルについても、企業が長期にわたり存続し、利益を獲得し続けるため、自然環境や地域社会などのステークホルダーに対する価値創造の仕組みという意味合いを含む（IIRC［2013b］2.4、2.6、2.9、3.10、3.30項）。その文脈で価値創造ストーリーの伝達を広く考えた場合、長期的な統合思考で経営を行うことの中には、自然資本経営に係る重要性概念もビルトインされる筋合いにあろう[21]。

(3) 自然資本プロトコルやSDGコンパスの活用可能性

　自然資本プロトコルは、企業の経営判断と投資家の投資判断に資するよう、ビジネスが関連する自然資本に対する影響や依存度を評価・管理する標準化された枠組みであり、4つの原則（関連性、厳格性、反復可能性、一貫性）の下で、4つのステージ（枠組み、範囲、計測・評価、適用）に応じた9つのステップが示されるとともに、各ステップには、提供する主要な情報、利用者が取るべきアクション、期待される成果等がリスト化されている。そこでは、厳密な方法を画一的に求めるものではなく方法論・手法は可変的であり、また意思決定を改善するためのフレームワークであってレポーティングのためのツールではないが[22]、既に自然資本等の評価情報に関し従来のCSRレポートではなく統合報告において財務情報との関連で開示し、原材料調達や製品開発に関する経営判断、ステークホルダーとのコミュニケーション等に用いられている。

　例えば、インドのタタ社（鉄、電力、化学、車、IT等の大規模企業グループ）

---

[21] 非財務情報と企業価値との関連性に関する実証研究は国内外で数多く行われてきているが、そのうちMatsumura et al.［2014］、冨塚［2017］等は、自然資本と財務成果との間に有意な関係を実証している。

[22] 2017年入り後にはUNGCとGRIによるSDGs報告ためのAction Platformが組織され、2018年8月には企業報告にSDGsを盛り込む報告ガイダンスが公表された。同ガイダンスでは、企業が取り組むべきSDGsターゲットの優先順位を明確にすべきと強調する一方、ガイダンスは新たな開示フレームワークではなく、SDGsに適した企業情報開示のあり方を整理し提示したものとしている。

では、「自然資本、社会関係資本の価値評価によりビジネスリスクを把握する」（TATA [2015] p.1）として、評価結果を戦略作成やリスク・サプライチェーン管理に役立てるとともに、統合報告書を通じたコミュニケーション・情報開示にも努めている（Upadhyay [2016] p.13）。また、オランダのDSM社（健康、栄養、材料等分野のグローバル企業）は、2015年版統合報告書において、自然資本や社会関係資本を取り込んだ統合損益計算フレームワークによる環境・社会的インパクトを計測・開示するとともに、製品レベルにおける環境面でのポジティブ、ネガティブな価値の把握やビジネスモデルの説明にも活用している（DSM [2016] p.70）。

　ただ、自然資本を統合経営に取り込んだ自然資本経営は、より経営の中核に生態系配慮や資源効率の発想を据えるのが本旨であり、そのためにプロセスの標準化として自然資本プロトコルが良きツールになるとしても、計量結果の算出がゴールではないことに留意する必要がある。例えば、企業規模や経営資源の差異に応じて必ずしも貨幣価値評価に要するコスト投入が見合わず、したがって現状では金額開示まで至らない先にあっても、自然資本会計の考え方を経営に取り入れて、リスク管理の視点から、これまで管理できなかったサプライチェーン上のリスクにもしっかり対応し、事業をより持続可能なものにするポジティブな姿勢を開示していくことが重要であろう。

　その際、ビジネスモデルが近似する業種毎に取り組みを支援する観点から、自然資本連合は、WBCSDが中心になった「コンソーシアム1」による自然資本プロトコル策定と併行して、IUCNを中心とした「コンソーシアム2」による業種別ガイドラインの策定も進めている。既に飲食料品・アパレル・金融業界向けのサポーティングガイドを作成しているが、プロトコルの実施状況を踏まえつつ、その他の産業（当面、森林、化学、水、不動産等）にも順次拡張していく予定にある。さらにWBCSDでは自然資本とともに社会関係資本も手掛けることも視野に入れ、2015年にはSocial Capital Protocolの策定に向けたイニシアティブを立ち上げ、各種レポート[23]で検討を重ねた後、

23　"Towards a Social Capital Protocol: A Call for Collaboration"（2015年4月）、"Social Capital in Decision-Making: How Social Information Drives Value Creation"（2015年10月）、"Building the Social Capital Protocol: Insights into Employment, Skills and Safety"（2016年4月）などがある。

2017年3月には同プロトコル最初の草案（WBCSD [2017]）を公表している（ソーシャル・キャピタル〈社会関係資本〉については第Ⅱ部で扱う）。

　他方で、国連のSDGsを企業が実践していくうえでも、サステナブル課題と事業上の関連性の明確化に向けて、自然資本プロトコル等は非常に役立つツールになり得る。既に海外ではSDGsにおける主要な民間プレイヤーになることを宣言するグローバル企業事例がみられているが、SDGsの実現に貢献する企業活動を後押しするため、GRI・UNGC・WBCSDは共同で、戦略立案、その評価・測定などに関するガイダンスとして、SDGコンパスを2015年9月に公表している。そこでは、各企業の事業にSDGsがもたらす影響を解説するとともに、企業の中で主流化するため5つのステップ（①SDGsの理解、②優先課題の設定、③目標の設定、④経営への統合、⑤報告とコミュニケーション）を提示している。その目標設定に際してはゴールを区切ったベンチマーキング等の手法も紹介されているほか、SDGsの実現に向けた重要事項の判断に際しては、バリューチェーンの各プロセスにおいて、目標に対してポジティブの影響を強める要素と、ネガティブな影響を最小化する要素を特定することが求められている。そうした影響を判断しSDGコンパスを用いてビジネスの本流への組み入れを進めるに際しては、自然資本プロトコルの活用も有用であろう。

　自然資本プロトコルやSDGコンパスの活用において大切なのは、リスク等を把握して意思決定に役立てていく姿勢であり、そのためにはインパクト（事業の結果どのような影響が生じるのか）と同時に、依存度（事業を運営していくうえで何が必要なのか）の全体像を鳥瞰的に見極めることが重要である。もちろん、企業内の資源の比較を具体的に把握するうえで共通言語の貨幣価値による定量化は有用ではあるが、先述したように貨幣価値評価自体が自己目的化することなく、なぜ数値化するのかを考えたうえで、意思決定を行うためのツールとして用いる必要がある。したがって、意思決定できるのであれば低中高といったレベル分けするだけで良い場合もあろうし、単一数値でなくてレンジ評価でも意思決定に役立てる場合もあろう。

　自然資本プロトコルやSDGコンパスは、サステナブル課題と経営戦略を統合させるためのツールとして活用可能であり、その基本的な発想は、持続可能性への対処を通じて社会価値と企業価値を両立させようとするCSV

(Creating Shared Value) の考え方 (Porter and Kramer [2011]) と同根とみられる。投資家等情報利用者にとっては、企業が資本の情報をビジネスや意思決定に如何に統合できているのかを評価できる情報が必要となるのであるから、資本市場における投資家を意識した統合報告においては、持続的企業価値の維持・発展に向けた企業のマネジメントを記述することが主眼にならなければならない。その際、他のリスク情報と同様、リスクへの対応、すなわちネガティブ情報に対するマネジメントの実態を率直に語る（開示する）ことで、投資家（その判断に影響を及ぼすNGO、市民社会）の信認を得るルートとして捉える視点も必要となろう。

5. おわりに

新古典派経済学の下で私的経済財のストックに限られた経済成長の議論では、生産者が市場で提供する価格に私的費用のみ反映され、外部費用は含まれないため、その財・サービスが必要以上に大量に生産・消費され、環境劣化を進める。外部費用は最終的に社会全体の負担となるのであるから、外部性の最適制御に向けて社会的費用をより小さくするシステムを作る必要がある。外部不経済の問題を最も効果的に解決できる方策は、外部不経済を生み出している張本人の懐に存在するので、当該原因者に問題状況への是正インセンティブを付与することがプラグマティックに最も実効的な解決策となり、自由な市場経済を基本的に維持しつつ環境劣化を防止可能となる。

原因者である企業に原状回復の「責任」を負わせることによって、事前的な予防・管理に対するインセンティブを与えるという機能が発揮できるが、その「責任」の付与の仕方には様々な方策がある。前世紀末にかけて世界的に問題化した公害と異なり、地球環境問題では、関係者の数が非常に多く被害法益が明確でないうえ、被害者が将来世代である場合もあるだけに、そもそも直接取引や訴訟を通じた解決は事実上不可能であり[24]、ハードローに基づいた公的介入（直接的規制）で問題状況を改善していくのは難しい。規制によるハードロー的対応から自主的なソフトロー的対応を重視する必要があり、自主的な取り組みを促す手段としての情報公開、なかんずくビジネスの

文脈での情報開示である統合報告が注目される所以である。

　企業情報開示を起点に、市場の連鎖において各経済主体（消費者・投資家・生産者等）の意思決定を結び付けることができれば、技術革新（含む設計変更）による社会的費用の低減を促す原動力にもなる。企業に任意の情報開示を促す1つのルートとして、NGO（市民）の圧力を介在した投資家の他律的なファクターにより経営者ディシプリン（開示規律）を働かせる方向性がある（越智［2015a］106頁）。そこでは環境リスクないしレピュテーションリスクへの懸念を踏まえた企業の戦略経営が促されるので、自然資本会計とこれに基づく自然資本経営は、企業のガバナンス、ビジネスモデル、リスクマネジメントや資源配分に関連した事項として、統合報告においても重要関心事項となり得る。

　ただ、自然資本会計やSDGs等の新しい試みは、持続的企業価値に向けてプラグマティックに外部性問題を解決する糸口となり得る一方で、リスクマネジメントに基づくアプローチのみでは、企業のサプライチェーン外にある外部性問題はビジネスの論理と接合せず射程外となる。このため、「SDGs（持続可能な開発目標）」や「人間の安全保障」に必要な社会価値との間の溝（前掲図表1-5の非接合領域）は、依然として埋まらないまま残ることになる。そこで次の第2章では、こうした限界の克服に向けて、自然資本等の外部性に係る事業機会という視点を交えながら、インセンティブを軸にした外部性制御とともに、そうした取り組みを訴求する任意開示の拡張可能性と制度補完の必要性に絞って論を進めることとしたい。

24　地球温暖化問題が提示するリスクの性質、リスクに関わる法益、さらに関係する主体という点で、従来の環境問題とは相当に異なり、いったん影響が表れると大規模、広範、かつ回復不可能な被害をもたらす可能性がある一方で、その影響を科学的に確実に予測し難く、影響が表れるまでに長時間かかる蓋然性が大きい（淡路・植田・長谷川［2001］23頁）。近年の環境問題は影響が間接的で、大きなタイムラグを伴って影響が及ぶため、加害者が環境問題を引き起こしていると認識できないうえ、被害者も被害を受けていると認識できないという特徴がある。公害問題は公害訴訟などを通じて解決の方向性が見出されたが、現代の環境問題は、その原因を特定化し訴訟などの手段によって解決することは非常に困難となる（林［2002］229頁）。すなわち、環境そのものは法主体性を欠いており、利益の帰属主体が訴権の行使主体となるわが国の民事責任訴訟の枠組みには現状では収まらないのである（小野寺［2015］219頁）。

第 2 章

自然資本等の開示インセンティブ分析

1. はじめに

　近年、地球温暖化等の外部性制御に向け、従来規範のゲームチェンジを促す国際的イニシアティブが活発化している。例えば、2015 年には国連の SDGs（持続可能な開発目標）や COP21（国連気候変動枠組条約第 21 回締約国会議）のパリ協定が合意され、2016 年の COP22 で協定の詳細ルール工程表が採択されたほか、2017 年には FSB（金融安定理事会）タスクフォースから金融安定に影響する気候関連財務リスクの開示強化を促す報告書も公表された。この間、国際的なグローバル企業においては、むしろ気候変動をビジネスチャンスとして捉え国際ルールづくりに積極的に参画するなど、ESG 要素を長期的企業価値創造の文脈でメインストリーム化していく動きが民間主体にも拡がる中にあって、トランプ大統領のパリ協定離脱表明（2017 年 6 月）も国際的奔流を堰き止めることはできないであろう[1]。

　他方で、企業のアカウンタビリティを問う視点からは、株主が拠出した資金を基にした企業活動の成果が株主に帰属するとしても、自然資本等を無コ

ストで使用した社会的費用（外部不経済）まで株主に帰属した利益ということはできず、市民の財産である社会ないしグローバルな公共財の使用状況に関し、企業には説明責任が求められる（山上［2000］59頁）。ただ、アカウンタビリティ概念の強調あるいは経営者の公徳心や倫理観を鼓舞するだけでは、結果的に外部性制御に向けて百年河清を待つ状態を放置することにもなりかねないため、プラグマティックに社会的価値の開示を促すドライビング・フォースの考察を深めることも重要となる。前章では、主としてNGO等の外圧を踏まえた企業のリスク管理の視点から、シグナリング理論が正当性理論（アカウンタビリティ理論）を包摂して拡張する道筋を論じたが、企業との関連が乏しい（サプライチェーンの外にある）外部性については、必ずしも自律的な開示につながらない課題を残した。

　本章の目的は、上記課題の克服に向け、シグナリング理論と正当性理論が開示において誘因両立的に均衡する領域（以下、誘因両立均衡）をさらに拡張するため（図表2-1：①から②への移行）、リスク管理のみならずESGに係る事業機会の追求という側面も視野に入れながら、企業へのインセンティブ（誘因）付与方策を考えることにある。以下では、まずステークホルダーの

図表2-1　開示における誘因両立均衡の拡張可能性（イメージ図）

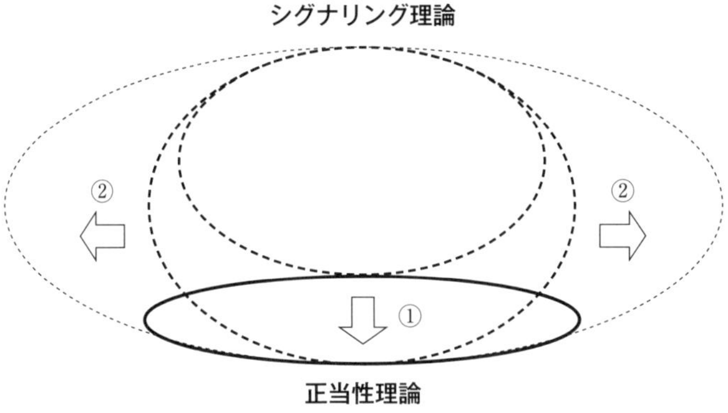

シグナリング理論

②　　　　　　　　②

①

正当性理論

（出所）著者作成。

1　米国等民間企業での取り組み継続に加え、取り組み維持を表明した米国州を含めパリ協定署名先のCO_2排出量は、依然として世界の9割近くを占める（IGES［2017］1頁）。

外部性改善に向けた ESG 戦略が、自らの正当性獲得とともに企業価値創造にも資するリアルオプション価値を内包し、そうした価値を投資家に対し統合報告等の任意開示で訴求するルートについて論じる。次いで、情報の非対称性に乗じて外部性をくいものに行動する主体をも念頭に、外部性制御に向けて市場規律をより実効的に機能させる観点から、比較可能な非財務情報の制度開示により情報の非対称性を補完する方策についても論及する。

2. ESG に係るリアルオプション価値の任意開示

(1) 日本企業における環境・社会関連「機会」の認識不足

　企業の管理対象外に存在する社会的価値をも包摂するため、どのようにして誘因両立均衡の領域を拡張するかの道筋と論理に関しては、NGO 等のアドボカシーが、より強力なドライビング・フォースとなれば外部不経済のリスクマネジメントを一層促す方向性も考えられるが、こうした視点とは別のルートもある。例えば Kramer and Pfitzer [2016] では、企業が活動する市場をエコシステムと捉え、同じエコシステムの構成員全てを巻き込んだコレクティブ・インパクト (collective impact：協働による社会的インパクト) により、「機会」を創出する必要性を論じている[2]。

　そこで好事例として挙げられている肥料大手のヤラ社では、市場開拓を狙ったアフリカにおける「市場の失敗」の原因を分析したうえで、むしろ市場をエコシステムとして広義に捉え、タンザニア政府や国際機関、民間企業、市民団体など各種組織を巻き込みながら「機会」を取り込んでいった。すなわち、政府による政策ミスや汚職に加え、道路や農作物を貯蔵する冷蔵庫、輸送インフラも整備されていない中で、貧しい農家には肥料が行き渡らず、届いても使用知識がないという状況（市場の失敗）を克服するため、ヤラ社

2　コレクティブ・インパクトの考え方自体は、既に Kania and Kramer [2011] において提唱されており、それは主として非営利組織間の協働を念頭に置いたものであったが（この点は第 4 章で詳述する）、Kramer and Pfitzer [2016] では営利企業の CSV (Creating Shared Value) にまで射程を広げ、外部性問題の解決にも資する概念として発展させているところに特徴がある。

はステークホルダー（政府、NGO、農家、企業などの68組織）と協働することによって、現地の農作物生産や港湾・道路・鉄道等輸送経路を整備した。このように全てのステークホルダーの便宜を図りながら、農業・流通インフラの創設を実現することによって、市場を最適化させ、その結果、農家の自立とともに肥料が売れるようになり、その後もエコシステムが自律的に回っていく中で、ヤラ社の現地売上は5割アップしたのである[3]。

このように、一見遠回りのように見えても自社のバリューチェーンの外にある事業環境も含めた改革に取り組むことで、自社の事業を取り巻くエコシステムが最適化すれば、持続可能なビジネスが実現し得る。ESGに絡む外部性の企業による取り込みを考えるうえで、ともすれば視野の長期性が強調されがちであるが、時間軸とともに視野の広範性も重要になろう。そこでは、自社のサプライチェーンのみならず、企業の管理外にあるステークホルダーの外部性問題にまで視野を広げながら、自らの正当性の獲得とともに事業機会を拡大していく視点が不可欠となる。

こうした取り組みと同様に環境・社会分野で、将来の不確実性に機会を見出す認識は国際的に高まってきており、COP21で各国政府の背中を押したのは世界のビジネスリーダーや機関投資家等の民間主体であった。COP21の気候問題への取り組みにおいて、欧米を中心にグローバルなビジネスリーダー達による意欲的な取り組みが大きなうねりとなったのは、脱炭素インフラや技術の世界市場と需要が生み出され、それがイノベーションを促しコストをさらに低下させる「機会」に着目したからである（浜中［2016］2頁）。しかし、パリ協定や国連SDGsを巡る欧米企業と日本企業の受け取り方には温度差が窺われる。日本では気候変動対策が狭い意味でのエコ対応に矮小化されがちであり、脱炭素という大転換のインパクトが十分伝えられていないようでは、ESGに機会を見出すことは覚束ない。

それは、カーボンプライシングの必要性を巡る国内産業界の消極姿勢にも

3　タンザニアでの取り組みは、同社のアニュアルレポートやGRIレポートを通じて開示されており、米フォーチュン誌の「Change the World List 2017」（事業を通じて社会に変革をもたらしている企業50社ランキング）において10位にランクインするなど、外部からも高い評価を受けている。なお、同ランキングは2017年9月7日に公表されたが、同社の株価（オスロ証券取引所、9月6日332NOK）は、12日（350NOK）まで一本調子で急上昇し、20日（364NOK）には年初来ピークを更新した。

見て取れ、わが国の気候変動問題への取り組みは国際的にみて極めて遅れているとされる[4]中にあって、日本企業では温暖化対策がともすれば従来型CSRと捉えられがちであるのに対し、海外のグローバル企業の多くは収益に直結するとみている（日本経済新聞［2016］）。欧米企業で意識されている脱炭素の取り組みは、CSR的な社会貢献でなく本業に影響する事業機会として捉えたものであり、気候変動対応を普通の事業要素として議論する姿勢が求められているにもかかわらず、そうした動向が日本のビジネスリーダーにきちんと届いていない可能性があり（松尾［2016］10頁）、このまま自然資本を巡る意識改革に遅れ続けると、世界から取り残されることにもなりかねない。

例えば、企業経営（報告）における「リスクと機会」の考慮の重要性は多方面で言及されている[5]ものの、日本の統合報告書発行企業341社のうち「機会」に関し記述している企業は四分の一未満の少数（62社）にとどまっており（KPMG［2018］15頁）、社会的な課題を解決する「機会」という用語については、「リスク」に比して相対的に馴染みが浅く、自社の持続的な成長との関係性の手掛かりを摑みかねているのが現状とみられる。事業機会そのものは、機密コスト（proprietary cost）から積極的に経営者が開示しない傾向があるのは事実ながら、そのことが、わが国企業において環境・社会関連分野に機会を見出す戦略が出遅れていることへの言い訳とはならない。実際、IGES・GCNJ［2018］のアンケート調査結果によれば、環境・社会関連の国際的課題であるSDGsを経営に統合している日本企業は8％にとどまっており（同9頁）、多くの企業は既存事業を課題に沿って「棚卸し」している段階に過ぎない（日経BP［2018］25頁）。

このように、環境等に関連した将来の不確実性を機会として捉える企業経営者の意識が十分とはいえない現状があり、そうした状況を改善していくう

4　温暖化対策の取り組みは58か国中の57位（Burck et al.［2016］p.6）、脱炭素の取り組みはG7中の最下位（Littlecott［2015］p.10）などの調査結果がある。
5　必ずしも両立するとは限らないESGと利益創出について、事業機会とリスクという視点で結び付けようとする考え方はCSVとも通底しており、統合報告（IIRC［2013b］）やSDGs（とりわけ企業向けのSDGコンパス〈2015年公表〉）、自然資本会計（とりわけ企業向けの自然資本プロトコル〈2016年公表〉）に盛り込まれるなど国際的なコンセンサスとなる中、わが国のスチュワードシップ・コード（2016年改訂）にも採り入れられた。

えで、環境・社会分野の戦略選択に向け目に見えない「機会」を可視化する1つの理論的ツールとして、リアルオプション思考が有用と考えられる。ゲームチェンジを伴う環境変化は新たなビジネス分野を創出し、市場を制覇するまたとないチャンスであり、潜在的機会を見抜く優れた経営者は企業価値の源泉として重要資源（インタンジブルズ）の1つとなる。わが国でもスチュワードシップ・コードやコーポレートガバナンス・コードで「経営力」の底上げも期待されているが、一部の企業を除き総じて後ろ向きな日本企業の姿勢を改め、挑戦を受け入れて外部性問題の中に「機会」を見出していく戦略の立案を促すに際しては、以下に論じるようにESGに係るリアルオプション価値の視点を介在させることが、より明瞭な理解に資するのではないかと考えられる[6]。

(2) リアルオプション思考の特徴と有用性

それ自体は利益を生まないが先々に収益源を生むような新事業への投資は、将来において本格的に事業に参入するオプションを買うという性格を有しており、実物資産への投資に対するオプションという意味でリアルオプションと呼ばれる。DCF法では、当初立てたシナリオから外れる拡張・延期・撤退等の選択肢が反映されないため、不確実性の高さが割引率の高さに反映され低い資産価値につながる場合があるのに対し、経営者がオプションを認識し然るべき出来事に柔軟に対応すれば、不確実性の増大が高い価値になる一方、見逃すリスクの方が踏み込むリスクよりも大きいケースもある。低炭素から脱炭素に向かう不確実性は、DCF法では事業のリスクとして、できれば不確実はない方が良いということになりかねないが、リアルオプションの

---

[6] 日本企業の現場の技術力や生産力は優れているものの、経営については問題があるとの指摘が少なくない（岩原［2016］48頁）。とりわけリーダーシップを伴った戦略的で果断な意思決定力の弱さが過去には指摘されていただけに（日本経済調査協議会［2014］11頁）、戦略投資に内在するオプションを大局的に認識し、この価値を柔軟に評価する思考法は、経営者の戦略眼を補い企業競争力の源泉ともなり得るのではなかろうか。環境の変化につれた事業内容の革新等に遅れをとり、結果的に過少収益力を惹起するような経営力の不備は「負のインタンジブルズ」として捉えられ（越智［2015a］144頁）、ESGに機会を見出すようなリアルオプション経営にも難が残るとすれば、その意味でも企業価値創造の足枷になりかねないのである。

発想では不確実性は歓迎すべきことであり、不確実性はチャンスと捉えられる。

　不確実性の高い事業環境下で経営のもつオプション性は高め得る一方で、もし経営が何ら戦略的な意思決定ができないならばオプションの価値は生まれない（刈屋・山本［2001］21、44頁）。企業活動（投資）の意思決定は、将来の不確実性というリスクに対し、そのリターン（事業価値）を評価する活動であり、通常の割引キャッシュフロー（DCF）法では、経営環境が変化した場合でも、企業は当初の事業戦略を維持し続けるという前提のうえでキャッシュフローを予想し、将来の不確実性に応じた政策変更のオプションを織り込んでいないので、不確実性の高い環境下で戦略的な投資の評価を行うには限界がある。すなわち、将来の意思決定は、将来明らかとなるマクロ経済環境、競争環境、技術革新などの経営環境の変化に応じたものになるため、不確実性に満ちた経営環境の中で成功するには予期せざる変化に対して柔軟に適応する必要があるが、DCF法では、将来起こり得る多数のシナリオをもとに一本のキャッシュフロー流列を作成して、それをリスク調整後の割引率で現在価値を算出するため、状況の変化に応じた柔軟な意思決定を評価に織り込むことが難しい（新井ほか［2016］54、262、263頁）。

　DCF法のシナリオ・プランニングや割引率の設定において、プロジェクトの可能性やリスクを反映させる場合には、環境変化に対応した「経営者による積極的な進路変更」が介在する前提はなく、不確実性の高さが割引率の高さに反映され長期にキャッシュフローを割り引くと、価値がマイナスとなり投資すべきでないとの結論に至ってしまう場合もある。DCF法は比較的安定している環境下では有効な反面、どの案件も別個独立に今の時点での決定に従い、当初立てたシナリオから外れる拡張・延期・撤退等の選択肢が反映されないため、適用の前提条件が満たされない環境下では、その有効性に限界を来たす（Amram and Kulatilaka［1999］（石原ほか［2001］30-31頁）、正岡［2011］47-48頁）。これを補う不確実性下での価値評価手法としてリアルオプションの意義が見出されるのであり、そのオプション価値は企業サイドにおいて第一義的に認識されるべきであって、そのことを通じて企業の外部性削減に関連した環境・社会関連分野での活動を後押しすることにつながり得るのである。

従来、リアルオプション理論を設備投資以外の研究開発・M&A・ベンチャー投資等に応用した実証研究[7]のほか、定量化に至らずともリアルオプションを経営論の文脈で応用した先行研究[8]は少なからずみられる。しかし、環境・社会関連分野で、ステークホルダーが直面する外部性の改善による企業価値創出機会に注目したリアルオプション分析は、未開拓な領域である。企業のESG関連支出による外部性削減と将来の財務との関係については、不確実性に対するリスク管理の側面（レピュテーション対応等）を重視すると、（超）長期のDCF法をベースに、キャッシュフローの持続性・安定性やリスク低減として考慮されることになるが、機会の側面をより重視すれば、不確実性の高い経営環境の変化に柔軟に対応しコールオプション的状況である「機会」を作り出すリアルオプション思考が有用になると考えられる。

　経営の柔軟性をオプションとみなし分析することは、設備投資や研究開発分野だけでなく他にも広範に応用可能であり（山口 [2002] 245頁）、前章で述べた「資本アプローチ」で用いられる会計上は資産でない経済学上の各種資本（資源）も、リアルオプション経営の源泉になり得る。すなわち、環境・社会関連分野における外部性の内部化を通じた事業機会には高い不確実性が存在しているため、DCF法では棄却されかねない案件でも、そこにリアルオプション価値評価という視点を介在させることで、ESG戦略投資の幅を拡張し得るのであり、外部性の内部化を誘因両立的に拡張していくうえで、リアルオプション価値評価という視点を見出すことが、DCF法を用いた評価よりも有効と考えられるのである[9]。

　そうしたオプションには、例えば、段階的な投資を行うことで、新たな情報を入手した段階で戦略変更（拡大・延期・撤退等）が可能になる場合に、

7　そうした国内外の実証研究例は、入山 [2015] において一覧化されている。
8　例えば、Dixit and Pindyck [1995]、Amram and Kulatilaka [1999]、山口 [2002]、川口 [2004]、日本リアルオプション学会 [2006]、Ferreira et al. [2009] 等が挙げられる。
9　DCF法では、高い不確実性は低い資産価値につながりかねないが、リアルオプションのアプローチでは、経営管理者がオプションを認識し来るべき出来事に柔軟に対応すれば、不確実性の増大が高い資産価値になり得る。すなわち、外部環境の不確実性が戦略投資の不確実性につながっている場合には、リアルオプションは、悪い結果の場合のエクスポージャーを減らし、良い結果のエクスポージャーを拡大することで不確実性のエクスポージャーを修正し、戦略的投資の価値を増大させるのである（Amram and Kulatilaka [1999]（石原ほか [2001] 19-21頁））。

図表2-2　リアルオプションの活用業界と活用目的(米国)

活用目的	石油・エネルギー	製薬	電力・通信サービス	その他製造業
エンジニアリングプロジェクトの評価			○	○
天然資源などの埋蔵量分析	○			
投資プロジェクトの評価	○	○	○	○
探索機会の評価	○			
未利用ネットワーク要素の評価			○	
新技術の評価			○	○
生産の柔軟性評価				○
買収企業の価値評価		○		○
新プラント・建設タイミングの評価			○	
研究開発機会の評価		○		
最適市場戦略の評価		○		
知的財産の評価				○

(出所) 正岡 [2001] 51頁を抜粋。

各段階は、その後段階の価値に関するオプションと捉えることができ、それらの合成オプションとみることができる（学習オプション）ほか、初期投資が関連するプロジェクトの前提条件やリンクとなり、将来の成長機会を切り開くことになる（成長オプション）。実際の企業投資では、環境がより明らかになった時点でプロジェクトに対する意思決定のオプションがあり得るにもかかわらず、DCF法では当初段階で将来の不確実性に応じた戦略変更に合わせたシナリオ修正が困難となる。一方、リアルオプション法では、そのようなオプションも価値として評価可能となり（正岡 [2001] 48-50頁）、実際、積極的なリスクテイクが求められる投資の評価局面での活用事例がみられる（図表2-2）。

　リアルオプションの分析は、経営者による企業戦略の遂行を支援し、その実行にあたってどのような場合に柔軟になるべきかを明確化することを通じて、ESGに係る企業投資の選択肢が一層広がる可能性がある。その意味で、リアルオプションは戦略的思考そのものである。リアルオプションは見えない機会を可視化し、機会をコールオプションとみなすことであり、機会を見つけるには、従来の見方を変えることも必要となる。不確実性は機会の母で

あり、不確実性があるから機会があるのであって、プロジェクトや将来の戦略の中で、如何に有効かつ的確なリアルオプションを見つけ、新しいオプションを自社内で作り出し、事業革新や新たなビジネスにつなげていけるかが鍵となる（川口［2004］5、64-69頁）。

リアルオプション分析における最大のポイントは、リアルオプションが企業のどこにあるかを見出すことであって、そもそも事業機会に関するオプション価値を企業自身が認識していなければ開示のしようがない。特定の企業がある時点である種のリアルオプションを有しているかどうかは、その企業自身が自らの置かれた状況を分析し、自社を取り巻くリスクの特徴を知って、そのリスクの利用を考えたうえで自らの有する事業機会を見出し、これを遂行していく能力を有するかどうかにかかっている（刈屋・山本［2001］48頁、川口［2004］214頁）。リアルオプションがどんなときに存在するか判断できるよう、下方リスクを回避する柔軟性の価値と、上方ポテンシャルへの事業機会の価値を、戦略的に生かせる経営力（オプション感覚、目利き力）が重要になる（山口［2002］231、305頁）。

リアルオプション思考は、優れた戦略的意思決定力をインタンジブルズとして組織内に蓄積するツールであり、戦略経営の構築に向けたサポートとして役立てられよう。例えば、脱炭素に向けて早くから参入してブランドイメージを確立したり市場を先行的にリードするなど、不確実性の高い投資プロジェクトの評価において、リアルオプション分析はプロジェクトのもつ戦略性を浮き彫りにすることができる。先行投資によって特権的な立場を確保しておけば、その後の事業環境が明らかになるにつれて、投資を進めたり継続を中止するなど、どちらにも対応可能であり、リアルオプション分析は、DCFが十分に取り込めなかった事業環境の不確実性を事前評価に生かし、ダウンサイドのリスクを抑えつつアップサイドのチャンスを狙うことで、イノベーションの切り口の1つとしても役立てられ得るのである。次に、そうしたリアルオプション経営の実践と市場における企業価値評価についてみてみよう。

(3) リアルオプション経営による企業価値創造

環境・社会関連分野に関連したリアルオプション価値の認識は、第一義的

には企業サイドにおいて促進される必要があり、そうした価値認識を開示・訴求していくことで、リアルオプション価値が投資家に認知され、投資家のESG投資にも役立てられ得る。その際、わが国においてはGPIFのPRI署名もあって投資家のESGへの意識は改善方向にあるとはいえ、企業経営者のみならず投資家においてもCSR的な発想から十分に抜け切れておらず、2017年4月にPRIやUNEP FI等が日本のESG課題への対応等に関する現状と提言をまとめた報告書によれば、戦略的なESGへの取り組みを価値評価していく視点が他国と比べて依然として遅れている現状が指摘されている（PRI et al.［2017］p.6）。こうした状況を改め財務的責任との関連を明瞭に意識していくうえで、投資家にもESGに係るリアルオプション思考が求められよう。

　投資家によるESG投資は、企業を評価する際に財務情報だけでなく、非財務情報であるESG情報も考慮することで中長期的な運用パフォーマンスを向上させようとするものであり、企業評価に用いるESG要因が企業価値や運用パフォーマンスと関連しているかを明らかにする実証研究は国内外で数多く行われている[10]。企業価値は企業が生み出す将来のキャッシュフローを資本コストで割り引いたものと考えるならば、ESG要因には2つの企業価値創造ルートがあり、1つは分母の資本コストの低減による効果、もう1つは分子の新たなキャッシュフロー創出機会の獲得に対する期待値としての効果である。既に前者のルートに関しては、高いレベルの情報発信が経営者の投資家からの評判を改善するとともに利益の持続性に対する信認を高め、こうした将来利益予想の信頼性・頑健性が推定リスクを低減しリスクプレミアムの低下につながることが実証されている（Dhaliwal et al.［2011］、El Ghoul et al.［2011］など）。

10　非財務情報がどのように企業財務内容に影響を及ぼすかのプロセスには懐疑的な見方もあるが、ESGの財務パフォーマンスへの研究等を総括したサーベイによれば、プラスの影響があるとした結果の方が多いようである（UNEP FI and Mercer［2007］pp.13-14, 39, Friede et al.［2015］p.218, Clark et al.［2015］p.9）。また、2015年の米国アンケート調査（Unruh et al.［2016］p.4）では、投資家の過半が優れたサステナビリティ・パフォーマンスが投資判断において重要と回答している。なお、わが国でも2016年5月にGPIF（年金積立金管理運用独立行政法人）がPRI（国連責任投資原則）に署名した後、ESGに優れた日本企業を構成銘柄とする株価指数（インデックス）を組成し2017年3月から運用を始めている。

本書の関心は後者の価値創造ルートにあるが、後者のルートに関係した先行研究として、柳［2017］では、エーザイのフィラリア症治療薬の新興国患者への投与事例を採り上げ、当初は利益やROEにはマイナス要因であるが、超長期では新興国ビジネスにおけるブランド価値、インド工場の稼働率上昇による生産性改善やモチベーション向上などを通じてNPVがプラスになることが試算できており、非財務価値が長期では財務的価値に変換され同期化できるとしている。同研究のフレームでは、ESG/CSR要因を資本コスト低減要因に位置付けるとともに、上記の新たな価値創出は非財務資本（各種無形資本）が生む財務効果として超長期投資の視点からNPVを算出しているほか、研究開発投資のリアルオプション価値などにも触れつつ無形価値のマネジメント[11]を論じている。

　Rappaport and Mauboussin［2001］によれば、企業の価値（株式の時価総額）は、DCF法による既存事業価値にリアルオプション価値を加えたものとされる。株価に織り込まれた期待の予測期間は、DCFの下では企業が資本コストを上回るリターンを獲得し続ける期間についての市場の予測値として算出される[12]のに対し、株価に織り込まれた期待がどれだけ業界平均を上回り、この期待のどれだけが潜在的にリアルオプション性をもつのかを把握するには、株価に織り込まれた予測期間ではなく、既存事業に対しての予測期間を別途想定（主観的に判断）し、既存事業についてのみの期待を読み取る必要がある[13]。当該年数で既存事業のDCF価値が推計されると、当該価値を株式の市場価値から控除した差額が、株価に織り込まれたリアルオプション価

---

11 インタンジブルズの経営における可視化については、北欧を中心に1980年代後半から知的資産報告書の開発が始まり、1990年代後半には他の欧州諸国を巻き込む形でMERITUM（MEasuRing Intangibles To Understand and improve innovation Management）プロジェクトが発足、その後は国際的にも研究が進展してきた中で、わが国でもインタンジブルズを戦略的に活用する「知的資産経営」が議論された（例えば、産業構造審議会［2005］）。こうした非財務資本の重視は、IIRC［2013b］における6つの資本を活用する「統合経営」とも重なる部分が少なくない（越智［2015a］96-98、150-152頁）。
12 DCF法では、この予測期間後については、投資は資本コストに等しい収益を上げ、その結果追加的な価値を一切生み出さないと仮定するので、DCF法の予測期間を現在の株価と等しくなるまで延ばすことによって、株価に織り込まれた予測期間を推定すると、米国株の多くの予測期間は10～15年、競争優位に立つ強い企業は30年まで幅広く分布しているとされる（Rappaport and Mauboussin［2001］（新井ほか［2003］99頁））。

図表2-3　株価に織り込まれたリアルオプション価値

```
┌──────────────┬──────────────────────┬──────────────────┐
│              │ 推定された既存事業の価値 │                  │
│              │       (DCF法)         │                  │
│  株式の時価総額 │                      │ 市場に織り込まれたリ │
│              │                      │ アルオプション価値  │
└──────────────┴──────────────────────┴──────────────────┘
```

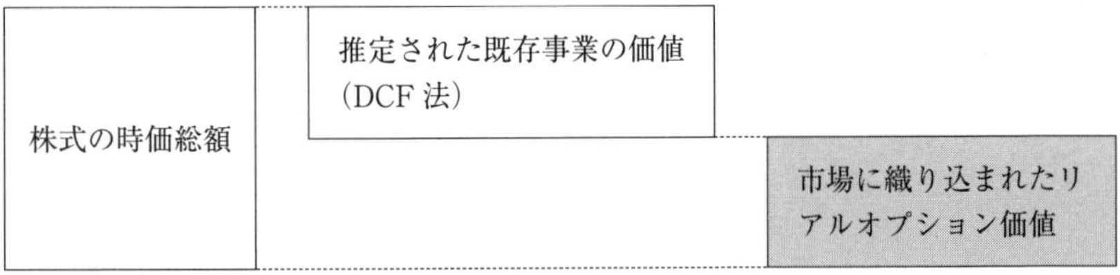

(出所) Rappaport and Mauboussin [2001]（新井ほか [2003] 162 頁）。

値ということになる（図表2-3）。

　上記の推定された既存事業価値には、将来成長期待も DCF 法によって織り込まれているが、高 PER 企業、とりわけベンチャー的な要素をもつ企業については、投資家は無意識のうちに新しい機会のリアルオプション価値の方に重きを置いて評価していることが多いのではなかろうか（刈屋・山本 [2001] 49 頁）。Rappaport and Mauboussin [2001] では、リアルオプション経営の例として、創業間もない当時のアマゾン・ドット・コムを採り上げ、同社の株価 64 ドル（2000 年 2 月 22 日）のうち 35 ドルが既存事業価値で、残りの 29 ドルが市場に織り込まれたリアルオプション価値と算出していた。ちなみに 2017 年末の同社株価は 1,169 ドルにまで膨れ上がっており、この間の多分野に及ぶ革新性（リアルオプション価値）を物語っているように窺われる。

　こうしたリアルオプション経営を環境・社会関連分野で実践している例として、わが国ではミドリムシの食品化で知られる株式会社ユーグレナ[14]が挙

13　超過リターンを計上し続けられるか否かの主観的判断は、のれんを償却している期間の範囲に概ね等しいと考えられる。「のれんの効果が及ぶと見込まれる期間に基づいて算定している」とされる「償却期間」について、日本企業を対象とした調査（ASBJ [2015b]）によれば、回答先（86 社）のうち、20 年以内：55 社、5〜10 年：9 社、5〜20 年：8 社、その他：14 社であった（同 8 頁）。

14　創業者が大学生の時にバングラデシュで実感した「食料はあっても栄養素が足りない」という問題を解決したいという想いから、2005 年 8 月、動物と植物両方の豊富な栄養素をもつ微細藻ユーグレナ（和名：ミドリムシ）の活用で、世界の食料問題の解決を目指すバイオベンチャーとして立ち上げた。同年 12 月には世界で初めてミドリムシの屋外大量培養に成功し、その後はミドリムシを使用した機能性食品事業の展開のほか、ミドリムシ由来のバイオジェット燃料製造の事業化に向けた研究開発を行うなど、地球の環境問題改善への一助になることを目指した研究開発にも取り組んでいる（同社ホームページ「株主・投資家の皆様へ」より抜粋）。

げられよう。同社の時価総額はバイオベンチャー企業群では既に国内で上位クラスになっているが、同社では外部性の削減に寄与しつつ自らのビジネス領域を拡張し成長の機会を創出している[15]。同社の事業戦略は、ミドリムシの持つバイオマスとしての多岐に及ぶ利用可能性を基本に、ヘルスケア事業（機能性食品、化粧品、医薬品）からの安定したキャッシュフローを、「アッパーサイドの投資」（将来性のあるエネルギー・環境事業）に対して振り向けていくことにある。

　すなわち、同社ホームページ「事業戦略」によれば、将来事業戦略はバイオ燃料（ミドリムシ由来）が達成できるかどうかだけではなく、その過程において多くの市場創出機会が存在しており、仮にバイオ燃料の商業化が達成できずとも「新規市場の創出」、「既存市場での粗利益率向上」が達成できるとしたうえで、石油由来製品（油脂、燃料など）は排出権の観点から規制対象領域であるため、製造コストが市場価格に達する前に規制動向次第では産業化のスケジュールが前倒しになる可能性にも言及していた。ミドリムシによるバイオ燃料化に向けて段階的な投資を行いながら、環境変化に応じた拡大・延期・撤退等のオプションを残しつつ、バイオ燃料投資が関連するプロジェクトを契機として、将来の成長機会を切り開くことになる成長オプションも確保しているのである。まさに不確実性の中で下方リスクをマネジメントしながら、アップサイドを狙う「リアルオプション経営」そのものと言えよう（次頁図表2-4）。

　同社のミドリムシが有するオプション価値は事業戦略の開示を通じて投資家にも認知されており、こうした「社会的課題を解決するイノベーティブなソリューション」（経済産業省［2017］69頁）による成長期待を背景に、上場（マザーズ2012年12月20日、一部2014年12月3日）後の株価上伸に伴いPER（株価収益率）も急上昇し、投資過熱期のピークが過ぎた2018年央においても、100倍前後の極めて高い水準[16]で推移している。なお、先述したアマゾン・ドット・コムが、巨額の赤字期にも高い株価を維持し得たのも、単なるオン

15　名和［2015］270-272頁でも、ユーグレナの事業をDCF法で評価するとリスクの高さが割引率に反映され、事業そのものが立ち上がっていなかったと評価したうえで、実践によるフィードバック・サイクルを繰り返して学習優位を確立するリアルオプション価値に着目することの重要性を指摘している。

図表2-4　ユーグレナの事業戦略における不確実性とオプション[17]

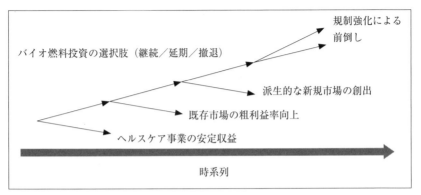

（出所）著者作成。

ライン書店事業としての企業価値を超え、顧客の継続利用率をベースにした新市場への参入価値がオプション価値として反映されていたと考えられ（正岡［2001］62頁）、ユーグレナの場合も、これと同様の構図と理解される。

(4) リアルオプション経営に係る事業機会の任意開示

インベストメント・チェーンのインセンティブ循環を作動させる起点として、まずは企業経営者が将来の事業環境に係る不確実性と、そこに生まれるリスクとチャンスを見抜き、リアルオプション価値に係る長期的・戦略的配慮を目に見える形で示す必要がある。ベンチャー企業のみならず、わが国の大企業においても、例えばトヨタが2015年10月に発表した「トヨタ環境チャレンジ2050」において、「CO_2ゼロチャレンジ」として2050年に2010年対比でCO_2を90％減らす数値目標をいち早く可視化してみせたことは、将

---

[16] 国際比較によればPERは一定レンジに収斂する傾向にあり、平均的には15倍前後とされる（佐藤［2013］）。
[17] 時間の経過とともに明らかとなる状況に向けた柔軟な対応に関し、一定のパラメーター（ボラティリティ、オプション期間等）を大胆に仮定するなどすれば成長オプション価値の数量化も不可能ではないが、環境・社会関連の金額換算等を含め厳密な方法論が確立していない状況下、非常に強い仮定の下で数字が独り歩きするリスクもあり、学術研究の方向性として、まずはリアルオプションが思考法として定性的な判断に役立てられている実証事例を蓄積していくことが先決と考えられる。

来的に不確実な「機会」に投資したリアルオプション経営の例として注目される[18]。パリ協定では数十年内で温室効果ガス排出量をゼロに削減することが目指されており、同様にソニー、リコー、富士通等でも 2050 年に向けて CO_2 排出量のゼロチャレンジを掲げるなど、「科学に整合する目標（Science Based Targets）」を設定する企業が近年増えてきているが、環境変化を受け入れて挑戦するか、抵抗するかで将来の大きな分岐点となり得る。

　外部性をコレクティブ・インパクトにより克服し「機会」として取り込んだ事例として、先述した Kramer and Pfitzer ［2016］ではヤラ社のほか、ウォルマート社にも言及しており、サプライチェーンの温室効果ガス排出量 2 千万トンの削減とパッケージコストの削減を目的に、他社と共同で米国各地のリサイクル・プロジェクトを支援する基金を設立しつつ、パッケージに使う再生プラスチック材料不足の解決に取り組んだケースについて紹介している。Kramer and Pfitzer ［2016］で紹介された事例以外にも、例えばオランダのユニリーバ社は、水リスク問題を「機会」として捉えた協働活動に積極的である。2015 年には、商品製造工程の水使用量削減のために約 600 万ユーロ（約 7 億円）を投資して自らの水リスクに備える一方、ナイジェリアの農村に給水センターを設置するなど新興国で水を利用できる環境を整備するとともに、給水センターに売店を併設してシャンプー等自社製品の販売機会につなげる活動を展開している。また、インドではトイレを利用できる地域を増やし屋外排泄をなくす取り組みを展開中であり、トイレのない地域の人たちに同社が資金を援助してトイレの設置や清掃を行い、トイレを清潔に保つ習慣を身に付けてもらうことによって、同社のトイレ用洗剤の販売増も企図している（日経 BP ［2017］15-16 頁）。

　こうしたユニリーバ社の取り組みの基礎にあるのは、同社が 2010 年に発表した経営計画「Unilever Sustainable Living Plan（USLP）」であり、ユニリーバ社がそれまでの停滞状況を脱し革新的な企業へと大きく変貌するに際しては、2009 年に CEO に就任したポール・ポールマン氏の戦略変更と組織変革に負うところが大きい[19]。USLP は 10 年後の 2020 年をターゲットに、

18　2015 年 10 月 14 日の計画発表を受けて、株式市場では「世界のリーディングカンパニーとして地球との共存共栄への取り組みをリードしていくビッグチャレンジを掲げたことを高く評価したい」（SMBC 日興証券）など好感され、株価上昇要因となった。

ビジネス規模を 2 倍にしながらも環境負荷を減らし、社会へのポジティブ・インパクトを増やすという大胆な中長期計画である。同社は IIRC のパイロット・プログラムにも参加するなど非財務情報の統合報告にも先進的に取り組んでおり、同報告（Annual Report and Accounts）の中で USLP について、不確実性が高い世界の中でどのようにビジネスを行っていくべきかを最も統合的に示すもので、他社との差別化につながると位置付けている[20]。実際の財務データや株価からみても USLP は成果を出しつつ進展しており（経済同友会［2017］、Unilever［2015］、三菱総合研究所［2012］）、長期的視点に立ったビジネスモデルへの変革に伴い長期投資家のウエイトも増えてきているとされる（Polman［2014］）。

　この間、2015 年に SDGs の企業向けガイドラインである SDG コンパスが公開されて以降も、2016 年には、国連グローバル・コンパクトと KPMG から、SDGs に関連した事業機会やその実例を紹介した産業別手引き（SDG Industry Matrix）が発表されている。また 2017 年に、Sustania（デンマーク）や DNV GL（ノルウェー）が共同で事業機会事例を紹介する Web サイト（Global Opportunity Explorer）を立ち上げているほか、BSDC（ビジネスと持続可能な開発委員会）からは、ゴールに関連した 60 の事業機会（ホットスポット）を示した調査レポート（Better Business, Better World）も公表されている。こうした中、海外グローバル企業は、SDGs 等の環境・社会要因を事業機会と認識して戦略に組み込むことの重要性を認識し、自社経営との関連での訴求

19　USLP の目標を社内に落とし込む過程で、サステナビリティの指標を単に社会貢献の一環で取り入れるだけにとどまるのではなく、事業、財務、IR の部門を越えて戦略を一致させ外部報告で提示する目標を各事業部門の取り組みにすることで、現場レベルの実行力を伴う企業変革につなげたとされる（Polman［2014］）。

20　統合報告における同様の開示として、例えばブリティッシュ・アメリカン・タバコの戦略報告書では、中長期的な企業価値の創出に向け、有害物質低減に対する取り組みに戦略的な重点を置くとともに、健康志向の次世代製品の開発でマーケットリーダーに立とうとする姿勢をアピールしている（British American Tobacco［2017］pp.2, 5, 20）。また、オランダの DSM 社の統合報告書でも、サステナビリティの非財務要因が成長ドライバーとして機会要因であり、企業価値創造につながることが SDGs とも関連付けながら訴えられている（DSM［2016］p.21）。わが国においても「伊藤園統合レポート」等では、複雑化する農業ビジネス課題に対する先行的 ESG 投資として、農家からの全量買い上げ、耕作放棄地の活用、茶殻リサイクルシステム等を通じ、同社の長期的・戦略的価値の向上につなげていることが説明的に訴求されている。

に向けて、先述したユニリーバのほか、アンハイザー・ブッシュ・インベブ、アクズノーベル、ノボノルディスク、アングロアメリカンなどでも積極的な情報開示を行っている（新日本監査法人［2016］）。

上記の例にみられるように、環境・社会関連課題への中長期的チャレンジとともに、外部性制御に関連した「機会」に内在する潜在価値が外部の目から見ても納得できるよう、統合報告等の開示媒体を通じて「見える化」していく必要があろう。投資家目線では、ESG情報は長期業績予想に生かされてこそ有用なのであるから、企業がESGリスクと投資機会をどのようにマネジメントし、それを企業価値向上にどのように結び付けようとしているのか、公表されたESG情報等から見極めることが可能とならなければならない[21]。その際、リアルオプション思考は、社会・環境面での企業の取り組みを後押しする理論的バックボーンを提供するだけではなく、外部に対して非財務情報を構造化して説明するロジックとしても役立てられよう。

3．シグナル開示インセンティブの制度補完

(1) 制度補完を考える視点

これまで統合報告を含む任意開示の枠組みで誘因両立均衡を拡張するルートとして、リアルオプション価値による自律的なシグナリングを起点に論じてきたが、他方で情報の非対称性に乗じて外部性をくいものに行動する主体の潜在的利得チャンスを排除できるよう、開示の義務化を通じて開示主体の

---

21 前章で述べた自然資本プロトコル等も事業機会の可視化に向け有用なツールになると考えられるが、日本ではサプライチェーンが自然資本に負荷を与えており、それがビジネスリスク・機会になり得るという認識を持ちにくいためか、その程度を定量評価して経営意思決定に統合させるという自然資本会計の本来の意義についても国内産業界において広く共有されているとは言い難い（環境省［2016］69頁）のが現状である。グローバルサプライチェーンを通じた自然資本への影響や依存関係についての認識の低さを改善していくには、まず企業が事業活動と自然資本の関係を理解し、その正負のインパクト発生の所在やそのことがもたらすリスクや機会、事業活動あるいは社会にとっての重要性を特定するとともに、それらの情報を経営意思決定に有効に活用し、もって自社及び社会の持続可能性の向上や競争力強化に役立てるという、自然資本会計の本来の目的や意義、期待される効果などを明確化することが求められている（環境省［2016］73頁）。

インセンティブに働きかける他律的な方策も考えられる。環境経済学では、資源配分の最適化の観点から経済と環境の2つの問題領域を統合化する研究が1つの重要な分野であり（天野［2001］243頁）、特に環境費用（外部不経済）の内部化論の応用分野として各種環境法令による情報開示も有力な政策手段となるが、情報の非対称性緩和を軸にしたディスクロージャー論（「開示の会計学」）としても、外部性制御に向けた開示規律の向上策は重要な考察対象になると考えられる。

制度開示の動きとして、EUの非財務情報開示指令（2014/95/EU）においてESG開示内容の具体化・対象拡充が行われる中にあって、英国ではいち早く2013年の改訂会社法によってGHG年間排出量等の取締役報告書での開示を義務付けたほか、フランスではエネルギー移行法173条（2015年7月制定）により、さらに意欲的な気候変動関連情報の開示が義務化された[22]。この間、アジアでもEUと同様な非財務情報開示の制度化が近年目立っており、台湾証券取引所が2015年2月にESG要素の報告義務化を決定した後、香港、シンガポール、マレーシアの証券取引所でもESG情報の開示義務化を続々と進めているが、こうした追随の動きが投資家のESGマネーの呼び込み（齋藤［2016］）という観点のみで開示主体へのインセンティブ設計を伴わないとすれば、外部性の制御という政策目的に関しては実効性に乏しい開示規制になりかねない。環境等政策としての非財務情報の開示規制において重要なのは、同業他社との差別化からシグナルを発するインセンティブを生むように制度設計され、それが投資家にとっての情報の非対称性緩和を通じて市場機能を補完していく方向性である。

そうした開示を通じてインセンティブ循環を作動させることにより、最終的に目指すべきは企業の行動改善（外部性マネジメント）である。なお、開示規制とは別の政策手段ながら企業の外部性マネジメントを引き出し、不確

---

[22] 上場企業、金融機関、機関投資家に対して、気候変動リスクに関する情報を「comply or explain」原則に基づき年次報告書の中で開示することを義務化している。例えば、上場企業は、①気候変動に関する金融リスクの内容、②リスク低減するための措置、③現行法で義務化されている事業や商品が及ぼす環境・社会影響への開示に加え気候変動への影響について、年次報告書の中で開示しなければならない。また、機関投資家に対しても、①投資判断において考慮されるESG基準の内容、②投資政策において国が推進するエネルギー転換戦略をどのように考慮しているかについて、年次報告書での開示を求めている。

実性を適切に処理し市場を補完した制度設計の成功例として、製造物責任におけるインセンティブ設計が注目される。すなわち、商品の売買時に契約内容に反映されていなかった欠陥が、どの消費主体にどれほどの被害・損害を発生させるか確定し得ない情報の不備と不確実性の下で、過失責任から無過失責任へのルール変更により、被害者が危険を予知できず生産者が消費者の無知に乗じて欠陥商品から利益をあげる余地を封印するとともに、市場への内部化措置を通して企業の事故防止への努力を誘発するインセンティブを引き出した[23]（宮澤［1988］207-210、220頁）。適切な対応に向けた情報は生産者に偏在しているので、生産者に責任を課すことが、法と経済学の観点からも合理的といえる。

　製造物責任は、個別具体的な不法行為責任訴訟の積み上げを基盤にコモンローの下で結実した法理であるが、自然資本を巡る地球温暖化等の現代的な外部性問題については、企業の行動改善を促すために訴訟等を起こそうとしても、環境そのものは法主体性を欠いており、脆弱で移ろい易い環境利益（集団的利益）では民事訴訟の対象となりにくい（大塚［2010］121-122頁、小野寺［2015］219頁）。このような社会的共通資本に係る今日的な外部性問題についても、事業に関する圧倒的な情報の偏在から外部性問題に対する最適な対応（マネジメント）は企業の方がよく知っているので、その企業に行動改善のインセンティブを与えることが最も効率的であることは、製造物責任等の場合と同様である。

　上記のような領域において開示規制を考えるに際しては、如何にして外部性に係る「真の価格（コスト）」の低減競争に企業を動機付けられるよう、開示規律を生み出せるかがポイントとなる。外部性に係る情報は、概括的あるいは定性的にしか把握できないとしても、同業他社対比でみて如何に低減

23　同様の発想は拡大生産者責任（EPR：Extended Producer Responsibility）の考え方にも見て取れ、生産者責任を徹底する制度化によって、廃棄物の発生抑制デザインをはじめとする環境配慮設計のための積極的な技術開発とその採用を促した。環境劣化による外部費用の内部化を原則とする汚染者負担原則（PPP：Polluter-Pays Principle）において費用負担の範囲は生産段階での排出削減費用とされるが、これを製品の消費・廃棄段階での環境汚染にまで拡大したのがEPRであり、1990年代初期にスウェーデンで初めて提唱され、日本でも1995年に容器包装リサイクル法が制定されたほか、その後も循環型社会形成推進基本法や各種リサイクル法によって、この考え方が採り入れられている。

させているかを消費者・投資家等にアピール（開示）できれば、企業にとって評判獲得のインセンティブになり得るのであるから、外部性に係る「真の価格（コスト）」の低減競争に企業を動機付けられるよう、「解きほぐし」による情報開示が誘因される開示規制を考える必要がある。他方で、消費者はそうした情報によって直接的な利得や効用が得られるわけではないが、自ら共存する自然資本等の毀損を喜ぶ者はいないし、外部性を食い物にして値段を安くする業者に好感を抱く者は必ずしも一般的とは言えず、むしろ評判を下げる方向に働くであろう[24]。

「真の価格（コスト）」が不明という状況の下で新古典派経済学は外部不経済を内部化する固有の力学は持ち合わせていないが[25]、「利益の健全度／汚染度」の裏にある「真の価格（コスト）」を推し量る非財務情報が共有されれば、逆選択を生む情報の非対称性を緩和し、外部性に依存して表面利益を最大化するインセンティブを助長してきた流れに一定の歯止めをかけられる可能性が生まれる。すなわち、企業の懐にある外部性情報は企業が最もよく知る立場にあるので、そうした主体に情報の開示義務を課し、シグナルを送ることによって自らを他社と区別するインセンティブを生み、その結果としての直接開示が逆選択を低減するとともに、企業の真にファンダメンタルな価値がより市場に反映されるようになるのである。

こうした市場メカニズムを基礎にしたロジックやルートは、必ずしも目新

---

[24] 第一生命経済研究所が行った消費者意識調査によれば、「社会や環境に良くない活動を行っている企業のモノは買いたくない」とする回答が、「あてはまる」、「どちらかといえばあてはまる」を合わせると全体の約7割を占める（宮木［2016］19頁）。海外においても同様に、消費者の購買動機に企業のCSR活動が重要な役割を与えるとの調査結果は少なくない（Besley and Ghatak［2007］p.1646）。例えば、Nielsen［2015］の60か国、3万人を対象にした調査によると、「サステナビリティへの配慮のあるブランド商品にはプレミアムを支払う」消費者は、2013年50％→14年55％→15年66％へと上昇しているほか、Albuquerque et al.［2014］では、CSR活動が顧客ロイヤリティの向上や製品・サービス差別性の増大を通じて、企業価値向上に結び付く経路について実証的に明らかにしている。

[25] その背景は、個々の経済主体の合理的行動に関する公準から出発して、市場均衡のプロセスを定式化して形式論理的に整合的な理論体系を構築したことに求められる。ただし、形式論理的な整合性を保つ（応用数学の一分野になる）ということは、必ずしも現実の妥当性をもつということを意味しないだけでなく（宇沢［1994］22頁）、学問それ自身の理論体系を守るために現実から突き付けられた課題に対して保守的になって、理論や数学的モデルからしか現実を見ないというスタンスをとり続ければ、ある段階で社会から見放され影響力を失う（淡路ほか［2001］93頁（寺西発言））。

しいものではなく、経済活動が地球に与える負荷を可視化する各種環境ラベル（エコマーク、エコリーフ、カーボン・フットプリント等）でも、同種製品の他社比較等においてシグナルとして機能する余地がある。現状、それらは個々的な製品を中心とした任意の取り組みにとどまっており、環境負荷を含む持続可能性問題に関する企業マネジメントの全体を明らかにするものではないが、EU等における先進的取り組み[26]の今後の発展にも期待したい。他方で、GHGに最も包括的に価格シグナル効果を生むという点では、カーボンプライシング（炭素価格制度）[27]という共通の尺度によって企業が炭素価格付けを行うことが可能になれば、投資家にとっても将来リスクに備えた投資判断をするための材料として使えるようになる。ただ、炭素価格は企業が炭素リスクをどう見ているのかということを投資家やNGOに判断材料を提供し、コミュニケーションツールともなり得る一方で、国境のない炭素をグローバルに捕捉する各国足並み揃えた炭素税は現実的な困難が予想されるほか、今の排出権市場の価格には外部性が取り込まれておらず、国毎に事情が異なり一本の価格で示すことも長期的かつチャレンジングな課題にとどまっている。

(2) 法定財務報告内での開示規制

　消費者や投資家などの経済主体が、「真の価格（コスト）」に関し不十分な知識しかない状況で意思決定せざるを得ないとすれば、そこで役立てられるのは、それらの知識を近似する非財務情報の開示である。外部性に係る新たな知識があれば市場均衡は移動し得るのであり、例えばFSB（金融安定理事会）の気候関連財務ディスクロージャー・タスクフォース（TCFD）による提言では、企業による気候変動関連のリスクアセスメント結果を情報開示させることで（次頁図表2-5）、新たな市場均衡への移行を目指している[28]。そこでは、全ての組織が（法定の）財務報告に含めて開示することも展望されており、その情報に基づいて投資家が企業を横並びで評価し、投資行動を決定可能と

---

[26] 欧州委員会は、2013年に環境フットプリントの評価指標と手法の開発を終え、その後のパイロット事業を踏まえて現在、分野別ルールの策定、政策活用の検討等に取り組んでいる。
[27] 世界銀行「カーボンプライシングの現状と傾向」(2015年版) によれば、世界には導入済みまたは導入予定のカーボンプライシングとして、21の排出量取引制度及び17の炭素税が存在する。

図表2-5　TCFDが提言する気候リスクの財務的開示

ガバナンス	気候変動のリスクと機会に関わる取締役会の関与、評価・管理の経営の役割
戦略	気候関連のリスクと機会が事業・戦略・財務計画に及ぼす影響、2℃シナリオを含む異なるシナリオが事業・戦略・財務計画に及ぼす影響
リスク管理	気候関連リスクを特定・評価・管理するプロセス、全社的なリスク管理プロセスへの統合の仕方
指標と目標	リスクと機会を評価・管理する指標、スコープ1と2、適切な場合はスコープ3GHG排出量とリスク、リスクと機会を管理する目標とパフォーマンス

（出所）TCFD [2017] p.14.

なるよう企図されている。

　この間、外部性問題の制度開示を標榜する気候変動関連情報審議会（CDSB）は、IIRC [2013b] や自然資本の利用に伴うリスク認識の広まりなどの流れを受け、2013年にそのミッションを、気候変動関連情報のみならず、より広範な環境及びその他の情報に関する制度開示枠組みの開発に拡大している。2015年6月には「環境情報と自然資本に関する情報開示のためのCDSBフレームワーク」を発表し、水資源や森林、各種資源利用、土地利用、廃棄物や遺漏、その他の自然資本の影響や依存度に関する、より広範な情報を制度開示書類の中で報告するための枠組みを提示している[29]。

　また、米国で非財務情報の制度開示を目指すサステナビリティ会計基準審議会（SASB）では、市場との意見交換も踏まえ2017年10月に、ESG等非財務要因をSEC所管の財務報告書に記載する際の79業種にわたる報告基準案（SASB [2017b]）を公表するに至った。そこでは、業種毎のESG要素に係る重要性のクライテリアを設けることにより同業種内で比較し易くなっており、同業他社との比較ではシグナルとして機能する可能性が高い[30]。現段階

---

[28] 近年、内外格付機関において、グリーンボンドアセスメントによる債券格付け（グリーンボンドで調達された資金が環境問題の解決に資する事業に投資される程度に対する格付機関の意見）が発表されるようになっているが、将来的にはESGへの取り組みに係る発行体格付け、あるいはESGをインテグレートした信用格付けも展望され、そうなれば同様に市場メカニズムを作動させる要因となり得る。

[29] このほかGRIでは、2015年に独立したボードとして「グローバル・サステナビリティ基準審議会（Global Sustainability Standards Board: GSSB）」を設立し、2016年にはG4ガイドラインからGRIスタンダードに移行した。そこでは、報告要求事項の明確化とともに、フレキシブルにアップデート可能なモジュール構造も採り入れられるなど、制度開示化に際し引用可能な使い勝手の向上が意識されているようにも窺われる。

ではSECに採り入れられるかは未知数ながら、既に米国ブルームバーグ社では、先行してSASBに基づく初の報告書「インパクト・レポート」を発行し、達成状況を全て数字で表示し開示の限界等も率直に記載しており、SASB基準に従った開示方法による同業他社の開示が進めば、その比較を通して、投資家の目に開示の不十分な先を際立たせる役割を果たす可能性大である[31]。

近年の各種開示イニシアティブを比較すると、TCFDでは、開示義務が課されたとしてもESG関連リスクを開示するための標準的枠組みがなければ、どのような情報を盛り込んで提示すべきか判断が難しく比較可能性も確保されないので、少なくとも同一業種に属する企業と比較可能な開示枠組みが求められる（TCFD [2017] pp.2, 18）としており、こうした思考はSASBにおける業種毎のクライテリア方式にも見て取れる[32]。他方で、統合報告やGRI等では、ESGの重要性を自社の判断プロセスで決定する自由裁量方式が採用されており、裁量が大きい反面、他社比較には難を残すことになる。ただ、自由裁量方式からすれば、業種毎に最低限の指標を決定するクライテリア方式だと、横並び比較が可能な反面、独自性（例えば各社固有の価値創造ストーリー）の反映が制約され、決められたことのみ開示する傾向を生みかねない点が指摘され得る。

この点については、本書のように投資意思決定のみならず環境等政策目的

---

30 外部性の多寡もさることながら、そのマネジメントの状況を横並びで明らかにすることが重要であり、環境負荷と利便性の構造が全く異なる他業種比較（例えば飛行機と家電製品）では実効性が低くなる。そこでは、同様のビジネスモデルをもつ同業種の方が同様の方法で資源を使用する傾向があるため、異業種よりも同様のサステナビリティリスク・機会を有する可能性が高い（SASB [2017a] p.16）。

31 業種毎の開示クライテリア化という面ではSASBの取り組みは一歩先行しており、グローバル標準化も展望しているのではないか（藤井 [2016]）との見方もある。わが国の有価証券報告書においても今後、ESG要素を含む開示内容の体系的充実が検討される際には、単なるコンプライアンスに終わらせず開示インセンティブを引き出せるよう、外部性のマネジメント状況を同業他社間で横並び比較可能な枠組みとしていく必要があろう。その際、業種毎の重要性に応じて情報開示の質や情報量に強弱をつけるSASBの方向性は、情報開示の質的向上や情報利用者・情報作成者の負担軽減にも資するものとして参考になるのではなかろうか。

32 CDPでも、現在は全て共通の質問書となっているが、今後はTCFDの提言も採り入れつつ、投資家の利便性に資するためセクター別の質問書に改める方向にある（CDP [2017] p.6）。

(外部性制御)にも資するディスクロージャー論を追求する立場からすると、そこでの主眼は、投資家の外部性問題に係る判断の利便性を高めて参画を促すと同時に、開示主体に他社比較を意識させ開示インセンティブを生むことにあるので、外部性制御に向けた市場規律を引き出す開示枠組みとして、業種クライテリア方式は必要と考えられる。そこでは、比較可能性を重視することにより、投資家にとっての情報の非対称性緩和とともに、これに伴う開示主体への「解きほぐし」が期待されるのである。仮に意思決定有用性のみに的を絞ったとしても、裁量的なアプローチと業種クライテリアに基づくアプローチを必ずしも排他的に捉える必要はないので、業種毎に標準化された開示事項をミニマムの要件として、自由裁量で各社の独自性をシグナリングする部分がオンされるような、並存方式の開示枠組みが実践的ではなかろうか。また、制度開示を展望する場合には、監査・保証業務等による情報の信頼性の担保も望まれよう[33]。

なお、環境シグナルが市場取引におけるインセンティブとしても機能している事例として、米国グリーンビルディング協会が運営する LEED (Leadership in Energy & Environmental Design) が参考になる。これは建築物の環境性能を第三者が認証する任意の制度であり、持続可能性に関連したカテゴリー(材料と資源、水の利用、エネルギーと大気など11項目)毎に設けられた基準を満たすとポイントが付加され、合計ポイント数に応じ4段階(標準、シルバー、ゴールド、プラチナ)で認証が付与される。そこで注目されるのは、高グレードの認証を得た不動産物件が市場において相対的に高値で取引されるので、そのことがポイント獲得に向けた建築のインセンティブを生んでいる点である (Bauer et al. [2011] p.36)。ブランド化というシグナリングに成功した事例といえる。

LEED のような差別化によるシグナリングは、広範な環境関連情報の開示においても、企業マネジメントも射程に入れた環境格付けのような指標が第三者機関を通じて可視化されれば、一般の情報利用者(広範なステークホルダー)による評判の機能を後押しするインフラとして役立てられよう。購買

---

33 非財務情報への信頼性付与のアプローチとしては、越智 [2015a] 第Ⅲ部「統合報告書の信頼性と監査・保証業務等」を参照されたい。

市場における製品等の比較評価のみならず、労働市場や投資市場のルートにおいても非財務情報開示を介在して、企業自体のレピュテーションの優劣という形で企業価値創造過程にフィードバック・ループしていく経路の形成が展望され得るのである。先述した各種環境ラベルのほか、資本市場でも評価指標等の先行的取り組みが見られてきているが[34]、そうした比較可能な指標化を通じて、企業に対しネガティブ・リスクの回避のみならずブランド価値創出の機会として、ポジティブなインセンティブを引き出す機能を発揮していくことが期待される[35]。

　上記の LEED の成功した背景として、建築物の環境性能が高いことが省エネによるランニングコスト軽減等にも資する要因も考えられ、消費者には単にエコに貢献している動機付けにとどまらず、追加的なインセンティブを享受できるか否かが重要となる。例えば、デンマークで都市部の自転車通勤は、当初、エコを前面に出した政策としては機能しなかったが、周辺インフラ等の整備によって短時間で勤務先に到着可能という利便性やコスト軽減、あるいは健康志向への適合など、消費者にとってのエコ＋aが生まれて初めて本格的な普及につながった。単に「エシカル消費」を押し付けて、それが進まない人々の意識の低さを嘆くような上から目線の対応では、現実のインセンティブ・メカニズムとしては機能しない。外部性問題について情報開示を通じて利害関係者の投票行動に委ねるに際しては、開示される情報に規範意識を超えた利害関係者にとっての直接的な何らかの効用（価値[36]）が付加されることがより望ましく、そうしたエコ＋aの価値が伴う仕組みが設計できれば制度の実効性はより高まろう。

---

[34] 2017 年 7 月には MSCI や FTSE Russell の ESG 投資指数が GPIF に採用されたが、同様に公開情報を中心に金融情報ベンダー（S&P-DJ, Bloomberg, Tomson Reuters 等）による ESG 評価が行われているほか、企業アンケートも交えた ESG 投資家向け格付等情報として、サステナビリティ投資格付・調査会社（RobecoSAM, Sustainalytics, Corporate Knights, Trucost 等）による取り組みもみられる。現在、評価機関の乱立が大手に集約されつつあり、今後は評価の対象や評価方法の透明性等を増しながら、資本市場での存在感を増すとともに、より広いステークホルダーにも利用可能な指標として活用が進むことが期待される。

[35] 現状の ESG 評価情報には、同一対象に対しても評価データ・手法等の相違から評価機関毎に差異があるほか、開示情報等の制約もあって実態の忠実な表現には難を残している状況下、まずは企業内での管理情報等の公開の促進と、これを受けた評価機関によるデータベースの蓄積・拡充が先決問題となっている（張替［2017］12、20 頁）。

(3) 人間の視点からの開示規制

　上記の制度開示に向けた各種イニシアティブにおいて、社会的価値に関する情報が（同業）他社と（できれば定量的に）比較可能な形で開示を求められれば、企業の対応インセンティブを生み、市場メカニズムが作動する領域に社会的価値を取り込み得ると考えられる。ただし、それらは主として投資家等向けの財務的報告の一環であり、同時にその多くが他の消費者等利害関係者にも有用な社会的価値の開示を大幅に拡張するとしても、やはり「人間の安全保障（Human Security）」との視点から見れば人間の幸福（well-being）や社会的共通資本の維持を十分にカバーし切れず、ビジネスから遠い特定の社会的価値には、配慮が及ばないのではないかとの懸念は依然として残る。

　企業のバリューチェーンにおいて社会的価値との接点は、①社会的には重要でも企業の長期的な競争力に影響を及ぼさない一般的な社会問題、②通常の企業活動によって少なからぬ影響を及ぼす社会問題、③外部環境要因のうち事業を展開する国での企業競争力に大きな影響を及ぼす社会問題などに階層化され、企業にとって活動の中心は②と③の領域が中心とならざるを得ない（Porter and Kramer [2006]（村井 [2008] 43-46頁））。このため、上記①の領域において、例えば企業活動の管理外のCO_2排出（間接排出も含むスコープ3）や人権問題、希少種の保存などは、企業都合の情報開示に陥るおそれがある。企業の持続可能性ではなく社会の持続可能性に関係したESG情報開示において、投資家（株主）ではなくマルチステークホルダーにとって重要であるにとどまり、ステークホルダー経営による成果が株主価値に還元されない場合には、株主価値と社会で求められる価値にギャップが生じる傾向が強いのである。

　すなわち、財務報告の重要性（マテリアリティ）の考え方においては、人間に対して害を及ぼすリスクよりも、ビジネスにとってのリスクと機会が優

---

36 それは価格以外の（隠れた）性能あるいは製商品に込められたストーリー性のある由来（歴史）や関係性、文化、思い、感性といった定性情報など、主観的・無形的価値であっても良く、例えば社会的なクラウドファンディングでは収益性（利回り）よりもプロジェクトが由来するストーリー性（起業家の思い等）が重要とされるのは、支援行為自体に投資者の充足感という無形の主観的価値がオンされているからであろう。環境対応で先行したプリウスが国内外で支持を集めたように、広い意味での効用や共感への訴求は経済性とも両立し得ると考えられる。

先されてしまうので、人間の目線からはビジネスの論理を超えた人間にとっての重要性に別途の考慮が必要になる。具体的には、GRI の重要性マトリックスの縦軸（ステークホルダーの評価や意思決定に対して実質的な影響を与える項目）は企業の多くが採用している一方で、横軸（報告組織が経済、環境、社会に与える著しい影響〈インパクト〉を反映している項目）については、投資家向けの財務報告では自社にとってのインパクト（ビジネスのリスクや機会からみた重要性）に置き換えられる傾向にある。例えば、統合報告における重要性は「組織の短、中、長期の価値創造能力に実質的な影響を与える事象」であり、SASB においては「合理的な投資家が、情報の省略によって実質的な判断を変更する可能性のあること」と定義されている[37]。

企業の多くが幾つかの環境目標を設定するようになって久しいが、貧困根絶や汚職対策など、持続可能な開発の社会的側面に関する目標設定はそれほど一般的になっていない（GRI・UNGC・WBCSD [2015]（IGES・UNGCJ [2016] 17 頁））。国連の SDGs では「誰も置き去りにすることなく、全ての人にとって尊厳ある生活を現実のものとするため」、グローバルな諸課題を設定し、2030 年を目標年に国連加盟国とともに幅広い経済主体（自治体、企業、NGO 等）による総合的な取り組みを推進しており、そこでは自然資本以外にも貧困と格差、食料、健康、教育、ジェンダーなど、人間もしくは人間が属するコミュニティが安全に生存するうえでの基底価値も対象となっている。企業が関係した人間への脅威（リスク）である外部不経済として、環境破壊や地域衰退、貧困の連鎖など分野横断的に人間の直面する脅威が多様化する中で、各企業のリスクマネジメントを超える公共的な要素として「人間の安全保障」の視角も求められるようになってきている。

こうした人間中心の視角からの開示要請については、資金委託者の利益を最優先する機関投資家の受託者責任の下、現状では市場の論理と整合的な形

---

[37] 8つの主要組織（CDP、CDSB、FASB、GRI、IASB、IIRC、ISO、SASB）等から構成されるコーポレート・レポーティング・ダイアログ（CRD）は、各機関の報告基準における比較可能性向上等に向けて活動しており、CRD [2016] では重要性（materiality）に関し「共通の原則」が議論されている。ただ、そこでは報告基準が利用される文脈が異なるため全てに当てはまる定量的定義は難しく、主要なステークホルダーが何を期待しているかとの観点から、各々の機関がミッションに合った形で重要性の定義を改良していく必要があるとしているに過ぎない。

で網羅的に導き出せる状況には至っていない。確かに、財務パフォーマンスの予測信頼性を高めるために長期的な視点での投資分析において、株主価値に影響する重要なESG課題を考慮することは許容される方向にあり[38]、機関投資家が受益者のために長期的視点に立ち企業の持続的成長を促進し、ユニバーサルオーナーの視点も含め、より広範な社会の目的を達成することが可能となる。しかしながら、ESG情報が財務的価値に関係せず、さらには運用パフォーマンスの劣後を招来する場合に、社会的価値の重要性のみに焦点を当てた倫理的・社会的投資判断が、(特定のSRIファンド等は別にして)一般的なファンドの受託者に法的に是認される状況には至っていない。そうした価値判断を支える「株主厚生」を広く措定し[39]、「株主価値」を超えた新しい受託者責任概念を構想することは可能であるが、現実の訴訟に耐えられるほどに法的な面で成熟した議論にはなり得ていないのが現状であろう。

こうした中、第1章で述べたように「富の会計」では、より広い枠組みの中で幸福に通じる包括的富(各種資本)を捉え、GDPを超えた価値をも可視化することで、株主価値と社会的価値とのギャップを埋める努力が続けられている。現在の財務諸表も外部不経済が採り入れられていないという意味では不十分であり、その是正手段としての非財務情報開示による外部性制御として本章では、まず企業が株主価値を創造しつつ社会的価値を推進できる「機会」を裏付けるリアルオプション価値を論じ、さらに補完的に投資家の意思決定有用性とも誘因両立的な開示規制としての財務報告制度を論じたが、ここでは人間の視点あるいは広く社会で求められる価値の実現に向けて、企業のためでなく社会のサステナビリティが優先されるべきことを起点に論じている。そこでは、日本の場合には金融商品取引法等の枠組みには必ずしも収

---

[38] 英国では2014年7月に、法律委員会による機関投資家等の受託者責任に関する調査報告書において、財務的価値に影響のあるESG情報を考慮することを妨げている法令上の障壁は存在しないとしたほか、米国でも、2015年10月にERISA法を所管する労働省が法令解釈通達を改訂し、受益者の利益を損なわない限りESG要因を考慮に入れてよいことを明確化した。また、PRI等が2015年9月に公表した「21世紀の受託者責任」という報告書では、投資実務において、ESG問題など長期的に企業価値向上を牽引する要素を考慮しないことは、受託者責任に反するとした。

[39] 例えばHart and Zingales [2017] は、「株主価値」と「株主厚生」を対比させた議論を展開する中で、会社経営における「株主価値」の重視というフリードマン流の考え方を超えて、企業は社会的考慮も含む「株主厚生」を最大化すべきことを論じている。

まり切らない、広範な開示規制領域（法益）をも念頭に置いている。

　株主価値と社会的価値のダイナミクスの均衡点から外れた領域として、投資家（株主）以外の利害関係者にとって固有に重要な情報ニーズが残ることになり、こうした株主価値から漏れる社会的価値も余分なものとはいえない。他方で、気候変動問題のように世界の規範意識が形成されつつある問題以外の重要な社会的価値の中には、文化や信条、関心、経験などを踏まえて人や組織によっても価値観が異なり、時間の流れとともに変わり得るものも少なくない（越智［2015a］66頁）。このため、直接的規制を行うまでの規範意識の確立を求めること自体に難しい面もあるが、重要な社会的価値として分権的に消費や投資という投票行動（ソフトロー）に付すべき事項が社会に醸成されてきた状況においては、財務報告以外の開示規制が別途必要になり得る。その多くは投資家保護等を所掌する金融経済関連の省庁ではなく他の法益を担う省庁が所管する立法になるとみられ、そこで開示規範をハードローとして定立し、社会的共通資本の使用状況を企業に説明を求め、社会と情報共有していくことが求められよう。

　例えば、2015年3月に成立した英国の現代奴隷法（Modern Slavery Act）では、サプライチェーンとビジネスの全てにおいて奴隷制と人身売買が行われなかったことを明確にするため、どのようなステップをとったかの声明（報告）が2016年4月から義務付けられている[40]。声明を公開しなかった場合には内務大臣が最高裁判所に差し止め命令を、従わない場合には罰金が科される一方で、英国政府がレポートを確認することはせず、むしろ市民、NGO、大学などの市民社会側が声明を確認し、企業の行動を監視する仕組みとなっている。そこでは、企業にとっての視点ではなく、ビジネスの活動や関係が人間に及ぼす著しいリスクに着目しているのである。

---

[40] 声明は毎年作成されなければならず、組織内の取締役、株主等によって承認、署名されなければならないほか、声明をホームページの目立つ場所にリンクして公開する必要がある。また、奴隷と人身売買に関して企業がその内容を確認するステップを踏んでいない場合には、その手立てをしていないことを声明に書かなければならない。これに先立ち2015年10月に奴隷・人身取引声明についてのガイドライン「サプライチェーンの透明性・実践ガイド」が発行されており、声明書は企業のウエッブサイトで公表すべきとされるのみで書式や監査規定はない。なお、英国で事業を行う企業が対象となるため、英国に子会社を持つ日本企業も従う必要がある。

こうした開示規制によって、ビジネスが何のアクションをとって、何をしていないかが透明化されるとともに、投資家、顧客、一般大衆が企業と取引を行うか判断できるようになり、組織が何らの措置も講じていない声明はビジネスの評判を傷つけるのみならず、消費者、非政府機関からの圧力にさらされることになる。同様に開示規律を活用して企業の透明性を増す枠組みとして、フランスでも 2017 年 2 月に、一定規模以上の企業に対し、自社のみならず子会社やサプライヤーに関して人権デューディリジェンスの実施や開示を義務付ける法律が採択された。また、米国のドッド・フランク法で設けられた紛争鉱物開示規定では、コンゴ民主共和国とその周辺における武装勢力の資金源を断つために、一定の鉱物の取引が紛争を資金面から支えていなかどうかについて、上場企業である製造・販売業者に調査義務を課し、調査結果を開示させた。

　評判は非常に差別化されたものであり、価格のように簡潔な変数として整理されているわけではないし、ある人の判断は別の人の判断とは違うかもしれないが、情報の非対称性や資本市場の不完全性などの現実的な市場制約に対処し、社会的価値に着目した取引を活発にする手段としても重要な役割を果たす。当初は財務に関係なかった事象も評判が介在することで、正負のインタンジブルズとして企業価値の構成要素にも循環するので、評判を意識したマネジメントを企業から引き出し得る。こうした評判による機能を作動させるには、社会に規範選択を問う重要事象に関し、企業の作為・不作為を含め他社との差異が比較可能な非財務情報の開示を、制度的に義務付ける必要がある[41]。

　わが国の例でも、ダイバーシティ推進[42]という社会的価値の実現に向け 2016 年 4 月に女性活躍推進法が成立し、301 人以上の大企業等は自社の女性の活躍に関する情報の公表が義務付けられた。これにより投資家等は強制力

41　国際的には近年、サプライチェーンの人権問題への企業対応を公開情報等で民間団体がランキング評価し公表する動き（"Know the Chain," "Corporate Human Rights Benchmark"）もみられているが、これらも比較可能な情報の「見える化」によって企業の対応インセンティブを引き出そうとする試みであろう。

42　世界経済フォーラムの報告書（The Global Gender Gap Report 2017）における「ジェンダー・ギャップ指数」によれば、男女格差解消の度合いで日本は世界 144 か国中 114 位の低位にある。

を伴う比較可能な情報が獲得可能となり、このことが女性の管理職・採用比率等が高い企業で構成される「MSCI 日本株女性活躍指数（WIN）」というファンド組成の実現を後押しし、GPIF の ESG 指数公募での採用（2017 年 7 月）に至るとともに、指数銘柄に取り入れられた企業の多くは自社のホームページ等において、その旨のシグナリングによる評判獲得行動へとループしている。

評判は、開示規制のエンフォースメントを担保し、その有効性・実効性を高めるうえで、重要な役割を果たす。自然資本等の社会的共通資本には所有権が割り当てられないことが外部性問題の根源にあるが、一種の公共財である社会的共通資本の不適切な使用による（悪い）評判は、企業価値を毀損する「負のインタンジブルズ」（越智［2015a］145 頁）という形で負の所有権と同じ効果を生む[43]。すなわち、企業は自然資本等のコントロール権は有していないものの、適切なコントロールが可能であったのにそれを怠ったという評判が「負のインタンジブルズ」として企業価値を毀損するので、企業は（所有権を有していないにもかかわらず）より効率的な（外部性抑制的な）利用に配慮するようになり、そこでは負の所有権が発生していないことの申し開きとして、誘因両立的にアカウンタビリティの履行を企業から引き出し得るのである。

4．おわりに

本章では、シグナリング理論と正当性理論が開示のうえで誘因両立的に均衡し得る領域の拡張に向けて、まず、ステークホルダーの外部性改善に向けた ESG 戦略が、自らの正当性を訴求し得ると同時に、企業価値創造に資するリアルオプション価値を内包し得るとの立論を展開した。リアルオプショ

---

[43] 朝岡［2012］189-190 頁では、外部性を持つ物質（二酸化炭素）に対する制度上の帰属を明確にする意味で、炭素税や排出権取引が負の所有権として機能するとしている。ただ、先述したようにカーボンプライシングのグローバルな普及が長期的課題にとどまっている現段階では、外部性を推し量る非財務情報開示を通じた規律付けが必要であり、その際に評判が負の所有権の帰属を顕現化させるうえで有用な役割を果たすと考えられる。

ン思考は、外部性制御に関連したビジネスの機会を見出す戦略としても応用可能であり、ESG 要因をリアルオプションで分析することは、経営者の意思決定をより適切なものにするだけではなく、外部に対して説明責任を果たすうえでも重要である。環境・社会関連課題への戦略的意思決定とともに、外部性制御に関連したオプション性が外部の目から見ても納得できるよう、「機会」の可視化に向け、統合報告等の任意開示を通じて非財務情報を構造化して説明する必要がある。

　以上の考察は、数理モデルを用いた開示コスト・ベネフィット分析や実験的アプローチによる「規範演繹的研究」とは異なり、現実の問題解決に資する観点からの企業観察に基づく「規範帰納的研究」であったが、本章で提示した方策の有効性に関する実証力を高めていくため、定量的なオプション価値計算を遠景に見据えながら、まずは思考法として活用した実証事例をより蓄積していく必要があろう。その際、不確実性に対しリアルオプション価値に基づいた経営者の前向きな認識による環境・社会関連課題への取り組みの変化などに関する実証事例の蓄積と併行して、インタビューによる事実確認も交えた多面的な分析も今後の課題となる。

　次いで、開示義務化により情報の非対称性を補完する方策として、多様かつ大量の ESG 情報を総花的に開示されても情報の受け手にとって価値評価は困難となり、開示主体の誘因を引き出す効果も薄くなってしまうので、比較可能な非財務情報の開示規制が求められることにも論及した。環境経済学では環境費用（外部不経済）の内部化に向けて情報開示も有力な政策手段となるが、情報の非対称性緩和を軸にしたディスクロージャー論として、開示インセンティブの補完による開示規律の向上策は、「開示の会計学」にとっても重要な考察対象となる。そこで重要なのは、開示主体が同業他社との差別化からシグナルを発するインセンティブを生むよう、「解きほぐし」の促進を意識した制度設計が行われ、それが投資家にとっての情報の非対称性緩和を通じて市場機能を補完していく方向性である。

　ESG 情報の開示規制に際し、とりわけ環境等政策目的の観点からは、同業他社との比較可能な非財務情報の開示クライテリアを示すことによって、投資家等が各企業の非財務開示要求事項への対応を業界内横並びで評価可能な仕組みとすることが肝要である。他方で、財務報告の重要性はビジネスに

とってのリスクと機会が中心とならざるを得ないため、人間に対して害を及ぼすリスクの重要性に応じて別途の開示規制も必要となり得る。そこでも企業の作為・不作為の見える化を通じ、当初は財務に関係なかった事象についても評判が介在することで、マネジメント対応のインセンティブを企業から引き出すことが可能となる。いわば「負のインタジンブルズ」が負の所有権として作用し、アカウンタビリティの履行を誘因両立的に企業に促し得るのである。

　同業種間での比較可能性を向上させることは、忠実な表現と必ずしも矛盾するものではなく、とりわけ本書で中心的に採り上げている ESG 等非財務情報の開示において、資本市場での投資家判断に資する現代的役割が積極的に再評価されて然るべきと考えている。その際、財務・非財務の差異はあるものの、会計情報（財務諸表本体及び注記）の比較可能性を巡っては、わが国でも古くから議論があり、近年では IFRS の下で新たな視点からの議論[44]もみられる中にあって、その役割は財務・非財務の別あるいは開示目的や認識・測定・表示・開示のフェーズによって変化するのかも含め、理論的・実証的に比較可能性の研究を深めていく余地が残されている。

44　例えば、徳賀［1998］［2016］、向［2003］［2016］［2017］、平光［2007］、加井［2012］、鷲津［2012］［2013］、若林［2013］［2016］、杉本［2014］［2017］、浅野［2016］［2017］［2018］等がある。

第 II 部

社会関係資本のマネジメントとシグナリング

第3章

社会関係資本のダークサイドと外部性マネジメント

1. はじめに

　外部不経済は自然資本に限られるものではなく、経済活動に伴いコミュニティの絆が崩されたり、逆に悪い意味での社内結束が企業不祥事を惹起するようであれば、これらも関係性に係るマイナスの社会的費用であることに変わりはない。第Ⅱ部では関係性の概念である社会関係資本にフォーカスし、その外部性マネジメントとシグナリングについて論じることとし、まず本章では企業を取り巻く関係性に絞って企業価値創造・毀損の文脈で採り上げる。次の第4章では、地域コミュニティの絆である社会関係資本にまで視野を広げ、その結節点となる非営利組織が地方創生に向けた地域内協働を円滑に進めるため、情報の非対称性緩和（ブランド効果創出）に向けた自治体による認証制度創設の必要性について論じる。

　社会関係資本は Social Capital（以下、SC）の訳語であり、かねてよりネットワーク・規範・信頼によって協調行動を導くものとして世界的に注目を集め、社会学・政治学を中心に、経済学・経営学・歴史学・心理学などの隣

接領域も巻き込みながら幅広い論争が行われてきた（鹿毛［2002］102頁）。こうした中、SCの概念は、国際統合報告の開示フレームワークにおいても、組織が構造化された開示を行ううえで有用な6つの資本（財務・製造・知的・人的・社会関係・自然資本）の1つとして採り上げられている（IIRC［2013b］pp.10-12）。ただ、会計学の領域において企業内外の関係性は、後述するように組織資本や関係資本といった知的資本を中心としたインタンジブルズ（無形資産[1]）の研究として進展してきたこともあって、SCの概念そのものが正面から論じられることは少ないように窺われる。

本章では、まずSCを巡る先行研究を踏まえつつ、SCという企業との関係性分析の概念を用いることによって、これまで会計論者によって区々に定義されてきたインタンジブルズ（組織資本、関係資本、ブランド、レピュテーション等）との異同、とりわけその同質性を包括的に理解する。そのうえで、結束型SCの「ダークサイド」に関する先行的知見を端緒に、外部性をもたらす企業不祥事の背景にある企業文化（組織風土）について、過少収益力を惹起する「負のインタンジブルズ」の視点から採り上げる。次いで、これをより一般化する形でSCの「負のインタンジブルズ」としての態様を考察した後、最後に、正の効果につなげる資本（資源）マネジメントのあり方とその開示（シグナリング）に論及したい。

2. 社会関係資本とインタンジブルズの異同

(1) 社会関係資本の概念

SCなる言葉は20世紀初頭には用いられるようになったが[2]、学術的な基礎は社会学の分野でColeman［1990］によって構築され、その後にPutnam［1993］の政治学分野にSC概念を導入した分析によって、一般に広く知ら

---

[1] 知的資産分野の検討を主導してきた経済産業省の定義によれば、知に由来する財の最広義概念として、知的財産や人的資産等を含む「知的資産」があり、これに知に由来しない法的権利等（借地権、電話加入権等）を含めたものが「無形資産」とされるが（同省ホームページ「知的資産経営ポータル」）、一般に正の「インタンジブルズ」は、会計上の無形資産概念を超えた広義の「無形資産」と同義として用いられることが多い（例えば、Lev［2001］（広瀬・桜井［2002］10頁））。

れるようになった。コールマンが集合財としての SC を個人等の視点から分析したのに対して、パットナムは南北イタリアの政治的パフォーマンスの違いを生み出した要因として、「調整された諸活動を活発にすることによって社会の効率性を改善できる、信頼、規範、ネットワークといった社会組織の特徴」(Putnam [1993]（河田 [2001] 206-207 頁））を析出し、こうしたマクロレベルの SC が社会に帰属すると捉えた。

SC の概念には様々な議論があり、明確な定義について必ずしも一般的な合意があるわけではないが（田中 [2011] 5 頁）、ミクロレベルかマクロレベルか、私的財か公共財か[3]を問わず、関係性の構造がその基礎にある。経済協力開発機構の定義では「集団内部または集団間の協力を円滑にする共通の規範、価値観および理解を伴うネットワーク」(OECD [2007] p.103) としているように、本質的にはネットワーク（人と人とのつながり）が生み出す互酬性の規範[4]、信頼性に特徴がある。すなわち、SC は、人々の関係ないしネットワーク、規範、信頼などから成る社会構造が、資本のような働きをする側面にスポットライトを当てた概念であり（三隅 [2013] 97 頁）、それは労働力のなかに資本的要素を見出した人的資本概念と同様に一定の実在性をもつと同時に、個人の能力・資質に関する人的資本とは区別された概念と位置付けられる。

SC は広範な領域を跨ぐ概念であるが、膨大な先行研究のほとんどは国家や地域のマクロレベルに注目するものであり、ミクロの企業レベルについては、「SC 論の中では非常にマイナーな存在」、「他の SC 論とは孤立した飛び地みたいなもの」（金光 [2014] 127、139 頁）といった指摘もあるなど、ある意味で開拓余地の大きい領域となっている。そこでは、職場の人間関係から

---

[2] 現在論じられている文脈での言及は、米教育者・哲学者のデューイの『学校と社会』(1900 年刊行) における 1915 年改訂版での追加記述、あるいは米ウエストヴァージニア州教育長のハニファンの 1916 年論文が初出のようである。

[3] SC の定義に係る整理として、①信頼・規範などの価値観と、②個人や企業との間の具体的な関係であるネットワークに二分すると、前者は社会や広範なグループに関する「公共財」としての性質を持つ一方で、後者は基本的に個人や企業などの間に存在する「私的財」と位置付けられる（稲葉 [2007] 5 頁）。

[4] わが国では「お互いさま」とか「情けは人のためならず」といった言葉で表されているように、自らの行為（親切等）に直ちに直接の見返りを求めるのではなく、将来的な均衡を念頭に置いた長期的・持続的な相互依存（助け合い）の関係性を指す。

企業理念の共有まで包摂する企業文化、さらには企業間ネットワーク、ステークホルダーとの結び付きなどを含め、企業価値の源泉としてのSCに、企業経営者としてどのように投資していくかが問われている。そうした投資の成果はインタンジブルズとして企業内に蓄積されていくのであるから、その意味では会計学との接点も決して少なくない領域と考えられる。

　経営学の分野では、かつて日本的経営の「三種の神器」として、終身雇用、年功序列、企業別組合が挙げられたが、その後のグローバルな環境変化の下で、単なるダウンサイジングのみでは長期的な競争優位性は獲得できなかったし（松尾［2011］63頁）、成果主義を推進してきた企業が、離職率の高さやロイヤリティの低さから、採用コストの増大や生産効率の悪化に悩まされている状況もみられようになった（大浦［2011］53頁）。もともとSCは地域の良好な治安や互恵関係のメカニズムを解明するために議論され始めた概念であるが、企業内のメカニズムの解明にも有用なツールであり、とりわけ日本で一般的な「人材重視の経営」を新たな時代環境の下で再評価するとともに、わが国のウイークポイントとされる経営陣（取締役会構成員）の戦略構築力やリスクテイク力の引き上げに向けても、関連資源を蓄積していく際に重要な分析視角を提供し得ると考えられる。

　企業の関係性については、社会ネットワーク理論の成果も交えつつ経営学（経営組織論、経営管理論、組織行動論等）分野でも研究が重ねられており、Burt［1992］、Baker［1992］等を先駆けとして、その後もLeenders and Gabbay［1999］、Koput and Broschak［2010］等が続いている。この間、わが国のSC論では、稲葉［2007］が先駆的概念研究であるが、企業を軸に分析した文献としては、金光［2003］［2011］、若林［2009］、北見［2010］等が挙げられよう。また、実証研究面では、松尾［2011］、大浦［2011］等において内外文献・先行事例がレビューされているが、近年では鈴木［2013］も日本企業のデータを用いて、関わり合いの強い職場が支援や勤勉、創意工夫をもたらす可能性を検証している。なお、組織内の関係性という文脈では管理会計分野においても、後述するように企業文化に関する研究蓄積がある。

　これまでの研究では、例えばトヨタの「かんばん方式」が生産ライン末端の労働者に対する高い信頼によって初めて可能になっているように（宮川［2004］46頁）、ネットワーク内の互酬性の規範意識や信頼が、不確実性と複雑性を

低減し意思決定プロセスを単純化するとともに、「情報の非対称性」を補完し取引費用の低下にもつながることが示されている[5]。また、社員に帰属する社内外の関係性が人的資本を創出・促進・補強する機能も指摘されており、人的資本を媒介として SC は知的資本の生成にも貢献している（金光・稲葉 [2013] 138 頁）。すなわち、働き易い職場環境が企業の知的生産性に影響を与え、組織における知識の共有と創造を進め、異なる部署や社外との人間関係が知的生産性や知識移転を促進する傾向があるなど、高いレベルの人的資本は優良な連帯的 SC によっても形成され得るのである（金光 [2003] 250 頁）。

(2) インタンジブルズとの異同

経済学において資本は「ある期間において存在する富のストック」、所得は「ある一定期間におけるサービスのフロー」であり、そこで資本とは「所得を生み出す資源」となる（Fisher [1906] p.52）。すなわち、資本は、生産・消費のプロセスにおいて必要とされるような希少資源のストックとして、収入をもたらす資源と理解される。人的資本への投資（教育・訓練）によって労働者の資質が向上し生産性の上昇につながるのと同様に、企業の SC への投資は、経済目的の達成に人的ネットワークをリソースとして活用することが合理的に企図されており、現時点での費用支出により将来に収益を見込む資本としての実在性を有していると考えられる[6]。SC は過去からの持続的な関係性や取引の積み重ねによって蓄積された無形ストックであり、所得を生み出す資源と位置付けられる（北見 [2010] 32-34 頁）。

---

5 強い信頼で結ばれた当事者間では、契約交渉に多大な時間を要することなく、余計な信用調査や不正行為監視をしなくても済むので、低コストで取引を進めることが可能となる。また、契約や訴訟のコストを削減し、情報交換を通じてビジネスチャンスを拡大する（大守 [2004] 93-96 頁）。さらに、信頼、規範、ネットワークの力によって、対外的なステークホルダーとの関係においても評判システムが機能し得る（北見 [2010] 25 頁）。

6 SC における社会的ネットワークは、参加する人々が経済的価値以外を目的としているので将来のために現在を犠牲にするという特徴はみられないとか、SC は派生的に生じた信頼関係などを含むため過去の投資フローがはっきりしないなどの理由から、SC を他の資本と同様に扱うことに対しては異議を唱える経済学者も少なくない。しかし、こうした批判は主に地域コミュニティなど公共財の側面に対し向けられたものであって、私的財を中心とした企業関連インタンジブルズである SC は、ネットワーク構築の努力（投資）を通して獲得され、個人や集団にリターンをもたらすような創発的関係資産であり、他の形態の資本と同じように生産的である（金光 [2003] 238-240 頁）。

図表3-1　社会関係資本の帰属態様

(太枠内が会計上のインタンジブルズ)

帰属主体		内容・態様
個人帰属	役職員の私的な業務外の関係性	家族、私的な交友関係、趣味のネットワーク等
企業帰属	役職員における業務上の関係性	社内における従業員・経営ラインとの関係等
		社外における取引先・顧客等ステークホルダーとの関係性
	企業における企業内外の関係性	社内の企業文化を含む統制環境を規定する関係性
		社外系列・提携、対外PRやCSR（ブランド、レピュテーション等）
社会帰属	国家、地域コミュニティ等	文化資本（伝統的祭事等）、社会的な公共財

(出所) 著者作成。

　先に触れたIIRC［2013b］で採り上げた6つの資本のうちSCは、①知的資本や人的資本と同様に、企業における私的財としてインタンジブルズの側面を持つと同時に、②自然資本と同様に、広く社会に帰属する公共財としての側面（地域コミュニティ、文化資本等）も併有している（図表3-1）。本章の主題は前者、すなわちインタンジブルズに相当する企業帰属SCであり、それは、(a)企業内関係（社内意思疎通、社風、部署間連携等）と、(b)企業外関係（サプライチェーン、ブランド、レピュテーション等）に大別される。なお、企業外では組織間ネットワーク（系列、サプライヤー、提携等）のほか、地域ネットワークとしてIT企業の集積地域である米国シリコンバレーのように、企業間でのフォーマル及びインフォーマルの水平的な協力関係が技術革新の促進を導くことも指摘されている[7]。

　企業価値の定義は論者によって多様であり得るが、「（自己創設）のれん」の源泉となるインタンジブルズにフォーカスした本章では、基本的に将来キャッシュフローやリスクを勘案した経済的価値と捉えており[8]、誤差やノイズはあるにせよ株式時価総額に近似されると理解される。SCという用語は別にして、企業内外の関係性が非物質的な資本であることは特段に目新しい視点ではなく、古くは制度派経済学の祖であるヴェブレンによっても、「の

れんは、確立された慣習的業務関係、正直な取引の評判……を含んでいる」（Veblen [1904]（小原 [1965] 111 頁））と言及されるなど、企業の「のれん」に何がしかの関係性が影響していることは直感的にも理解され易いところであろう。SC という名前は目新しいが、類似の概念（信頼・規範意識や相互依存関係、チームワーク等）は、わが国でも長く共有されてきたのではなかろうか。

企業帰属 SC への投資として、企業内関係性の構築・強化に向けて福利厚生費や会議交際費等が支出され、それによる機能として効率性・有効性の向上に結び付いているのであれば、その機能的実在性は資源（資本）と認識される。卑近な例では、最近は職場の軽い飲み会にも会社が補助金を出すケースもみられるようであるが、職場内のコミュニケーション促進は組織にとってもプラスであり、そうした支出が組織内の SC の維持・強化につながり得るのは、人的資本に関する教育研修費と同様であろう。福利厚生費等の支出によって、関係性の強化を通じて離職率が抑制されるのであれば、退職関連コストや採用・研修費用が低下するとともに、頻繁な人員交代による不連続性を回避し、貴重な組織的知識が維持可能となる[9]（長谷川 [2007] 58 頁）。

ところで、先述したように SC は人的資本に対し触媒的・促進的役割を果たすが、知的資本との定義上の関係性を巡っては慎重な整理が必要である。Kaplan and Norton [2004] では、無形資産という用語を知的資産と同義で用いたうえで、人的資本、情報資本、組織資本の 3 つに分けている。また、

---

[7] シリコンバレーの SC に関する歴史的な形成過程については、幾つかの先行研究で明らかにされているが（例えば、小門 [2004]、大木 [2011]）、ベンチャー企業は小さいので一社単独では生き残りや成長が難しく、もともと他の企業とのネットワークの形成の意義が高いうえ、大学を核とした異なるジャンルの技術や経営的知識のコラボレーションが、技術革新を促し易い面がある（若林 [2009] 17、44 頁）。同様な状況は、バイオテクノロジー企業の集積地域である米国東海岸のボストン地域でも観察されるほか、わが国でも同様の観点から、学園都市である京都の革新的企業文化も興味深いテーマのように窺われる（そうした視点からの企業分析として、徳賀ほか [2016] がある）。

[8] 企業価値（Corporate Value）に経済的価値（Financial Return）と明確に区別した形で、ステークホルダーへの影響（Social Impact）も勘案した社会的価値を盛り込む考え方もみられる。その問題意識や目指すべき方向性は理解し得るものであるが、財務報告におけるのれん価値を理論的に評価するに際しては、ステークホルダー経営による成果は中長期的な経済的価値に結び付くものと位置付ける必要があり、その中にはステークホルダーに対するリスクマネジメントの視点も含まれる。

スカンディア市場価値体系[10]では、知的資本の構成要素として、人的資本と構造的資本（顧客資本、組織資本〈革新資本、プロセス資本〉）を区分し、同体系を骨格として欧州で策定されたMERITUM[2002]では、人的資本、構造資本、関係資本を定義している。なお、Lev[2001]では、インタンジブルズを、イノベーション関連資本、人的資本、組織資本の3つに分類している。

こうした先行研究を踏まえた場合、企業帰属SCは知的資本における「関係資本」を含むと同時に、「組織資本」とも関係が深いほか、信頼やロイヤリティを基礎とした「顧客資本」とも一部オーバーラップするように窺われる。ただし、「組織資本」については、人的資本以外に企業を成長させる資源として、様々な会計論者によって定義が議論され、整理されているものの、必ずしも統一的な解釈があるとは言い難い状況にある（加賀谷[2009]89頁）。また、知的資本経営に関わる経営学分野の枠組みにおいても、SCは、知的資本あるいは関係資本、顧客資本及び人的資本の一部などとして曖昧な形で触れられているに過ぎない（北見[2010]157頁）。

こうした中で、本章では定義上の細分化問題を取り扱うのではなく、むしろ関係性の概念であるSCという巨視的視点から、組織資本や顧客資本といった各種知的資本が資源として機能し得る根源の同質性とともに、各資本の差異が、焦点を当てている関係先のディメンジョンの違いに過ぎないことに留意しておきたい。同様の視点でさらにインタンジブルズを俯瞰すると、先行研究（Fombrun and van Riel[2003]、櫻井[2005]など）では、インタンジブルズにはレピュテーション資本も含まれ、それはブランド・エクイティとステークホルダー関係性から構成されるとしているが、企業帰属SCは、持

9　Cohen and Prusak[2001]によれば、米モールデンミルズ社は地方工場の火災事故後に新工場建設までの間、約3千人の工場従業員の雇用維持・給与全額支給を行い全米の人々の心を捉えた由であるが、SCの分析視角でみれば、スキルのある労働力を確保し、従来以上に従業員のロイヤリティやコミットメントを強化できたとされる（同邦訳41頁）。ただ、ブランドのような直接的な価値（取引可能な市場価値）を生む資本と異なり、SCは人的資本と同様に貢献が間接的であるだけに、業績悪化に伴って教育研修費等と同様に会議交際費や福利厚生費、さらには対外的なSC構築活動であるCSR活動（フィランソロピー関連支出等）については、経費削減の対象項目となりがちな企業も少なくないのが実情ではなかろうか。

10　Edvinsson and Malone[1997]（髙橋[1999]53-55頁）には、顧客資本を構造資本から独立分離し、人的資本や構造的資本ともに三分割するモデルも紹介されている。

続的信頼関係を通じてレピュテーションを高め、あるいはブランドを構築することにも寄与している。そして、ブランドやレピュテーションには、正のネットワーク効果（外部性）が存在するため、ユーザーや関係者が増えるほど効用ないし評価が高まり、カスケード現象の発生が購入意欲や信頼をさらに増大させることになる（阪口［2013］158頁）。

　いずれのインタンジブルズにも共通する関係性のマネジメントに向けて、可能であればSCを定量的に把握することが望ましく、そのためには個人や組織が他者との関係でどのようにSCを形成し、それがどのように個人や組織に役立っているか明らかにする必要がある（金光［2003］263頁）。ただ、そうした資本蓄積プロセスの直接的な観察は一般に困難であり、計量的なモデル化も途上にあるが[11]、他方でKPI等何らかの指標測定に基づいて企業のSCを実証的に推論していくことは可能であろう。SCの市場評価に関する研究は必ずしも多くない中にあって、今後はSCの形成を推論するKPI等[12]に、市場がプラスの値を示すような評価軸に関する実証研究の蓄積が求められる（北見［2010］160頁）。

　この間、WBCSD（持続可能な発展のための世界経済人会議）等では、第Ⅰ部でみたように、自然資本やSCといった資源（資本）への依存とインパクトの関係を「見える化」するプロトコル策定に取り組んでいる。プロトコルは事業戦略の意思決定の中に資本を統合していくためのツールという位置付けであり、Natural Capital Protocol（NCC［2016］）は2016年7月に公表されているが、Social Capital Protocolについても、2016年4月には"Building the Social Capital Protocol: Insights into Employment, Skills and Safety"という公表物において、企業内資源としてのSC、社会との関わりとしてのSC

11　銀行業界におけるBIS規制では、レピュテーションリスクは戦略リスクとともにオペレーショナルリスクの定義から除外されるなど、リスクの計量化が極めて困難な分野であり、その測定方法に依然確立した手法がないが、人的ネットワークの質・形態・構造を計量的に分析する社会ネットワーク分析の手法と理論に注目が集まっている。

12　例えば、従業員満足度（「働き甲斐のある会社」、「働きやすい職場」ランキング）や顧客満足度、株主ないし投資家との対話数、ステークホルダー・ダイアログ開催回数、人脈の数・幅・質、苦情・訴訟、ボランティアの数、社会貢献活動への参加回数・寄付額、文化的施策など、客観的な統計や個人に直接質問した結果等を集計して指数を作成することは可能であろう。

に大別したうえで、前者の見える化から取り組んでいく意向が示され、2017年3月には同プロトコルの最初の草案（WBCSD [2017]）が発表されている。

3. インタンジブルズにおける負の側面

(1) 社会関係資本の「ダークサイド」

　SCにおける関係性は、一般に橋渡し型（bridging）、結束型（bonding）に分類される（Putnam [2000]（柴内 [2006] 19頁））。橋渡し型は、結束型に比してより弱く薄いが、より横断的なつながりとして特徴付けられ、社会の潤滑油とも言うべき役割を果たす。これに対して、結束型は、社会の接着剤とも言うべき強い絆、全社的な連帯感・一体感によって特徴付けられ、内部志向的である。逆に、この性格が強過ぎると、SCが健全で生産的な方向に機能せず、社会の中での偏向や、内部指向的で人々の視野を狭める絆となり、時に排他的な姿勢につながる場合もあり得る（内閣府 [2003] 18頁）。特定の集団の利益のためにSCが用いられる場合には、談合や賄賂、粉飾といった社会全体にとってのマイナス要因として作用し、非効率を生む関係性へ変質する可能性がある。

　こうした結束型SCに内在する負の危険性は、Putnam [2000] の第22章「社会関係資本の暗黒面（dark side）」で指摘されたこともあってか、SC研究者の間ではSCの「ダークサイド」として論及されることが多い。そこでは、カルテルを結成したり、人種差別等の活動を行ったりするグループが現れると、経済パフォーマンスの悪化や、社会参画・社会移動の遮断、コミュニティの対立を招く要因となる危険性が指摘されている。ここで留意が必要なのは、「ダークサイド」という問題は、関係性という機能的実在性（資源）の存在を前提に、関係性の機能の仕方にフォーカスした概念ということである。通常、資源は正の機能を発揮しているので、資源そのものの価値をポジティブに評価することに違和感がなく、資源イコール正の価値因子と暗黙のうちにみなしてしまっていることが多いが、資源が負の価値因子になることもある。

　SCの「ダークサイド」に起因し企業価値をマイナス方向に引っ張る事象

としては、企業不祥事（不正、粉飾等）による悪評が最も直感的に理解し易い事例かもしれない。企業不祥事の原因の多くは企業内部のどこかに問題があり、何らかの企業資源が健全な（正常な）状態にないために生じている（上田［2008］4頁）。近時の神戸製鋼・東レ・三菱マテリアル等（品質データ改ざん）、日産自動車・スバル等（無資格検査）の事例以前から、例えば三菱自動車が各種不具合を長らく社内で隠蔽し続けた背景には、社員相互の結束型SCの負の機能も作用した（稲葉［2005］100頁、稲葉［2017］120頁）。また、東芝不正会計問題を巡る調査報告書（東芝第三者委員会［2015］）によれば、CEOから再三にわたり財務部門に対して「過度なプレッシャー」が課せられていたとされるが、財務担当取締役の社内における地位が低くCEOからの圧力に対して抵抗する力が乏しい背景として、会計・財務に対する意識が同業他社に比して乏しく、上司の意向に逆らうことができない東芝の企業文化が影響していることも指摘された。

　不祥事の根底には、経営者リスクを含む企業文化の問題があり、企業文化は社員の組織行動パターンや組織構造としてSCを構成する要素である（稲葉［2017］iv頁、金光・稲葉［2003］137頁）。会社に入って1年もすれば価値観や行動パターン等が会社のカラーに染まるように、SCには職場の人間関係のみならず組織目的や価値観の共有といった企業文化が大きく影響し、プラスに作用すれば企業文化は他のSC構成要素とともにのれんの源泉として機能し得る[13]。他方で、結束型のSCが生み出すダークサイドによって、不祥事の温床が形成され、企業だけでなく社会のステークホルダーに外部性をもたらす可能性もある。同様の事例は、直近の品質不正や無資格検査で名前の挙がった企業のみならず、過去にも東洋ゴム、化血研（化学及血清療法研究所）など多くの「開示不正」においても共通に観察される（八田［2017］）。

　組織体内に風通しのよい企業文化が生まれ、現場のモラルが高く、企業倫理も浸透していることが、優れた経営管理能力（リスクマネジメント力）、ひいてはブランド価値向上を引き出す基礎となる。企業文化は内部統制上の統制環境とも密接に関連しており、トップは企業目標や企業理念を明確に示し、

---

[13] Kaplan and Norton［2004］（櫻井ほか［2014］316頁）は、企業文化を「戦略の実行に必要とされるミッション、ビジョンおよび中核的価値観を意識させ、内部に浸透させる」ものと定義し、リーダーシップ他とともに組織資本に含めている。

社員との間で共通理解に達していることが健全な企業文化を形成し、組織運営の有効性・効率性にも影響を与える[14]。1980年代以降、企業文化は組織の競争力の源泉として管理会計分野でも研究されるようになり（近藤［2013］119頁）、そこでは人々の行動・考え方を制約する静態的な側面だけでなく、人々が自らの行動を動機付けるために自由に用いることのできる資源として捉える動的な側面も強調されるなど、様々な問題を解決するために自らの行動を体系立てる道具箱（ツールキット）として理解されるようになってきている（木村［2015］125頁）。

この間、企業文化論では、経営幹部の理念とリーダーシップの下、共通の価値を中心にして、組織のアイデンティティ（カルチャー）が従業員のコミットメントや学習能力によって基礎付けられている状態こそが、良好な経営業績を生む条件であるとされる（佐藤・山田［2004］12頁）。そこではトップマネジメントが重要となり、企業家精神が強く従業員が経営ビジョンを理解している企業ほど収益性も高くなるという実証結果（青木幹喜［2003］43頁）のほか、ブレイクスルー・カンパニーのリーダーの多くが「会社の性格」づくりを最優先課題にしているとの調査結果（McFarland［2008］（高橋［2008］151頁））もみられる。他方で、組織内で発生する不祥事を企業文化のレベルで実証分析することを試みている先行研究も幾つか見られている（例えば、星野ほか［2008］）。

企業文化は、リスクマネジメントにおいて見えざる安全装置として機能すると同時に、危機発生後の復元力（resilience）の源にもなる（Sheffi［2005］（渡辺・黄野［2007］267頁）、上田［2010］23頁）。例えば広く知られているように、ジョンソン＆ジョンソンは1980年代央にかけて、鎮痛剤「タイレノール」に毒物が混入される事件が生じた後、巨費を投じて店頭の全ての製品を回収したほか、ペリエは1990年代初頭、ボトルから微量のベンゼンが検出され

---

14 企業文化は経営戦略や組織運営のベースとなるものであり、企業文化関連の改革として80年代には社名を表すロゴやマークなどを使用したCIやVIが右へ倣え式に安直なブームとなったが（佐藤・山田［2004］41、268、304頁）、真に成功する企業は経営者自らが強力な企業文化の形成を行っている（青木克生［2003］170頁）。トップマネジメントが強いリーダーシップの下で企業文化を改善し、従業員の創造性発揮や横断的な組織協力を可能にするSCを蓄積するとともに、それを新製品や新事業の開発を可能にする組織能力へとつなげていかなければならない（青木幹喜［2003］51頁）。

たことを受けて、莫大な費用をかけて製品を徹底的に回収した。こうした危機に適切に対処し表明した気遣いは、会社が誠実であると消費者の信頼を獲得することにつながり、その後の株価回復へとつながった。こうした対応を可能にさせる企業の見えざる源泉としての企業文化が、統制環境に定着していることが重要となる。その際、企業文化に影響する見えない行動規範のマネジメント・可視化に向けて、後述するように統合報告等の開示媒体は組織内の価値認識の共有化にとっても有用と考えられる。

(2)　「負のインタンジブルズ」の態様

　SCの「ダークサイド」概念はインタンジブルズの議論にも一般化可能であり、企業価値に負の効果を生む価値因子には、①機能的実在性の有無と、②実在する場合における機能の仕方が区別されると考えられる（図表3-2）。通常（正のインタンジブルズが超過収益を生む状態）は、「正の存在」と「良い機能」の両方を具備しているが、例えば価値中立的な人心糾合力としてのリーダーシップ（機能的実在）の「正の存在」を前提にしても、通常の「良いリーダーシップ」の反面で、ヒットラーのような「悪いリーダーシップ」が区別されるのと同じである。通常、リーダーといえば「良いリーダーシップ」の発揮を自明視されているのと同様、インタンジブルズも正の概念かつ良いものだという暗黙の前提が置かれがちである。しかし、SCの「ダークサイド」は、関係性という機能的実在性を有するものの、企業価値を毀損する機能の用い方を問題にしているのである。

　人的・組織的要因に係るインタンジブルズに関し、①既に存在する労働能力・スキルの経済的無形資源という意味にとどまらず、より広く、②世評を

図表3-2　SCにおけるインタンジブルズの態様

企業価値への影響	関係性という機能の有無、用い方・目的
プラス	実在する機能の適切な使用
マイナス	機能不全（一体感の無さ、不協和音、反目等）
	実在する機能の不適切な使用

（出所）著者作成。

介さず実在する人的・組織的な利益創出力の多寡も含む動的な概念と位置付けると、資本コストを下回る成果(ないし懸念)を招来した価値因子は「負のインタンジブルズ」と識別される(図表3-3)。負の因子には、例えば革新的経営力(リーダーシップ等)の機能不全状態も挙げられるが(越智[2015a]144頁)、企業帰属SCの「ダークサイド」が過少収益力を惹起するのであれば「負のインタンジブルズ」に含まれることになる。この点に関連して、「知的資産」の文脈でプラス面のみならずマイナス面にも注目すべきことは、Harvey and Lusch [1999] や Caddy [2000] によって先駆的に研究されており、Caddy [2000] は幾つかの企業を調査・分析し、知的資産の獲得は価値創造のための必要条件ではあるが十分条件ではなく、誤った判断の下での知的資産の不効率な使用は必ずしも将来価値の創造には結び付かず、同時に価値毀損を惹起する要因になるとした[15]。

このように機能の「用い方」に応じて企業価値にプラス・マイナスの効果

図表3-3　企業価値に関係した無形項目の整理

(シャドー部分が「負のインタンジブルズ」)

		プラス価値の増加/マイナス価値の減少	プラス価値の減少/マイナス価値の増加
財務諸表計上	顕現化(定量化)	狭義無形資産(特許権等)	償却/減損 (下限はゼロ)
	顕現化(貸借差額)	正ののれん(結合)を資産計上	負ののれん(結合)を利益計上
財務諸表非計上	顕現化(非定量)	ブランド等	資産価値毀損 (下限はゼロ)
		人的・組織価値(SCの一部を含む)	人的・組織的な資源価値(労働価値、生産方式等)の毀損
		資源の効率使用、資本コストを上回る経営	資源の不効率使用、資本コスト割れの経営など
		レピュテーション価値(名声)	名声という資産価値の毀損
		悪評の緩和	悪評によるキャッシュフローへの悪影響
	顕現化していない	機会(ビジネスチャンス)	機会の低減
		リスクの緩和	リスク(財務・業務リスク、レピュテーションリスク等)

(出所)越智[2015a]142頁を一部加筆・簡略化。

が可変的であるのと同様、一般に、価値創造に役立つ「機能的実在性」の評価も状況（環境）に応じ可変的である。例えば、高度成長期の横並び戦略・お神輿型経営は正の効果をもたらす機能であったにもかかわらず、グローバル化時代の下では、構造改革の足枷となり負の効果をもたらすインタンジブルズに変質してしまった（越智［2015a］130-131 頁）。「のれん」の源泉であるインタンジブルズの正負を左右するのは、資本コストを上（下）回る収益力の因子となっているかどうかであるが、同じインタンジブルズを源泉としていても、状況に依存して企業価値にとってプラス・マイナスに効果が変わる。悪い意図（目的）がなかったとしても、環境が変われば最適な組織のあり方（機能的実在性の評価）も変わり、成功パターンを学習棄却することが困難な経営体には、むしろ過少収益力を惹起する資源に変質してしまうのである[16]。

　企業帰属 SC に限ってみても、状況に応じた人脈づくりが問われるのであり、ネットワークがどのような組織能力をもたらしているのかの実態を解明し、目的達成に効果的なネットワークづくりを考えなければならない（若林［2009］311 頁）。そのために経営者としては、SC を活用することによって企業の競争優位、企業価値向上をもたらすよう、戦略と連動させて社員の動機付け、環境を作り出す必要がある。SC の KPI である従業員満足度や顧客満足度は、経営理念の浸透を通じて達成されるとの実証結果（松葉［2008］）も示されており、経営者が主導して組織における SC の重要性を再評価する取り組みが求められる。グローバル化の下、欧米流のガバナンスの仕組みで良いものは導入する一方、日本企業の伝統的な強みはさらに育てていく必要があり、企業帰属 SC の維持・強化を促す組織運営が望まれるのである。

15　わが国において「負ののれん」に関する論稿は企業結合において生じる貸借差額の原因等を論じたものが支配的であるが、より広範な概念である「知的負債」を真正面から扱った国内文献としては、姚［2013］が挙げられる。また、レピュテーションが無形のマイナス価値を生み出し得ることは、櫻井［2005］などでもレビューされている。
16　同様に、企業の発展段階に応じても求められる機能の評価は可変的であり、企業を立ち上げるときにはワンマンの社長が良くても（近藤［2014］91 頁）、安定した時期の大企業であれば、平均的で調和的なチーム編成によって日々の品質の持続的な改善が図れれば足り、強烈な個性のぶつかり合いは必ずしも必要ないかもしれない（若林［2009］309 頁）。

(3) 企業価値創造に向けたマネジメントとシグナリング

わが国において、SCと類似の協働意識は長く共有されてきたにもかかわらず、「失われた20年」を経て、個人業績偏重の人事制度や雇用形態の多様化もあって、近年、社員間の信頼関係やつながり（企業帰属SC）が崩壊しつつある職場もみられるようになってきた。そこでは、企業経営において効率化、生産性向上を目指すあまり、組織を超えた人と人とのつながりを軽視し、部分最適化を引き起こしていることが多くなり、個人の業績評価を明確に行うことを目指すあまり、計画外の業務への無関心の助長等が懸念されている（日本総合研究所［2008］43頁）。こうした中、新しい時代環境に則した形で、組織内コミュニケーション、組織横断的な連携のあり方などを問い直す必要がある。企業活動におけるSCについては、企業を取り巻く外部環境や業種・規模等の企業特性に合わせたカスタマイズは必要であるが、活発なネットワーク形成や組織横断の助け合い、地域住民と企業の信頼関係など、より自立的かつ幅広い活動が行い易い環境をマネジメントし、日本企業の世界に誇るべき資本の維持・強化とその開示（シグナリング）につなげていくことが望まれる。

企業帰属SCの増進に向けた動機付け・環境整備はリーダーの仕事であり、終身雇用を前提とせず、社員旅行や休日ゴルフを共にしなくても、相互信頼・相互交流をマネジメントする方法は大なり小なり無数にある[17]。SCは企業の長期的・持続的な競争優位を確保するために不可欠な組織能力となり得るのであり、逆に組織のコンピテンシーとしてのSCを構築できず、結果として従業員からの共感・信頼を得られない企業は長期的思考ができない企業であり、長期的思考のできない企業は将来に向けた投資のできない企業と投資家から評価されかねない（Hoffman et al.［2014］（篠田・倉田［2015］25頁））。近年では、SCを組織の重要な経営資源と認識し、チーム・組織力を高める

---

17 シリコンバレーやディズニー／ピクサーのように交流を触発する派手な職場空間づくりに目を奪われる必要はないにしても、建物のデザインと場所（物理的近接性）に配慮することは、企業運営の統一性に亀裂を生じさせないために重要であろう。また、夜の宴会のみならず業務時間中においても、創発的ネットワークに向けたミーティングや研修の活用、組織内横断的協力ないし異部門情報交換、ローテーションや機能チームの組成、会社規模に応じた全員参加プロセスの導入など、人間関係を円滑にするための機会づくりや工夫が求められる（Baker［2000］（中島［2001］261-282、292頁））。

ナレッジマネジメントに加えて、社員のプライベートな人的ネットワークをも取り込んで、企業の関係的組織能力を増大させるアライアンス関係[18]の構築も行われるようになってきているが、そこでは個々の従業員が持つ個人帰属SCを会社のために喜んで使いたいと思うほど、会社（経営者）が信頼されるかが鍵となる（Hoffman et al. [2014]（篠田・倉田 [2015] 121頁））。

　その際、健全な求心力を伴った企業文化の醸成に向け、企業内透明性を高めていくためのツールとして、統合報告等の報告媒体は外部向けの訴求のみならず企業内組織価値の共有化にも役立てられよう。統合報告の肝となる価値創造プロセスや戦略の全体像、中長期ビジョン、行動基準等を分かり易く外部に開示することは、外部へのコミットメントであると同時に、企業文化に影響する見えない行動規範のマネジメント・可視化、価値認識の組織内浸透にも活用され得るのである[19]。例えば、MS＆ADグループ[20]等では統合報告書を組織構成員の価値認識共有手段としても機能させている（宮永 [2017] 4頁）ほか、丸井グループでは中長期的企業価値向上の「共創IR活動[21]」を通じて、社内的にも中期目標へのコミットメント醸成やグループ戦略・事業戦略の理解促進に貢献しているとされる（加藤 [2017] 4頁）。なお、同様の役立ちは、金融機関におけるリスクカルチャー、監査法人におけるガバナンスカルチャーにおいても期待されるが、この点は第Ⅲ部において後述する。

　また、会社全体としての社外ステークホルダーとの関係性においても、有

18　例えば、社員の個人的交友関係を会社財産として共有するシステム（クラウド名刺管理等）もみられるようであるが、企業と個人の提携関係はチームであって家族ではないのであるから互恵の原則が機能する世界であり、社員は自分のネットワークを使って会社を手助けする一方、会社は社員のネットワーキングをサポートし、チームとして勝つことがメンバーの個人的成功にとっても最短の道となる関係が求められる（Hoffman et al. [2014]（篠田・倉田 [2015] 28-30、119頁））。

19　統合報告の導入効果に関するアンケート調査結果では、外部向けの効果のみならず、社員による経営戦略等の理解が進んだり、部門間コミュニケーション機会が増加するなどの効果も窺われている（伊藤 [2017] 25頁）。

20　MS&ADインシュアランス グループは2010年4月に、三井住友海上グループ、あいおい損害保険株式会社、ニッセイ同和損害保険株式会社が経営統合して発足した。

21　丸井グループの統合報告書である「共創経営レポート」では、顧客の「しあわせ」を様々なステークホルダーと共に創る「共創価値」経営を掲げ、企業の価値を全てのステークホルダーの利益が重なり合う部分と定義し、それを広げていけば企業価値の向上につながると説明している。

事に際しクライシスマネジメントを通じて企業に損害を与える潜在的な可能性を最小限にするには、企業の誠実な対応を生む企業文化を必要条件として、最終的には社外ステークホルダーとの信頼関係が重要なファクターになる。例えば、北海道の老舗企業である石屋製菓の「白い恋人」で賞味期限の改ざんが露呈した際にも、事件前から地域住民との間に CSR 活動（スポーツ・観光振興等）を通じて築き上げた信頼関係という SC があったからこそ、地域において社会的制裁のような現象もなく、消費者や地域内の取引先から改善活動への支援を得て早期に復活することができたとされる（内田［2008］49、63頁）。CSRはリスクマネジメントとも密接に関連しており、地域との信頼関係は、その構築にはかなりの時間と相応のコスト（投資）を要するが、不祥事が発生した後のクライシスマネジメントの段階において、信頼回復を後押しする原動力の資源（SC）となるのである。

同様に「有事価値関連性」という事象[22]も、ステークホルダーの信頼が作用しているという意味では似ている。例えば、情報セキュリティ等に関わるリスクやその取り組みの開示が、平時にはプラスの作用をもたらさなくても、有事には企業価値にプラスに作用するのは、緊急事態や危機の発生に対していかに早く対処するかという時間価値がキーポイントとなるような事柄において、リスク情報とリスク対応力の事前開示により、有事にそれをみた者にリスク顕現化後の早期対応あるいはレジリエンスへの信頼感を醸成させることにつながるためであろう（越智［2015a］148頁）。いざという時に投資家の評価、信頼を得られるよう、平素から関係性を意識して、一見すればマイナスのように感じられるリスク情報やその対応などを、自発的に開示しておくことがシグナルとなり得るのである。

他方で、従業員や企業に帰属する SC のみならず経営陣（取締役会構成員）にも固有の個人帰属 SC が存在しており（前掲図表3-1）、企業価値創造に与

---

[22] 金［2007］107頁では、事前にリスク情報を開示している企業は、情報流出発覚7日後には株価が回復したのに対し、非開示企業は15日を経過しても株価が回復しなかったとし、リスク情報を事前に開示している企業と非開示企業の間では株価の変動が異なることを示している。同様に、山本［2013］143頁では、環境情報の開示度が高い企業ほど、土壌汚染報道による株価に対する影響を受けにくい傾向があるとの実証結果を示している。平時に情報が用いられることはない一方で、有事に積極的に活用され、その情報が株価と高い相関性を持つことから「有事価値関連性」（伊藤［2010］9頁）と呼ばれる。

える影響という点では非常に重要なインパクトがある。例えばブレイクスルー・カンパニーの幹部等は社外ネットワーク等のSC構築に長けており、そうした資源をより高次の経営判断に役立てているとの調査結果（McFarland［2008］（高橋［2008］194-218頁））がある。また、取締役会構成員の豊富な経験や多様なSC等の蓄積が、企業の戦略変更等を通じた価値創造に資するバックグラウンドを提供する（Westphal and Fredrickson［2001］pp.1120, 1130, Kroll et al.［2008］pp.365, 379）ほか、リスクテイクに際し将来の不確実性の低減や想定外のリスクに柔軟に対応可能な経営力を高め得る（Tuschke et al.［2014］pp.415-416）ことも、データによって実証されている。

このように近年のコーポレート・ガバナンス研究では、静態的な構造（規模や独立性の程度など）からCEOを含む取締役会構成員の特性・資質などが与える影響に関心領域がシフトする中にあって、経営陣が個々に保有する経験・SC等が、将来に向けたリスクテイク行動に対する正当性や経済合理性について説得的な説明や多様な議論を展開したり、想定外のリスクを回避する企業の力を高め得る（加賀谷［2017a］20頁）。社外リソースとの交流によって付加されるアイデア、広い視野等は新たな価値を生む源泉であり（McFarland［2008］（高橋［2008］215-218頁））、こうしたSC等は、第2章で論じたESGの事業機会に係るリアルオプション価値を新たに見出していくうえでも有用な資源となろう。

4．おわりに

SCについて、会計学において正面切った議論が少ないのには、組織資本等のインタンジブルズ研究において既に過去から検討されてきた概念との重複もあり、いまさらSCという言葉を持ち込まなくてもという思いがあるからかもしれない。しかし、SCという関係性の概念を用いることによって、SCに起因する各種インタンジブルズの包括的な理解や過少収益力を惹起する「負のインタンジブルズ」の原因分析に資するとともに、企業価値創造に向けたSCマネジメントにも貢献可能と考えられる。そこで統合報告等は、SCのダークサイドが「負のインタンジブルズ」として企業価値を毀損しな

いよう、健全な企業文化の醸成に向けた組織内の情報共有・透明化ツールとしても役立てられ得るのである。他方で、学術研究としても、SCとインタンジブルズの概念的整理を踏まえつつ、また経営陣のSCまで射程に入れながら、企業にとってのSCの見える化（定量化、KPI等）や、企業価値との関連性に係る実証分析の積み上げが求められよう。

　本章では企業におけるインタンジブルズの切り口から、ミクロレベルの企業帰属SCの効用や外部性問題を中心に論じたが、これとは別のSCとして、マクロレベルの市民社会に帰属するSC（地域コミュニティ、文化資本等）も独立に存在しており（前掲図表3-1）、社会的共通資本としてのコミュニティに帰属する絆というSCは、地域に相対的に豊かな資源である。土着性の強い地域において、経済合理性というGDP的発想からはこぼれ落ちてしまいがちな非市場的課題（市場の失敗）の解決には、非営利組織を含め多様な主体との連携の中でSCを有効活用していく視点が欠かせない。こうした視点から次の第4章では、暮らし易さ（well-being）の改善に向けた資本アプローチに依拠しつつ、地方創生の文脈で地域内協働に向けた地域帰属SCの役立ちについて論じることとしたい。

第4章

社会関係資本を活かす「地域社会益法人」認証

1. はじめに

　地方の深刻な人口減少問題を提起した「増田レポート[1]」では、全自治体の半数に消滅可能性があるとしつつ、地方中核拠点都市による人口のダム論など、さらなる効率化による財政負担軽減、あるいは労働生産性の向上による地域経済底上げ策に論及した。そこでは、「選択と集中」を通じた地域の自立的かつ継続的な「稼ぐ力」の再構築、とりわけサービス業を中心とする域内市場産業の労働生産性向上（増田・冨山［2015］32頁）といった経済成長・財政効率化論議に傾きがちである。実際、政府の「まち・ひと・しごと創生長期ビジョン」（2014年）では地方創生に向けて成長力重視の展望が描かれており、「日本再興戦略」（改訂2015）では金融機関が企業の事業性評価を行う際に参考となる分析指標（ローカルベンチマーク）等が整備されたほか、

---

[1] 増田寛也・人口問題検討分科会座長によるレポート（日本創成会議［2014］）は「2040年までに896の自治体が消滅する」と予測し話題を集めたが、この前後（『中央公論』2013年12月号、2014年6月号）でも増田氏から関連した情報発信がなされた。

2016年には中小企業の労働生産性（一人当たりの営業利益）を高める支援として「中小企業等経営強化法」も成立した。

もとより経済成長が地域の問題を緩和する有用な処方箋の1つであることを否定するつもりはない。しかし、生活要件との関連や土着性の強い地域（に住む人々）の問題を考えるうえでは、GDP的発想に基づく労働生産性向上だけでカバーし切れない非市場的課題を多く有しており、そうした領域を包摂していく総合的な視座が不可欠と考えられる。生産性の高いサービス産業のある地域に高齢者が簡単に移動できるわけではないし、そこに住む人々の気持ちは経済合理性だけで判断できるものでもない。各地域には固有の課題やニーズが細かく多様に存在しており、はじめから行政が関与可能な形で顕在化しているわけではなく（宮垣［2016］52頁）、ましてや市場の論理だけで、そうした溝を埋めていくことは難しい。

地方の問題を総合的に捉えるには、住民の経済生活のみならずトータルの暮らし易さとして、コミュニティ内における生活の質ないし幸福感（well-being）を如何に高めていけるかとの視点が欠かせない。地域社会に根差した固有の要因や課題を把握・明確化したうえで、最低限の生活要件としての社会的共通資本を如何に確保するか、そのために使える地方の資源をどのように使っていくかが探求されなければならない。その際、各地域の課題には、全国一律の施策や中央政府の一元的な指導では解決できない要素を多く含んでおり、課題解決に向けて物的資本や財務資本のみならず、自然資本や社会関係資本など相対的に各地域固有に豊かな資源を、多様な主体との有機的な連携の中で有効活用し、地域固有の課題解決に向けた「社会生産性[2]」を如何に高めていけるかが重要となる。

地域内資源の有効活用による社会生産性向上のためには、行政のみならず多くの住民や非営利組織等が連携しながら一緒に課題に取り組むことで、協働による社会的インパクト（第2章でも言及したKania and Kramer［2011］のcollective impact）を地域に生み出す活動を進める必要があり、そうした協働

2　地域社会を構成する人々にとっての経済的利得にとどまらず、well-being（利害関係者が生活の変化を通じて経験する社会的価値）の改善度合いまで射程に入れた概念である。その定量化は困難を伴うが、近年では「社会的インパクト評価」を通じて社会的価値を見える化する動きが、英米を中心に広がりをみせている。

的活動の基礎となるのがコミュニティに内在する絆としての社会関係資本(Social Capital)であろう。社会関係資本は、コミュニティのつながり・コミュニケーション・連携が有する力（資源）として作用し、共助など互助的な機能を通じて地域社会を動かす大切なドライビング・フォースとなり得る。そこで求められるのは、社会関係資本の蓄積・強化の核として活動する主体であり、過去に欧州で地域起点での課題設定と地域住民の自治・協働を促したのは、協同組合や共済組合、アソシエーション[3]などの非営利組織であった。

他方で、わが国においては非営利組織のガラパゴス化がかねてより指摘されており（出口［2015］159頁）、中央官庁による行政システムという観点から見れば合理的に見える反面, 結果的に法人格が濫立し税法と相まって複雑な法人制度が形成された（栗本［2016］19頁）。こうした複雑性が地域内資源の協働を阻害することのないよう、法人格の枠を超えた組織間協働が期待されるが、本章の目的は、市民を起点とした地方創生を横軸に「社会的事業体」の相互補完的な連携を促し、ハイブリッド型の非営利株式会社の制度基盤をも強化する仕組みとして、地方自治体による「地域社会益法人」認証の活用可能性を考察することにある。なお、ここで「社会的事業体」とは、慈善団体から、収益性事業を営む社会的企業[4]まで射程に入れた概念として用いている（図表4-1）。

以下では、まず地方創生問題を考える理論的視座として、暮らし易さ(well-being)の改善に向けた資本アプローチに依拠しつつ、コレクティブ・インパクトを促す社会的事業体の役割について、欧州の事例を日本的文脈の下で参照する。次に、そこで得られた示唆をベースに、わが国における地域内協働に向けた「地域社会益法人」認証の活用可能性について考察を進める。ここでの「認証」は、税制優遇等と結び付いた要件確認制度（公益認定法に

---

3 利益の分配以外の目的で結成され、独自の規約を備えて恒常的に活動を行う非営利組織であり（Lipietz［2001］（井上［2011］2、159頁））、日本のNPOに相当する。
4 社会的企業という用語は論者によって多義的に用いられているが（藤井［2013］2頁）、本書では法人格の差異は問わず、ビジネスの手法を活用した社会的価値と財務的価値の混合リターン追求を組織目的とし、非営利ないし少なくとも一定の分配制約の下で社会的インパクトを優先する事業体と位置付けている。したがって、分配制約を伴う非営利株式会社も含む一方で、純然たる営利企業のCSRないしCSV活動は社会的企業活動からは除かれる（図表4-1）。

図表4-1　社会的ミッションを有する事業のタイプ

組織目的	主として社会的価値の創出	社会的価値と財務的価値の混合 (Blended Social and Financial Value)		主として財務的価値の創出
事業特性	社会的事業体（Social Purpose Organisations）			従来型営利企業
組織類型	慈善団体	社会的企業（非営利型事業）	社会的企業（ハイブリッド型事業）	
事業資金	寄附・助成金中心	事業収入中心（利益再投資）	事業収入（利益分配等に制約）	CSR、CSVに基づく事業活動	通常事業
ファイナンス	寄附、デット	寄附、デット、一部エクイティ		デット、エクイティ
リターン	社会的インパクトのみ	社会的インパクト優先（混合リターン）		財務的リターン優先

（出所）EVPA［2015］p.58, Nicholls and Emerson［2015］p.5 を基礎として著者作成。

おける認定、特定非営利活動促進法における認証）とは異なり、広く社会的事業体の活動を利用者目線で水平的に認知・評価する制度インフラであって、むしろ情報の非対称性を緩和する意味でのブランドイメージ創出が主眼である。地方自治体の「認証」付与を通じて、既存の社会的事業体の枠内に法的形態や組織目的の多様性を超えて共通のラベルで括られた協働空間を作り出すとともに、出資の受け入れが可能な非営利株式会社の社会性をも担保していく視点から考察を進める。

2．地方創生問題を考える視座

(1) well-being改善に向けた資本アプローチ

第1章でも述べたように、Dasgupta［2001］は、市場財から得られる効用のみならず、健康や教育、個人が享受する権利、幸福感などを含む幅広い概念として福祉（well-being）を捉えたうえで、人間の福祉水準の持続的発展に向け、社会に存在する様々な資本の世代間維持を持続可能な発展の要件とする「資本アプローチ」という枠組みを提示した。well-beingとしての「住み易さ」の見える化（富の会計）は、所得だけでない非金銭的な（GDPにはカウントされない）もう1つの価値を共有する取り組みであり、広い意味での社会生産性を高めていくうえでも有益な視座を提供する。

人間の幸福感は一人当たりGDPが維持できるかどうかでは決まらない。わが国でも東日本大震災以降、平時には空気のように見えていなかった絆やつながりといった社会関係資本が形あるものとして意識されるようになり、その再生・強化に向けた取り組みが行われている。一見些細な貨幣価値換算が難しい事柄でも、不利な条件の下に置かれているコミュニティの人達にとっては非常に重要であり、住民同士の触合いや交流は相互の理解と信頼を生み出し社会関係資本を強化することで、コミュニティ再生の第一歩となり得る（中川［2005］132頁）。日本の地域創生問題には市場経済だけでは解決できない課題があり、well-being改善に向けたアプローチを考える際、1990年代の欧州における地域再生モデル事例が参考となる[5]。そこで核となったのは、経済と社会の様々な領域における広範な市民参加であり、欧州のサステイナブル・シティは、公的支出の削減や工業の衰退によって荒廃した地域を人間の生活の場として持続可能な形に再生しようとする動きであった（神野［2002］9頁）。

　すなわち、市場メカニズムのみに依存していたのでは地域の持続可能な成長は実現できないとの認識から、人間の生活は地域共同体コミュニティで営まれている現実を見据え、大量消費市場に代わって、コミュニティによる共同作業や相互扶助による生活保障機能を重視した再生シナリオが採られたのである（神野［2002］77頁）。もちろん、地域経済の活性化に向けては、地場企業（とりわけ非製造業）の労働生産性引き上げに向けた地道な努力の継続や、再生エネルギーを含めた地産地消等を通じ、地域経済の中でモノ、カネ、サービスなどの循環（地域経済付加価値）を高める施策も重要ではあるが、同時に市場経済でカバーされない、地域社会の持続可能性に不可欠な生活サー

---

[5] 例えば、スウェーデンでは1990年代に地域経済を再生させるため、地域住民が自発的に組織した地域開発グループである協同組合的な組織が、草の根で、福祉や家事、住宅の維持管理など家族内の無償労働で担われてきたような基礎的サービスや地域観光事業等を手掛けると同時に、地域住民の手によって職を創造した（神野［2003］91-92頁）。こうした取り組みは、社会的協同組合（1991年法律）で先駆けたイタリアをはじめ、その他の欧州諸国でも同様である。また、イギリスでも前世紀後半に地域再生に向け、地域の多様な官・民・ボランティアの組織を包含する複合的な連携機関として、継続的なパートナーシップが自治体毎に設置され、継続的な協働の下にボトムアップ方式に基づいた経済活動の多様化、社会開発プロジェクトを実現した（中川［2005］72頁、西村［2007］30頁）。

ビスに関し、地域住民の共同意思決定の下に供給していく取り組みも必要となる。欧州の「社会的経済[6]」では、既存の営利企業や自治体だけでは満たされない人間的に最も基本的なニーズや地域の課題に応えるため、利潤そのものを目的としない社会的事業体（協同組合、共済組合、NPO法人等）が協働の核になった。わが国においても「富」の蓄積に向けた社会生産性を高めていくうえでは、社会関係資本という潜在的に豊かな地域資源を背景に、社会的事業体を核に行政も含め地域内の多様な主体による協働や連携が鍵となろう。

(2) コレクティブ・インパクトを促す社会的事業体

地域の活性化というのは古くて新しい問題であり、1985年には当時の自治省が「地域活性化センター」を設立し地域振興を推進した後も、2003年には金融庁が「リレーションシップ・バンキング」を打ち出したほか、2005年に創設された独立行政法人中小企業基盤整備機構も地域イノベーションを目的にしていた。翻って、地方創生論を掛け声倒れにしないために今求められているのは、上からではなく下からの地域活性化策であろう。中央政府による旗振りもさることながら、基礎的自治体レベルでのボトムアップの取り組みが求められており、その際には、地域内協働によるコレクティブ・インパクトを促す社会的事業体や、そのバックグラウンドとなる社会関係資本が重要な役割を果たすと考えられる。

コレクティブ・インパクトという考え方を提示したKania and Kramer [2011] では、特定の社会問題について1つの組織だけで取り組むのではなく、政府、企業、市民セクター、財団などが、互いの強みを生かして問題を解決するアプローチとして、①共通アジェンダ、②評価システムの共有、③活動の相互強化、④継続的コミュニケーション、⑤活動全体を支える組織、とい

---

[6] 営利を目的としない経済事業の領域を広範囲に包含したコンセプトであり、1980年にフランスの全国ミューチュアル・協同組合・アソシエーション活動連絡協議会が発表した「社会的経済憲章」は、社会的経済を「公共セクターに属さず、平等の権利と義務を持った組合員によって民主的に運営され、所有権と剰余金分配の特別な制度を実践し、組織の拡大と組合員および社会へのサービスの改善のために剰余金を使う一連の組織」と定義していた（栗本［2016］1頁）。なお、GSEF（Global Social Economy Forum）では近年、従来の連帯経済の概念も包摂する形で、社会的連帯経済という用語が用いられるようになっている。

う5つの要素が含まれるとした[7]。わが国の地域再生に向けた関連団体へのアンケート[8]/ヒアリング調査でも、成功要因にはある程度共通する項目も窺えるとし、そうした切り口の1つとして、地域住民や事業者、行政など多様な主体との市民協働を挙げている（ちゅうごく産業創造センター[2012] 127-128頁）。ただ、その際にソーシャルビジネス[9]に関する支援策を実施している自治体等は2割以下であり、その遠因として、ソーシャルビジネスに関する定義や、所管部署・施策体系での位置付けが曖昧なことから、消極的な自治体等も多いと指摘している（ちゅうごく産業創造センター[2012] 150頁）。

縦割り行政の問題に関連し、地球規模の多様な持続可能性問題を扱う国連のSDGs（Sustainable Development Goals）では、開発の文脈におけるヒューマンニーズの充足と環境問題の統合的解決など、分野や空間範囲を超えてマネジメントやガバナンスを統合し相乗効果を生み出す「ネクサス・アプローチ」という考え方が示されているが、わが国の様々な地域課題の解決に向けてコレクティブ・インパクトを追求する過程においても、行政の縦割りを排除した総合的な対応が求められよう。例えば、国土開発計画や医療計画、介護保険事業計画等、各分野の計画策定が縦割りになっているため作業が錯綜し統合性を欠いた対応になる（日本創生会議[2014] 19頁）とすれば、関係省庁が一体となった取り組みとして行政におけるネクサス・アプローチが重要な着眼点になる[10]。

方法論としてのコレクティブ・インパクトやネクサス・アプローチを軸に、協働事業を通して社会関係資本に影響を与えることで、地域の課題解決（包括的生活機能の充足）に向けた社会生産性を高め、より効果的・効率的かつ持続可能な社会価値の創出を促せる可能性が高い[11]。その際、社会関係資本

---

7 さらにKramer and Pfitzer [2016] では、第2章でも紹介したように、企業が活動する領域（エコシステム）にまで射程を広げ、「市場の失敗」の原因を見直すことにより、ステークホルダーを巻き込んだコレクティブ・インパクトを創出する必要性にも論及している。
8 自治体・商工会議所・商工会向け（273先送付、105先回収）、法人向け（1,088先送付、210先回収）。
9 この概念も社会的企業と同様に論者によって多義的に用いられるが（藤井[2013] 2頁）、本書では社会的企業が行う収益獲得事業と位置付けている。
10 そうした観点から「国家戦略特区」による規制改革は重要な取り組みであり一定の成果も窺われるが、いわゆる「岩盤規制」以外の規制について特区指定を受けなくても改革が実現できるよう、住民ニーズを梃にした地域・中央の情報交換と協働が求められる。

が社会生産性の向上に寄与する道筋については、方法論的裏付けだけに終わらせるのでなく、様々な地域社会における実証分析を通じた検証を積み重ねる必要がある。この点については、市民活動や社会関係資本の統計的代理指標を用いるなどして、社会的インパクトの改善に係る定量的なエビデンスを測定するデータ研究も重ねられてきている。

　例えば、わが国における直近の包括的なデータ分析結果である滋賀大学・内閣府［2016］によれば、「人口面からみて活力が低下している地域ほど相対的に豊かなソーシャル・キャピタルを有していること、ソーシャル・キャピタルが豊かな地域では、そのことが人口の社会増、あるいは社会減の抑制に寄与している可能性が示唆された。加えて、出生率の引き上げ、女性の活躍促進、要介護状態の予防等の面でソーシャル・キャピタルが寄与している可能性も見出されている。また、ソーシャル・キャピタルの蓄積と地域活性化におけるNPOの役割の重要性が示された」（同4-5頁）としている。

　実際、先述したように1990年代の欧州でも、個人の相互依存的関係、紐帯や連携を通した地域社会の伝統をベースに、政府や市場による課題解決にはない自発性と相互協力に支えられた課題解決アプローチ（社会的経済）の成果が広く確認されている。また、わが国においても、公共組織以外の多様な担い手が参画し、住民が抱く政策ニーズを明らかにし効果的な活動連携とサービスの提供を実現する取り組みが、幾つかの自治体に広がりつつあるが、先行的なまとまった協働事例として、例えば環境省の地域活性化に向けた協働取組事業の成果が注目される。環境教育等促進法の改正[12]（2012年10月1日完全施行）により導入された「協働取組」とは、国民、民間団体、国または地方公共団体等が、それぞれ適切に役割を分担しつつ対等の立場において

11　社会関係資本は、協調行動を誘発することでコミュニティのメンバーに具体的成果を発生させる社会的共有資源であり、社会関係資本が高い社会では社会イノベーションが起こり易く、その結果、社会的コストが低くなるとともに、社会問題の解決に向けて社会生産性が向上し得る（金子［2009］iv頁）。

12　本改正により、環境保全のための取り組みにあたり各種関係主体が協働することの重要性が明示された。これに伴い環境省は、法に基づく協働取組の促進に向け、協定の締結や具体的取組などについて参考となる先導的な事例を形成し協働取組のノウハウを蓄積・共有することが重要との観点から、協働取組事業（2013年度：協働取組推進、2014年度以降：協働取組加速化事業）を支援している。

相互に協力して行う環境保全活動等とされる。そこでは、地域における課題解決や地域活性化のうえでの重要な役割を果たしているNPO法人の活動、ソーシャル・サービス等を人材、資金、信頼性向上の点から支援するため、中間支援組織の体制強化や地域における協力・連携体制の整備等を促進することが目指された。

すなわち、行政区分に基づく「タテの協働」のみならず地域特性（環境・社会・経済・文化）を生かした「ヨコの協働」の展開に加え、中間支援組織としての資源連結やプロセス支援、協働プラットフォームの構築等も図りつつ、平成25～27年度で37事業、406主体、79自治体が関与した。当該事業では、地産地消ないし地域循環に資する多年代のパートナーシップを通じて、地域に根差した個別具体的な人と関係性、社会関係資本としての協働、地域資源を活用した取り組みが進展してきた[13]。こうした地域の課題解決方法は、ミクロで地道であり、日常的な活動の集積が少しずつ現状を改善していくという意味では、マクロ経済政策のような派手さや即効性はないが、今後の進むべき方向性を確実に示している。

上記の事例では、地域や社会の様々な課題を解決する社会的事業を具体的に展開していくうえで、行政、企業、市民セクター等の中核にあって、それらをつなぐ中間的な市民主体の活動主体が中心的な役割を果たした。そうした志をもった主体は多様な組織形態によって担われ得るが、わが国のNPO法人や社団・財団、社会福祉法人、協同組合、労働組合など、多様な社会的事業体を多元的な政策形成ネットワークの中でどのように位置付け、ネットワーク形成主体として相互連携の仕組みを如何に構築していけるか、さらにはビジネス手法をより採り入れた新しい組織形態を如何に構想し得るかが、地域における社会生産性の向上を図るうえで重要な課題になると考えられる。

13　そこでは、関係づくりや仕組みづくり、キーパーソンの活用、政策との関連付けなどにおいて、地域固有性を加味し、自治体だけでなく行政区分を超えた環境文化圏等へも配慮しつつ、個人能力・組織能力・市民能力の同時的向上、地域の環境課題の解決と社会的包摂のリンクが図られた（佐藤［2016］5頁）。

3．地域内協働に向けた「認証」の活用可能性

(1) 社会的事業体の横断的連携に向けて

　前世紀後半以降、フランスをはじめ欧州大陸諸国を中心に、社会的経済を理念とする運動が拡大していく中にあって、民間非営利セクター（サードセクター）の独自の機能が認められ、国家、営利組織とのベストミックスのあり方も模索されてきた[14]。そこでは、サードセクターの存在感を高めながら、地域社会の活性化に向けて、自治体を含め何らかの形で地域住民に貢献している全ての組織間の協働が強化されてきた（富沢［2008］45-59頁）。同様にイギリスでも、労働党政権下のローカル・パートナーシップにおける地域協働政策にも後押しされ、市民参加を主体にした新しい経済の担い手の育成政策が進行し、地域コミュニティにおける多元主義的なネットワーク形成が促進されてきた（塚本［2007］1頁）。

　欧州のサードセクターは市民社会の多元的価値を体現する存在であり、非市場的な要素であるコミュニティが擁する価値を相互扶助や協働によって実現していくうえでの核となった。サードセクターは、その国の文化的・政治的・経済的背景や歴史的に形成された地域の自立性・独自性に応じて多様であり得るが、欧州での発展を促した社会的背景は、日本が直面している地域課題とも重なり合う部分が少なくない。ただ、わが国のサードセクターは統一的な非営利制度基盤を有しないため、広く知られているように法人類型の多様化という非営利法人のガラパゴス化を招来している。2008年に施行された新しい公益法人制度に移行した後も、社団・財団のほかに、NPO法人、社会福祉法人、学校法人、医療法人など、個別法の分立と経路依存性により非営利法人類型が様々に分岐した状態にあり、会計基準についても非営利法人制度毎に個別に定められている。

　サードセクターの分立によって、地域に貴重な組織資源の非連携状態を惹起しているとすれば、地域の課題解決に向けて社会関係資本形成の核として

14　欧州のサードセクターは、国家と市場の二元論に対する批判から、公共セクター、民間営利企業セクターと並んで社会経済を構成する独立したセクターであるという点で、ある種のコンセンサスが成立している（栗本［2016］1頁）。

機能していくには、必ずしも望ましい状態とはいえない。この点の解消に向けて、市民目線での所管官庁の壁を越えた非営利法人制度（法）の再編・統合論も理念的・演繹的には想起され得るが、各制度の歴史的な経路依存性を斟酌すれば目下の現実的な選択肢とはなり難い。むしろ法的再編が難しくとも各組織の特性を生かしながら、地方創生の軸で横断的に機能的な連携を図る視点が重要になる。異なる法人類型に関わる人々が幅広く集合し、経験や意見を交流できる場や組織を編成、強化していくうえでは、管内の多様な法人類型と自治体行政等との横断的・複合的な政策連携を企画・提案できるセンター機能の必要性（初谷 [2015] 205 頁）が指摘される所以である[15]。その際、会計基準の統一も各非営利主体の横断的理解に資する1つの方策と位置付けられよう[16]。

そこで求められるのは、非営利部門における各専門組織分化の意義を認めつつも、各非営利組織の論理・文化・価値基準を前提にした地域課題へのアプローチではなく、住民の目線で課題オリエンテッドに各組織を適応させていく協働姿勢である。各非営利主体は住民サービス提供主体という意味では共通のプラットフォームを有しており、住民には法的組織形態の違い云々は関係なくて、どのようなサービス（社会価値）を提供可能かが重要なのであるから、各非営利主体の特性を有機的に連環させ、ネクサス・アプローチを通じたコレクティブ・インパクトの創出が求められる[17]。こうした非営利部

---

15 わが国で全国に普及してきた NPO センターの多くは、ともすれば特定非営利活動法人など限られた法人類型を視野に入れた支援拠点となりがちであり、今後は、多様な法人類型を総合的に視野に入れた市民活動支援センターとしての機能をより明確化していくことが求められる。例えば、スウェーデンでは、先述した地域開発グループを支援するセンターが設置され、グループの組織化や経営のノウハウなどを支援するサービスを中心に、社会関係資本の整備に役立てられた。こうした取り組みと併行し、わが国でも人為的な境界を乗り越えるネクサス・アプローチに向けて、地方自治体・民間企業を巻き込む形での協同組合・非営利組織等の社会的事業体相互間における人材交流の拡大（今村 [2016] 24 頁）や、組織間の垣根を低く絆を深められるような場所・時間の制度化など、硬直的な組織のサイロに閉じこもらずコミュニケーションを促進しリソースを共有していく仕組みづくりが求められよう。
16 日本では、公益法人や社会福祉法人、学校法人といった非営利法人制度毎に、個別の会計基準が所管官庁の主導によって定められている中にあって、日本公認会計士協会の非営利組織会計検討プロジェクトでは、ガラパゴス化をコンバージェンスする共通的な枠組み整備に向けた検討が順次進められている。もとより各種非営利法人は目的に応じて事業法が定められるとしても、会計基準をはじめ、機関設計、情報開示など法人運営に関する基本的規律については、共通化して然るべきであろう。

門間の連携と同時に、もう1つのガラパゴス問題である協同組合（農協、生協等）の内外連携・体系化も進める必要がある。

　欧州の社会経済的アプローチに対し、米国では利潤の非分配制約をメルクマールとするため、利潤分配（共益）を伴う協同組合は非営利セクター（米国のサードセクター）には含まれないので、米国では非営利セクターと協同組合との連携という発想が後景に退くことになる（内山［2008］8-9頁）。わが国でも同様に、米国的な捉え方をベースに協同組合は共益組織としてのみ捉えられ、既存の協同組合と地域との関係は必ずしも近い関係にあるとはいえず[18]（岡﨑［2014］231、239頁）、非営利組織論中心のサードセクター研究においても協同組合の認知度は低いとされる（栗本［2016］17頁）。しかし、こうした中にあっても地域に必要とされるニーズを掘り起こしながら事業を組み立て、意欲を持つ複数人が出資・運営している協同組織もみられる。例えば、過疎地の医療を支える農協厚生連や都会における保健予防活動を進める医療生協、高齢者介護や保育・子育て支援に取り組む生協、障害者の自立支援や就労等を進めるワーカーズコープやワーカーズコレクティブ[19]などの社会的事業体である。そこで財やサービスを提供する相手はメンバーではなく、一般の人々である。

　問題は、こうした草の根の取り組みの間の協働が限られており、多くのところで継続が困難になっていることである（栗本［2016］17頁）。こうした状況下、協同組合が地域づくりに積極的に関与していくには、協同的関係を再構築し自立した協同組合セクターの全国統一的な存在感を高める[20]と同時に、

17　Kania and Kramer［2011］に即していえば、人為的な組織の境界の柔軟化に向けて、課題を浮き彫りにするようなデータ共有（①共通アジェンダ）や、社会的インパクト評価等による成果確認を通じ（②評価システムの共有）、社会価値向上のモチベーションを維持・強化しながら人材交流やコミュニケーションを図りつつ（③活動の相互強化、④継続的コミュニケーション）、センター機能の下で協働を進める（⑤活動全体を支える組織）ことが求められる。

18　わが国の協同組合には多くの個別法があり所管庁も異なるなど共通の法的枠組みが存在しないことから、各種協同組合は異なる発展経路を辿り独自の政治志向と組織文化を生成してきたことが、協同組合としてのアイデンティティの形成を阻害するとともに、業界を超えた協同組合セクターの概念への関心の低さを生んでいるとされる（栗本［2016］16頁）。

19　今のところ働く人たちの協同組合法はないが、ワーカーズコープ（労働者協同組合）とワーカーズコレクティブ（生活クラブ生協から発展）などが独自に組織化されている。

地域レベルでの協働の組織化が必要となる。特に協同組合と非営利組織との協働を含めサードセクターの凝集力を高めるうえでは、最大の経済力を持つ農協が自立した協同組合として改革を進め、他の諸団体と様々なレベルでの地域における協働の核となるとともに、最大の構成人員をもつ生協も、開かれた協同組合として地域における協働を進める必要性（栗本［2016］17頁）も指摘されている。

(2) 「地域社会益法人」認証の制度インフラ整備

近年、市民主役条例による行政サービス改革（鯖江市）や、行政がNPO活動への参加と協力を促す条例（神戸市）、あるいは投資型クラウドファンディングを活用した地方創生事業（北洋銀行と西胆振の6自治体）など、地元の人の気づきを重視した各自治体独自の取り組みも増えてきている。また、横浜市市民協働条例（2012年改正）や岡山市協働のまちづくり条例（2016年改正）など、社会的事業体と行政が協働で行う事業の進め方等について、新たな制度規範を定める動きも広がりつつある。そこでは、法人格を問わず広く地域課題の解決に向けた公益の取り組みを行う個人・団体を対象に、人的支援や情報・施設提供等の支援にとどまらず、行政との協働事業には助成金の交付（横浜市）や施設使用料の減免（岡山市）といった財政支援措置も行われている。ただ、こうした財源措置を伴う支援は単年度主義という時限性があるうえ、行政以外の多様な主体間の協働の促進には必ずしも直結しない。

こうした中にあって、コミュニティビジネス等の事業活動を通じて「地域社会益」を追求する社会的事業体を対象に、自治体レベルでの「地域社会益法人」認証を付与する制度インフラが構築できれば、税制優遇等の特典とリ

---

20 縦割りの法制度や公共政策によって協同組合が制度的に分断されてきたことから、個別法しかない国は日本のみとされ、例えば各都道府県で異なる傾向を持つ生協が競合し、種別協同組合毎の全国連合会を包括する協同組合としての連合組織はない。また、縦割りの協同組合法制と参入規制のため、例えば生産者と消費者が加入する産消混合型の協同組合や再生可能エネルギーの協同組合を作ることは現行制度では困難となるなど、協同組合の自由な設立や事業運営を阻害しているとされる。こうした状況の打破に向けては、既存の法律と並存する協同組合基本法の制定可能性のほか、協同組合の行政窓口を統一することによる省庁間連絡調整の円滑化、法人格の種別によらず組合員の資格・事業の種類や行政との関わりを統合的なものにしていく必要性が指摘されている（栗本［2016］13、18-19頁）。

ンクしなくても、認証を受けた「地域社会益法人」が社会的認知度を高めて、コミュニティビジネスの趣旨に賛同する投資家や住民からの資金調達等を促す契機として役立てられ得る。ここでコミュニティビジネスとは、社会的課題の解決を目指すソーシャルビジネスのうち、活動領域や解決すべき社会的課題について一定の地理的範囲が存在し、地域の資源を活用して地域再生を目指す事業であり、その担い手には、NPO法人、社団・財団、社会福祉法人のほか、各種協同組合も想定され得る[21]。

伝統的に欧州では、社会的経済の担い手は、協同組合、共済組合等が中心となってきたが、共益（mutual interest）にせよ公益（public interest）にせよ私益（private interest）ではないのであるから、当該共益の構成員を拡大し広くその地域社会の利益の増進にも資する目的と構成できるのであれば、「地域社会（共通）益」（community interest）として両者をことさらに区分する必要はないとも言える。実際、買い物弱者に商品を配達する活動主体にはNPO法人のみならず生協もあるほか、大規模自然災害に対する救援活動や再建支援活動はNPO法人だけでなく各種協同組合によっても継続的に取り組まれており、現場のニーズから考えれば法的形態の差異は相対化する。「地域社会益」という観点に立てば、共益の追求という協同組合の枠内であっても、コミュニティの普遍的利益にも貢献可能であり、そうした観点からの議論の深化と実践が求められよう。

多様な社会的事業体から構成され得る「地域社会益法人」は、地域内協働の核としても位置付けられる。地域サービスを提供する各主体の置かれた状況に応じて直面する課題や対応策も多種多様であり、これらを一律に検討することは適切でないことに鑑みれば、住民に一番近い基礎自治体が条例によって認証していくことを基本とし[22]、住民移送事業など近隣の基礎自治体にも広域に関係するのであれば、周辺自治体の広域連携ないし広域自治体関与の仕組みも考えられよう。その際、経営形態のみによって「地域社会益法人」

---

[21] コミュニティビジネスないし社会的企業は、ともすれば営利・非営利ハイブリッド型の法人形態（英国CICや米国ベネフィット・コーポレーション等）のみを念頭に置いて論じられることもあるが、民間活力を非営利サイドに呼び込む方策の議論と、生活密着サービスを事業として提供していく議論は分けて論じる必要があり、後者の事業主体には多様な非営利法人主体が担い手たり得ると考えられる。

を定義することは困難であり、認証と法人格とは連動しない形で、地域課題の横軸で法人横断的な認証付与基準とする必要がある。例えば、後述する英国 CIC（Community Interest Company）のコミュニティ利益テストは、合理的な人（reasonable person）が、その活動についてコミュニティの利益のために遂行されるかという緩やかな包括的観点から判断される。わが国においても「地域社会益」の大枠としての要件（設立目的、活動内容、その活動の受益者等）を共有しながらも、具体的な運用は個別自治体の実情を反映し得る仕組みとする方向性が適当であろう。

　こうした新しい認証が、税額控除等の効果ともリンクする場合には、当然に既存の関連法制との整合性を確保する必要があり、その際の認定基準についても、他の制度との一貫性のある制度設計が求められるが[23]、本章で論じている「認証」は、「情報の非対称性」の緩和機能がメインであり、市民へのブランドイメージ創出効果を通じて社会的認知度を向上させていく取り組みとして位置付けられる[24]。例えばNPO法人は特定非営利活動として、まちづくりや中山間地振興などのほか「条例で定める活動」を含めれば地域事業主体としても汎用性はあるが、パブリック・サポート・テストをクリアする法人は全体の数パーセント未満の状態が続く中、税制特典の付与とは別の

22　後述するように米国では民間団体である B-Lab による社会性の認証の仕組みが法制導入に先立って行われたが、わが国において民間の非営利組織の事業活動を積極的に認知・評価するような土壌が必ずしも十分に醸成されていないとすれば、まずは行政が公正性への信認を背景に先鞭をつける意義は大きいと考えられる。そのうえで制度の定着状況を見極めつつ、官（自治体）による認証の判断が民間の多様で柔軟な活動を制限してしまうことのないよう、民間有識者による合議制機関など官に代わって判断する仕組みを取り入れていく方向性も望まれよう。
23　例えば、公益法人制度において公益認定を受ければ寄附に対する所得控除や法人税の非課税が適用となるが、2011年度の税制改正に伴って公益目的事業の判定に加え、認定NPO法人と同等の税額控除の優遇を受けるためパブリック・サポート・テスト（PST）による判定も受けられるようになった。この点は、既に公益等認定委員会等によって公益性が認められているところ、重ねてPSTを税額控除の要件とすることは、屋上屋を重ねるものであり不合理との指摘もあり（馬場［2013］176頁）、社会的企業への税額優遇とリンクさせた法人格創設を展望した場合にも同様の問題が生じる懸念がある。
24　もともと非営利組織の存在を理解する方法として、財の性格あるいは市場取引における売り手と買い手の情報の非対称性を解消し、取引費用の増大や信頼性の欠如に伴う市場の失敗を補完する機能が指摘され得るが（Weisbrod［1988］p. vii）、ここで問題としている情報の非対称性は、「地域社会益」への関与度合いである。

観点から、事業活動の地域社会への貢献をブランディングするようなシグナルを別途設定する意義があると考えられる。

「地域社会益法人」認証は、各社会的事業体の様々な根拠法の下での法人格をそのままに、地域社会益等の要件に基づいて認証を行う制度であり、自らの利益や資産を活用して地域社会の問題解決（地域社会益）のための事業に取り組む主体のブランドとして機能する。当該制度を自治体の条例によって推進するとしても、各自治体の初動を後押しする意味では、国がガイドライン等により基本的フレームワークを示すことも有用と考えられる。そのフレームワークは、地域社会の利益に向けた事業収益の再投資を確実にさせる認証要件として、後述する非営利株式会社をも包摂し得る観点から、①地域社会益目的の認定とその追求に関する固定化（ミッションロック）、②ガバナンス面での利益・資産分配制約（アセットロック）の設定が基盤になろう。他方で、法人格の付与ではないため認証付与後のモニタリングによる制度の安定性維持が課題となり、③活動成果としての地域社会益報告書（仮称、原則年1回）等を踏まえた要件検証も必要となる。

具体的な認証基準を考えるうえでは、イギリスの「社会的企業マーク（Social Enterprise Mark）」認証基準が参考になる。Social Enterprise Mark とは、The Social Enterprise Mark Company によって運営されている認証制度で、同社自身も CIC に基づく民間の社会的企業[25]である。このマークは、法人格にかかわらず一定の要件をクリアすれば任意に取得可能である。その認証基準には、①社会・環境に関わる目的、②独自の定款及びガバナンス、③50％以上の事業収入、④50％以上の利益を社会・環境目的に再投資、⑤清算時には残余財産を社会・環境目的に提供などの要件が定められている。マークを取得することによって直接的な優遇策はなく、むしろ社会的企業のブランドを構築し社会的な認知を高めることが目的となっている（中島［2015］212頁）。

NPO法人や一般社団法人等は、一般にビジネスを行う主体ではなくボランティア団体としての認識にとどまることも少なくなく、地域を支えるサー

---

[25] イギリスの社会的企業は、CIC に代表される起業家的イニシアティブだけではなく、その多くはチャリティであり、協同組合形態や労働者所有企業等を含め、様々な事業体から成る（中島［2015］218頁）。

ビスを提供する事業主体として、人材募集や資金調達に役立てるうえでも「認証」による公示効果は有用であろう。すなわち、地域内でビジネス（事業）を遂行していくうえで、資金提供者、消費者、受益者、従業員等から、一般の営利法人とは異なる態様で財やサービスを提供する主体であるとの信頼を引き出すシグナリングとして、「認証」の意義が認められるのである。「認証」がガバナンス面も含めて1つの差別化をもたらす地域内ブランドとしての機能を果たすことになれば、各種取引費用を引き下げる効果をもたらし得る（高橋［2016a］286頁）。

社会的事業体への信頼性付与（「情報の非対称性」緩和）という意味では、上記の社会的企業マークのほか、海外ではBBBワイズ・ギビング・アライアンスの認証シールなどNPO評価機関[26]の認証や格付け等も同種の開示機能を果たしてきたと解され、一般の人々にとっては長文の報告書を読解する代わりにインパクト評価の分かり易さが安心感につながり、資金調達活動にも寄与してきた。こうした開示による個別事業活動へのフィードバック効果と同時に、認証の付与によって、法人格の違いを超えた同じ「地域社会益法人」として、組織間の相互理解・連携を促進するプラットフォーム創出効果への期待も大きい。すなわち、既存の社会的事業体の枠内に法的形態や組織目的の多様性を超えて、地域内の共通ラベルで括られた協働空間を作り出すとともに、同一認証ラベルの下での統一性とその経済的な重要性を地域社会に可視化することにも貢献可能と考えられるのである[27]。

---

[26] 欧米では複数の特色ある評価機関が存在しているが、わが国でも2016年4月に「一般社団法人非営利組織評価センター」が設立された。

[27] こうした理念を特定分野（医療）で推し進めた画期的な制度創設として、2017年度からスタートした「地域医療連携推進法人制度」が大いに注目される。そこでは、地域内の複数医療機関やその他の非営利法人が連携し、ホールディング・カンパニーである「地域医療連携推進法人」の下で一体的な運営を行うことにより地域医療・包括ケアの充実を推進しており、地方創生にもつなげ得る取り組みと言えよう。本書で論じている「地域社会益法人」認証は、こうした制度枠組みに比べればよりソフトな事実上の連携を模索したものであるが、自治体関与の下に複数の地域社会益法人間で統一的な連携推進方針を共有しつつ、情報の共通・一元化や役割分担を図るとともに、中長期的視点からの共同研修や人材キャリアパスの構築等にもつなげていくことが望まれる。

(3) 非営利株式会社の社会性担保

(ⅰ) 欧米におけるハイブリッド型法人の認証制度

　欧州では1990年代以降、イタリア、フランス、イギリス等において、コミュニティ利益という概念によるコミュニティビジネスの新しい担い手の育成政策が進行し、営利を目的としない収益性事業を営むハイブリッド型法人（図表4-2）の育成に向けた方針や枠組みを設ける動きが進展した（European Commission ［2015］p.50）。その活動形態に関する取り決めとして、イタリアの社会的協同組合（1991年）[28]や、先述したイギリスのコミュニティ利益会社（CIC、2005年）の例が有名であるが、それ以外にも、ポルトガル（1997年）、スペイン（1999年）、フランス（2001年）などでも同様の取り組みがみられた（European Commission ［2015］pp.52-54）。

　ハイブリッド型法人であるCICが導入される以前のイギリスにおいて、従来の伝統的チャリティには株式・社債などの発行が認められず、資金調達

図表4-2　ハイブリッド型法人の3要素

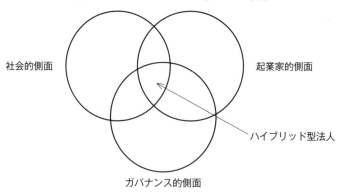

（出所）European Commission ［2015］p.10を基礎とする。

28　イタリアでは、障害者の自立、高齢者福祉、移民等に関わる様々な運動が、当初日本のNPOに相当するアソシエーションの形態をとっていたが、制度的に事業化が困難であったため、協同組合の形態をとるようになり、組合員だけではないコミュニティの全般的利益を追求するために1991年の社会的協同組合法へとつながった（日本政策金融公庫［2015］152頁）。この法律によって設立された社会的協同組合は、他のヨーロッパ諸国における社会的企業の先駆的モデルとして有意な影響を与えた（中川［2008］122頁）。

面で限界があった。CIC は、営利法人をコミュニティ創生活動の担い手として育成する趣旨で設けられた制度であり、チャリティと同様に法人格ではなく、独立行政機関が一定の要件の下に認めた一種の資格（ステータスないしブランド）である[29]。CIC には税制優遇、優先入札等はなく、情報公開による社会的信用力の向上が唯一のメリットであり（G8 社会的インパクト投資タスクフォース［2015］37 頁）、これにより一般の人達や資金提供者が信頼を置くことのできる強力なアイデンティティを獲得可能となった。

CIC は、利益を地域の社会的課題の解決に向けて投下することを目的とし、資産と利益は地域の利益に還元されることが求められており、コミュニティ・インタレスト・テストによるコミュニティ利益増進目的の固定や、収益の再投資のための配当・資産処分制限（利益の 35％が配当上限、払込価格が残余財産分配の上限）を伴う。他方で、起業家として取締役になりながら報酬を受けて事業を運営することができ、社会的活動を行うという社会的認知の下に収益活動を行い、株式の発行も可能であるほか、一定の配当が認められるのでチャリティよりも幅広い投資家から支援を受けることができる。また、チャリティは広範な税務メリットを付与されていることに伴い厳格な規制が適用されるのに対し、CIC は規制を受けないことも事業者のインセンティブとなっている。

CIC の活用度をチャリティとの対比で分析した結果によれば、イングランドにおいて相対的に CIC の設立が盛んな反面、スコットランド等では普及が遅れるなど地域別偏りがあり、その要因としてチャリティの市場化を推進するイングランド主導の新制度が、スコットランド等の風土には馴染まず敬遠された可能性も指摘されている（白石［2015］154-155 頁）。CIC はチャリティの市場化であるとして否定的な見方がある一方で、CIC 監督局年報によれば現在までに 1 万を超える団体が認証を受けて存続しており、制度を創設してから増加傾向を維持しているほか、CIC 監督局のホームページ[30]には

29　イギリスでは非営利公益セクターに固有の法人格として 2013 年 5 月から CIO（公益法人）の設立も可能となったが、CIC 制度は新たな法人格の創設ではなく、むしろ従来からある営利会社のうち社会・地域社会・生活環境の利益増進を目的とする会社を CIC として認定・登録し、社会基盤としてのコミュニティの創生につなげようとするものであり、社会貢献をしながら企業活動を選択する法人向けの新ブランド創設といえる（石村［2015］99 頁）。

CIC の成功事例も多数紹介されるなど、一定の社会的意義は果たしているように窺われる。ただ、ハイブリッドの制度であるが故の課題も浮き彫りになっており、配当制限は CIC 株式への投資の魅力を減殺しているとの批判が、2014 年 10 月からの配当上限規制緩和（現行の 35％）につながり、以前よりエクイティとしての特質を強めている（高橋［2016b］33 頁）。

　社会的利益の追求を担保するための厳格な仕組みは、一般投資家からの資金調達のうえでは障害になり、従前の資金は政府基金・慈善信託・財団及び休眠口座の預金を活用する社会的投資基金等によって占められてきたとされ、政府の主導によって資金の流れが作られている色彩が強いようである（高橋［2016b］53 頁）。今後は、一般投資家のさらなる呼び込みが求められており、より簡易な方法で投下資本を回収できる仕組みづくりも必要となるが、配当を期待する投資家の増大によるミッションの変容リスクにも配慮が忘れない。そのためには、社会目的の下で相対的に低い水準の経済的リターンを甘受するエクイティ投資家を惹きつけて、「寛容な資本」を提供する投資家をどれだけ増やしていけるかが課題となっている（高橋［2016b］53-54 頁）。

　この間、米国では、社会的目的を掲げる営利型企業に対して、民間団体である B-Lab による社会性の認証の仕組みが、ハイブリッド型企業法制の導入に先立って行われた。すなわち、2006 年以降、B-Lab によって環境や社会性等に配慮した事業活動を行う主体に対する認証の仕組みが創設された後、この認証制度の考え方と整合的な形で、2010 年以降、ベネフィット・コーポレーションという法人制度が米国内の各州で制定された。法律制定により、取締役が株主の利益実現以外の目的を考慮しても責任追及を受けないという点は、社会的な利益の実現を志す取締役にとって強い保護となったが、CIC と同様に税務上の優遇措置はなく（寄附者についても同様）、そこではブランドイメージ向上による資金調達面でのメリットが指摘されている（経済産業省［2016b］5 頁）。

(ii)　わが国における非営利株式会社の活用可能性

　欧米での動きを眺め、わが国でも、営利・非営利の枠を超え新たな発想で

30　https://www.gov.uk/government/collections/community-interest-companies-case-studies

社会課題の解決にチャレンジする事業体を求める声が高まり、2014年12月に閣議決定された「まち・ひと・しごと創生総合戦略」では、「地域の公共交通、小売・生活関連サービス、介護、保育などの課題を事業活動的な手法を用いながら総合的・効率的に提供するサービス事業主体のあり方について検討を行い、必要な制度整備を実施する」とした。これを受けて経済産業省の「日本の『稼ぐ力』創出研究会」が2015年5月に公表した報告書では、「地域に必要なサービスを、十分なガバナンスの下で、総合的・効率的に提供するローカル・マネジメント法人（仮称）の在り方について、検討を深化させていく必要がある」とされ、2016年4月に「地域を支えるサービス事業主体のあり方に関する研究会」が公表した検討結果（経済産業省［2016a］）では、事業主体の社会性をどのように制度的に確保すべきか（どのような基準で社会性を担保するか、その判断主体は誰か、行政は関与すべきか）といった論点や、事業主体を機能させ、その利用を促進する社会全体の仕組みのあり方の観点も含め、「スピード感を持ってさらに検討を深化させていくことが必要である」とされ、現在に至っている。

　わが国では、収支相償を原則とする公益法人制度では一定のストックを形成しつつ活動のインパクトを高めることは困難であり[31]、NPO法人も出資を受けられないため会費や寄附などに資金調達の手段が限られ、地方の広範な事業（生活密着型のサービス分野として、小売、鉄道、バス、保育園、宿泊、ガソリンスタンド、介護等）を行うには財務的基盤が脆弱である。このため、事業の持続可能性を高めるためビジネスの手法をより採り入れた組織運営可能な法人形態の創設も議論されてきたわけであるが、この点については、株式会社において定款自治の下で分配等制約を任意に選択し、設立時に作成する定款の「第5章　計算」項目に、剰余金を株主に配当せず地域社会益を拡大再生産する目的で支出することを明示すれば、エクイティ投資が可能な非営利目的のハイブリッド型株式会社[32]の設立も可能であろう（内田［2009］

---

[31] 税制上の優遇策との関係上、公益社団法人及び公益財団法人の認定等に関する法律（平成18年）において、公益目的事業または公益目的事業に必要なその他の活動に使うことが具体的に定まっていない財産の額（遊休財産額）は、一年分の公益目的事業費相当額をその保有の上限とする制限が公益認定の基準として設けられており、公益法人は原則として利益を出せないほか、特定費用目的準備金の用途制限があり、株式を発行できないなど、機動的なビジネス経営に向けた足枷が存在する。

68、71 頁)。

　非営利株式会社における利益処分や残余財産分配請求権のあり方については、基本的には法人の選択（定款）となる。あくまで会社法の株式会社制度の下では、普通株式において利益配当及び残余財産分配を全面的に禁止すること（非営利法人と同様の扱い）は、会社法105条2項との関係で難しく、むしろ出資者へのリターンを一定程度確保しておくことは投資インセンティブ設計のうえでも必要な措置であろう。また、残余財産分配請求権についても、出資額の払い戻しを下限として、残りを自治体や公共団体に寄附するなどの定款に応じた選択を認める余地はあろう[33]。他方で、全株主の理解や協力を得る必要性に加え、離反した株主が会社法105条に基づいて剰余金配当を要求し訴訟で争う可能性[34]、外部者にとって個別法人の定款を逐一確認しなければならない煩雑性、さらには定款による担保を基にして法人への出資や寄附等を呼び込むことの脆弱性などを想定すると、現状のままでは非営利株式会社一般を制度的に担保するには弱い面もある（経済産業省［2016a］9-11 頁）。

　しかし、先述した自治体による「地域社会益法人」認証付与の制度インフラとリンクさせることによって、非営利株式会社の社会性（定款によるミッションロックやアセットロック）を担保し、使い勝手を向上させることが可能ではなかろうか。そこでは、株主変動等によって定款に不同意の株主が現れたり、さらに定款変更等が行われた場合には認証が取り消される仕組みにしておけば、社会性やその公示性等は担保可能である。当該企業にとって「地

---

[32] 実際、「PLUS SOCIAL」（龍谷ソーラーパークの事業運営）、「非営利株式会社ビッグ・エス　インターナショナル」（日独の交流）、「非営利型株式会社 Polaris」（地域の中で多様な働き方を実現するための仕組みづくり）、「非営利株式会社 PTA」（PTA・自治会・商店街・学生団体・地域活性化のサポート）、「非営利株式会社じょんから」（黒石で観光案内・お土産品販売等）、「プラットフォームサービス株式会社」（千代田区まちづくり）、「よりよく生きるプロジェクト」（障害者福祉）、「ユニコの森」（医療）などの設立例がみられる。

[33] 純然たる営利企業とは異なり社会的事業も同時に目指す以上、当然に社会的成果に関する情報提供（報告）も必須となろう。

[34] 非営利株式会社は、株主が配当制約に賛同してくれていることがポイントとなる。なお、米国のベネフィット・コーポレーション等は、社会益の増進を目的に事業運営を行う営利会社に対する会社法（株主利益最大主義）の適用を、制定法により明確に排除しているが、わが国の現行会社法の下においても、利益・残余財産のほとんどが株主に配分されない株式会社も設立可能であり、定款・登記記載の目的に営利性を反映しない目的を記載することも可能との学説が有力となっている（高橋［2016b］66 頁）。

域のため」というのが一種の商品性として自社の競争力につながる一方で、認証取り消しによるブランドイメージの喪失は一種のサンクションとして地域内のレピュテーションにも影響するので、ハイブリッド型コミュニティビジネス継続の組織内求心力としても機能し得ると考えられる。また、認証を獲得するために組織内議論が深められ、「認証」申請に至る過程で社会的事業体としての組織内コンセンサスが高まる効果も大きいとみられる。

これまでの社会的課題解決（住民生活支援サービス事業）のビジネス主体に関する議論では、出資緩和や税制優遇（減税）等による事業展開支援といった制度提供者目線の議論に傾きがちであり、むしろ制度を活用する側の現場目線を取り入れる必要があるのではなかろうか。現場ニーズとしては、自らの社会的事業に対する社会的認知・信頼の獲得・向上が日々の業務運営においては切実な問題であり[35]、こうした問題意識から「スピード感をもった検討」を行うのであれば、本問題を税制優遇等とリンクさせた「新たな法人格創設」として捉えるよりも、社会的信任の獲得を主眼に、相対的に制度的障壁の少ない「新たな認証付与」のあり方としてアプローチしていくのが現実的と考えられる。

認証付与のあり方として、地域毎に異なる課題に個別的に対応する意味では、先述したように法律によらず条例によることが実践的と考えられる。その際、自治体による認証は、地域社会益を目的とした事業の社会性とその公示性を担保し資金調達等を促すことが主眼であり、私利追求の結果としての社会貢献とは明確に区別して扱う（分配制約を伴わない純粋株式会社は認証の対象外とする）ことが適切であろう。私益のみを追求する純然たる営利企業も資源の最適配分を通じて、人々のニーズ充足という社会価値を生む対価として利潤を得ているのであるが、ここでの認証は獲得した対価の使途が地域社会益目的か否かに着目した制度的建て付けになっているので、例えば地域活性化に資する「地域興し」協賛企業の類は、それが地域に意義あるものだとしても、あくまでマーケティング活動の一環として別途のシグナリング（PR）手段を割り当てることになろう。

---

[35] 各種研究会・学会等でのNPO法人従事者等との意見交換のほか、地方自治体へのフィールド調査等を通じて、社会的信任の獲得に優先順位の高いニーズが窺えた。

社会目的を有しながら株式会社形態を選択するのは、事業経営の経験がある起業家には馴染み易い組織形態であろうし、事業規模の拡大を目指して柔軟で多様な資金調達の選択肢を確保できるからでもあろう。利他的な社会起業家が、社会的利益を追求する活動の質が外部から確認することが難しいことに由来する「契約の失敗」に対応する結果として、柔軟な事業展開が行い難い非営利法人形態を選択せざるを得なくなるとすれば、こうした情報の非対称性は認証付与により回避可能となる。同時に、通常の投資とは異なる投資対象であるとのブランドを確立できれば、取引費用の削減にもつながるほか、社会的動機を持つ起業家の数自体を拡大することにもつながる（高橋［2016a］296-297 頁）。

　認証を得た非営利株式会社は、配当や残余財産分配請求権の制限には定款による自由度を残す点では、法律上の制約のある英国 CIC に比して米国ベネフィット・コーポレーションに近いとみられるが、配当期待の投資家によるミッション変容リスクにも留意が必要である。他方で分配制約が緩過ぎて社会的利益追求の目的は損なわれ易いと見られれば、社会価値の実現を志向する投資家からの出資は得られなくなる。ハイブリッド型法人の抱える本来的な課題として、貨幣価値で測られる経済的利得のみならず、社会価値の実現を自己の非経済的な福祉（well-being）と考える一般投資家を如何に集められるかが鍵となる。

　わが国においてハイブリッド型の非営利株式会社に対する投資需要は未知数ではあるものの、既にコミュニティビジネスへの資金提供として、クラウドファンディングを含む市民ファイナンス形態での FSV（Financing Shared Value）とも称すべき動きが、個人レベルでは徐々に広がりつつあるように窺われる。寄附には二の足を踏むが出資なら市場平均と同等のリターンでなくとも、社会的利益（地域社会益）のために相対的に低いリターンでも甘受する地域住民等からの資金の受け皿として、非営利株式会社にも一定の存在価値があり、その社会性とその公示性を担保する制度インフラとして認証付与の意義が認められるのである。

4. おわりに

わが国の地方を取り巻く問題は、人口減少それ自体というよりも、人口の減少にどう対応し、どのように安定して成熟社会になるかの問題であり、そのための社会構造をどのように組み立てていくかが問われている（松谷・藤正［2002］192頁）。その際、日々の暮らしの自立や安心という面で、各地域の生活インフラを保持していくスキームをしっかり確立することが重要であり、欧州では社会的経済の下、市民社会の側から市場経済の歪みないし社会課題の解決に向けた対応が重ねられてきた。同様に、わが国においても地域の人々が主役になって、長い歴史と伝統の中で培われてきた多様で豊かな地域固有の力が真に生かされる施策が求められており、そのために地域の自然資本や社会関係資本の活用に向けて、社会的事業体の活動とともに、地方自治体のほか、広い意味での市民社会による資金提供やボランティア活動等の地域内資源の協働が必要となる。

翻ってわが国では、明治国家を形成する過程で、あるいは明治以降の富国強兵・殖産興業に向けて、異質で個性的な地域共同体を崩す方向に進み、さらに第二次世界大戦後には国土の均衡ある発展を標榜し、地方政府は中央政府の出先機関ないし現場としての機能を担わされてきたが（矢口［2016］56頁）、今求められているのは、中央に引き上げ過ぎたものを改めて分散化し再配置していく意識改革である（山下［2014］296-297頁）。国土の均衡ある発展という途上国的発想から脱却し、これまでのような自治体横並びの施策ではない、地域資源を地域主体で維持管理していく社会システムを構築し、それぞれの地域がもっている文化や歴史的要因を含めた比較優位をどこまで生かせるかが重要となる。そこでは、上意下達ではなく下からの参加と協働の下（山下［2014］162頁）、広く well-being の視点で捉えた社会生産性の視点から、地域の生存戦略が描かれなくてはならない。

コミュニティの再生は雇用の創出と相互依存であり、確かに地域経済の労働生産性を高める方向性は1つの有力な処方箋である。しかし、市場経済内でしか妥当しない経済理論のみを通して地域を眺めたのでは、非市場的地域社会の土着的な発展を抑制することにつながりかねない点には留意が必要で

ある。コミュニティは地域という場所に強い繋留点を有しており、一面的な効率的集約化論では割り切れない部分が多い。地域が固有に有する自然や文化などの豊かさを活かしつつ、労働生産性のみならず社会生産性を高めることによって、人間の包括的生活機能を充足していく必要がある。真の豊かさは幸福の概念とも無縁ではなく、経済生活や金銭的収入のみならず、身体的・精神的な健康や社会的に良好で満足できる状態にあることとも密接に関連しており、地域における社会関係資本も重要な要素となる。

　コミュニティ内で利用可能な人的・組織的資源や自然資本、社会関係資本の相互関係を通じ住民の well-being を引き上げるうえで、社会的事業体は地域課題解決に向けた触媒、インキュベーターとして重要な役割を担う。そうした視点から、個々の社会的事業体を住民サービス提供者との視点で水平的に捉え直す必要があり、それぞれが相互補完的な水平的なパートナーシップ関係を構築し、地域内利益のために対等な立場で協力・連携する構造を確立しなければならない。その際、自治体による「地域社会益法人」認証の付与は、非営利組織間の連携を促進し非営利株式会社の社会性等の担保にも寄与し得ると同時に、社会的認知という情報の非対称性を緩和する効果により、「地域社会益法人」の資金調達の円滑化等にも貢献可能と考えられる。

第Ⅲ部

制度資本の外部性制御への開示規律

第5章

金融機関のモラルハザードと信用外部性

1. はじめに

　第Ⅲ部「制度資本の外部性制御への開示規律」では、市場経済の基礎となる制度資本として、間接金融の担い手である銀行等を中心とした金融制度と、直接金融の資本市場を支える監査制度について、その外部性問題を考察対象とする。金融システムの安定的かつ効率的な運営及び管理は、市場メカニズムが有効に機能するための必要不可欠な条件であり、産業の発展と経済循環の安定化という観点からは金融を中心とする制度資本が重要な役割を果たす（宇沢・花崎［2000］ⅰ頁）一方で、金融バブルの生成・崩壊や粉飾決算を看過する監査の失敗によって、行為当事者のみならず金融経済社会も大きな害悪を被る（図表5-1）。なお、こうした外部性の遠因ともなる会計インフラの問題（公正価値測定等の不確実性・ボラティリティ）については、「第Ⅲ部補章」において一括して扱うこととする。

　本章では金融制度という社会的共通資本の外部性制御に向け、開示規律を引き出すインセンティブ設計を論じるが、金融制度の外部性については、バ

図表5-1　金融制度資本と監査制度資本の担い手による外部性問題

	金融制度	監査制度
基本制度設計	利潤追求主体に公共的役割（社会的共通資本の担い手）	
惹起する外部性	バブルの生成と崩壊	監査の失敗（粉飾看過）
外部性の被害者	預金者（の利益）	情報利用者（の利益）
	金融経済社会（の混乱）	
外部性の原因	リスクテイクの増進等	職業的懐疑心の不足等
構造的要因	コーポレート・ガバナンス構造の特殊性	インセンティブのねじれ（三者関係）
外部性制御の方向性	体力に見合ったリスクテイク	職業的懐疑心の発揮による深度ある（無過失）監査
本書の基本的視点	情報を起点とした外部性制御へのインセンティブ付与	
アカウンタビリティの相手方	債権者である預金者、株主、投資家、規制当局等	究極的監査報酬の拠出者である株主、投資家、債権者等

（出所）著者作成。

ブルの崩壊を通じて金融機関（以下、預金取扱銀行等の意で用いる）の破綻が銀行等間の貸借関係を通じて連鎖するシステミックリスク、これに伴う公的資金注入という事後的な外部性が挙げられることが多い。しかし、バブルの生成過程で金融機関が行う（事前的な）リスク増殖行為の方が本源的な問題である。金融資本を巡るバブルの生成・崩壊過程において、金融機関は公害を垂れ流すようにリスクを増殖・拡散する収益競争に明け暮れた結果、全体として社会に許容不能なリスクが顕現化し個々の経済主体をも巻き込むことになる。その意味では、公害を含めた地球環境等の外部性問題とも類似した構造を有している。

バブル生成期において市民は、公害のような目に見えた害悪を被るのではなく、リスクという目に見えない害悪を秘めた、一見すると魅力的な金融商品を受け取ることになる。Lorenzoni [2008] は、競争的なクレジット市場の非効率なブームに関し「金銭的外部性」という観点から理論的説明を行い、わが国でも加藤・敦賀 [2012] 等が「信用外部性（credit externality）」を例示しつつ発展的な議論を展開しているが、過去、国と時代を跨いで金融危機

というのは、過剰な流動性や超低金利の持続、そしてそれによって生じた資産バブルのようなマクロ経済上の問題が生じる中で、様々な取引主体において、過剰なリスクテイキングやレバレッジの拡大が進行した結果として、勃発することが多かった（淵田［2010］49頁）。

　例えば、近代に限っても1929年の米国株、平成入り後の日本の不動産・株・絵画・ゴルフ会員権、直近のグローバル金融危機におけるCDO（Collateralized Debt Obligation：債務担保証券）など、取扱商品やプレーヤーの顔ぶれは時代とともに変わっても、金融機能が危機を増幅する基本的な構図は不変である。直近のバブルである米国サブプライム問題は、金融緩和の下で、基本的な与信基準の緩み、リターンを追求したレバレッジの多用、不十分なデューディリジェンス、格付機関の利益相反問題といった様々な原因が重なって生じたものであるが、それがグローバルな金融危機に発展したのは、証券化をベースとした信用リスク移転によりサブプライムローン債権が広く証券化商品に紛れ込み、リスクはより複雑かつ広範囲に拡散し影響が世界的に拡大する中にあって、リスクに対する認識が薄れてしまったためである（越智［2012］33-34頁）。

　証券化によって自らオリジネーションを行わなくとも、市場を通じて債権を集めて自由に組み合わせて証券化が可能なため、サブプライム住宅ローンを証券化したサブプライムRMBS（Residential Mortgage-Backed Security）の第2次証券化（CDO）、第3次証券化（CDO-Squared）が進み、これにCDS（Credit Default Swap）が加わり、さらに証券化商品の複雑化に伴い評価モデルも複雑化し、パラメータの設定方法が不明であったり、定期的評価に最低限必要な裏付け資産の入手困難化（トレーサビリティの消失）といった事態も世界的に深刻な問題となった（長谷・宗國［2008］46頁）。

　この間、1990年代以降に適用範囲が拡張した公正価値概念において、主として目的適合性の観点から会計情報の評価技法・測定対象は一段と拡大し、金融危機の最中、バーゼル銀行監督委員会は、2008年6月の報告書「公正価値測定とモデリング：市場ストレスから得られた課題と教訓の分析」を発表した。そこでは、モデルに基づく公正価値評価が増加するなかで発生した2007年半ば以降の金融市場の混乱をレビューし、これを受けて2008年11月に公表された市中協議文書「銀行の金融商品公正価値実務の評価のための

監督上のガイダンス」では、銀行と監督当局に向けて金融商品の公正価値評価プロセス強化のための指針を示した（越智［2012］20頁）。

金融商品会計基準に固有な問題点の考察は補章に譲るとして、本章の主眼は、これまで論じた自然資本や社会関係資本に係る外部性マネジメントの文脈を金融機関の「信用外部性」に置き換え、それを事前的に制御する方策として、リスクを中心とした非財務情報による開示規律を考察することにある。以下では、まず議論の土台として、金融機関のモラルハザードや信用外部性の制御に向けた監督当局の役割、とりわけマクロプルーデンス政策が求められる背景等を整理しておく。次いで、健全性規制等の事前的予防策と併用する形で開示規律の相互補完的な役割にフォーカスし、バーゼル開示規制（第3の柱）の見直し等による比較可能性向上を踏まえつつ、金融機関の個別的なリスクマネジメント情報となるリスクアペタイト情報を統合報告する意義や、それを実効化するリスクカルチャー蓄積の重要性についても論及する。

2. 金融機関による外部性と監督当局の役割

(1) 金融機関のモラルハザードとコーポレート・ガバナンス構造

金融システムが内包する「市場の失敗」には、金融システムのネットワーク性に起因して、1つの金融機関の問題が幅広く波及するシステミックリスクという外部性問題がある。すなわち、金融機関の経営悪化、とりわけ破綻の場合には、単にその金融機関の株主や組合員、預金者の損失になるだけでなく、それ以外の幅広い人々、さらには社会全体に大きな損失を及ぼし、社会を危機に陥れる危険がある。またより直接的には、金融機関が破綻すると預金保険制度が発動されて、その保険料を定率負担している他の金融機関にも影響が及ぶだけでなく、場合によっては公的資金注入により国（納税者）が損失負担する場合もあり得る。

金融機関に対する公的資金の枠組みは、①金融機関が破綻した場合に預金者等を保護するために公的資金を充当する場合、②金融機関の経営を健全化するために国が金融機関に資本増強を行う場合に大別されるが、過去に多額の公的資金が注入された業種は金融業しかない[1]。これはひとえに、金融業

が国民の生活に深く関わっているからであり、金融業が円滑な経済取引の基盤となる決済インフラという高度な公共性を有しているからにほかならない。決済サービスあるいは決済システムは、電気、水道や公共交通などと同様、人々の暮らしに不可欠な社会インフラの1つである。こうしたインフラについては、万が一その一角で事故が起こっても、その影響を最小限に止める工夫が求められるのである。

しかし、民間金融部門からすれば、決済リスクの削減策にはそれなりのコストがかかる一方、そのベネフィットは金額で把握することが難しい。このため、システミックリスクの削減策はプライベート・インタレストの対象となりにくく、個別の銀行等にとって収益改善に向けた決済の効率性向上には資源を投入しても、決済リスク削減策に注力するインセンティブには乏しい。加えて、決済インフラの維持に向け公的資金の注入や預金保険による補償の法的枠組みが整備されていることの副作用として、モラルハザードの問題が金融機関の外部性問題の1つに挙げられる。モラルハザードとは、例えば収益力脆弱な銀行等が1千万円まで預金保険が付されていることで集めた資金をハイリスク事業に注ぎ込むなど、当事者が自分の行動の結果への責任を負わないと考えてリスクテイクする傾向のことである（IADI [2013] p.3）。

株式会社であれば株主有限責任の下で、高収益が得られる反面で生起確率は極めて低いが著しい損失が発生するリスク（テイルリスク）を内包した投資案件について、リスクが顕現化した場合には、金融機関（株主）の損失は有限責任にならざるを得ないので、その損失の大半は社会（政府、納税者、大口預金者等）に帰属する。一方、高い収益が実現したした場合には、その利益は金融機関に帰属するので、金融機関はリスクテイクに走りがちである。加えて、テイルリスク事象が顕現化すると、もはや個別の金融機関が対処できる事態ではなくなるので、政府が然るべき対策（公的資金注入等）をとるはずだというモラルハザードも、過剰なリスクテイクを後押しすることにな

1　金融機能安定化法により1998年3月に大手行・一部地銀に対して総額1兆8,156億円が、また早期健全化法に基づき1999年3月に大手行等に対して優先株6兆1,592億円、劣後債・劣後ローン1兆3,000億円の計7兆4,592億円が、それぞれ投入された。その後も、預金保険法102条1項1号措置としての資本増強（2003年6月）、金融危機対応会議を経て預金保険法102条1項3号に基づく特別危機管理銀行措置の発動（2003年11月）などが行われた。

る。いわば「表が出れば、私（金融機関）の勝ち、裏が出れば、あなた（政府＝納税者）の負け」というゲームのルールの下で、リスクテイクに走らない者の方が愚かとも見られかねないのである（池尾［2013］97頁）。

過去にも1980年代初めに著しく資本を毀損した米国S&Lの中には、仮に失敗しても損失を被るのは自分達（経営者や株主）ではなく預金者や連邦貯蓄貸付保険公社と考え、ギャンブル的な投資を行う傾向があった（Dewatripont and Tirole［1994］（北村・渡辺［1996］90頁））。融資政策等の失敗によって多額の不良債権を抱えて自己資本が減耗している銀行等経営者ほど、モラルハザードによる過剰なリスクテイクを誘発し、ひいては無謀なリスク選択によって起死回生を試みる結果として、経営が脆弱な銀行等ほど経営状態は一層悪化しがちである。モラルハザードを抑制するための実効的な対策を取らないと、過剰なリスクテイクは預金保険者または納税者への損失を増加させ、経済上の資源の誤った配分を招いてしまうので、そうならないために監督当局の事前的介入が求められる[2]。

監督当局の関与が正当化されるのは金融機関業務のシステミックな公益性・公共性とともに、預金者保護の要請とも密接不可分の関係にある。近年、銀行における外人株主比率の上昇もあって、コーポレート・ガバナンスにおいて株主価値向上を強調する銀行が珍しくないなど、以前の規制業種特有のガバナンス面の後進性は薄れてきたが、株主と並んで預金者というステークホルダーの利害関係を重視しなければならない構造は不変である。これは、以下に述べる通り、一般事業会社の場合に比した銀行等のコーポレート・ガバナンス構造ないしステークホルダー構造の特殊性に起因している。すなわち、

① 一般事業会社の債権者としては貸付金融機関が容易に想起されるが、金融機関に対する債権者として圧倒的大多数を占めるのは、預金者である。一般事業会社では預金は貸借対照表上の資産となる一方、金融機関の場合

---

[2] なお、その他の外部性問題として、金融機関が販売する金融商品やサービスについて、顧客が有している情報が十分でないために、顧客が自身にとって最適な判断を行うことが困難になる「情報の非対称性」問題も挙げられる。金融商品の情報量あるいは情報咀嚼能力については金融機関と顧客との間では大きな差異があり、これを克服するためには各顧客が努力することも求められるが、それには限度があり、社会的コストを最小化するという観点からも法的規制が必要となる（現に適合性原則等によって規制されている）。

には、資金調達手段として振り込まれてくる預金は負債に計上される。預金者からみると、預金は銀行等に対する無担保債権となる。

② 預金者にとって無担保という無防備な債権であることは、従来、金融機関の信用力に対する圧倒的な信頼が暗黙の前提になっていて、あまり意識されてこなかった。しかし、近年は金融機関の経営破綻は珍しくなくなったほか、ペイオフが全面解禁（2005年4月）されて久しい。

③ 預金者全体としては圧倒的多数を占める利害関係者でありながら、一般に比較的少額かつ不特定多数であるが故に、一般事業会社にみられるような強力なメイン債権者（メインバンク等）によるガバナンス面での影響力を直接的に行使し得ない。預金保険制度による事後的な救済措置を受けるのみである。そこで、預金者の代弁者として監督当局が事前的に関与する意義が認められる。

銀行のコーポレート・ガバナンスは、本来会社法の問題であるが、上記のような他産業にはない大きな特徴を有しているため、会社法の規制を超えて、特別に金融監督法（銀行法）規制の対象となる。金融監督法の代表としての銀行法をみると、銀行業の公共性・信用秩序の維持・預金者保護といった目的規定（銀行法1条）のほか、報告・資料提出・立入検査・業務停止・免許停止等の規制（同法24条以下、52条の11以下、52条の31以下）が設けられている。また、不良債権処理の局面では、立入検査（同法25条、52条の12、52条の32）における金融検査マニュアルなどの規定も過去には、直接的、間接的に銀行のコーポレート・ガバナンスに影響を与えてきた。また、金融機関の破綻は、不特定多数の預金者といった多数の利害関係人に影響を与えるために、預金保険という破産法とは別の観点の考慮も必要となってくる（越智［2008］26-28頁）。

(2) プルーデンス機能における監督当局の役割

金融システムの安定に向けた公的介入は、一般にプルーデンス政策（prudential policy）と呼ばれ、事前規制（参入規制、健全性規制等）と事後規制（ペイオフ、公的資金投入等）に分けられる。事前の健全性規制の支柱は、1998年に導入された自己資本比率規制と、これにリンクした早期是正措置である。事前的

に問題の芽を早期に発見、改善できれば破綻を未然に防ぐことも可能であり、結果として破綻処理コストの抑制につながると同時に、発動ルールの明確化により行政の透明性確保にも資する。他方で被規制サイドに対し、規制自己資本比率が一定水準を下回ると業務改善命令や業務停止命令という形で公的な経営介入を予想させることで、社会的に適切な行動に向けたインセンティブを生み出す理論的含意がある。

一般事業会社において、株主、債権者などが経営に介入する可能性があるということは経営者のインセンティブに影響を及ぼすが、銀行などの金融仲介機関も潜在的に逆選択やモラルハザードの問題を抱えた1つの企業であり、もし銀行が過度の負債に陥ると規制当局による干渉の引き金を自動的に引くという点で、負債契約と一種の類似性をもつ（Dewatripont and Tirole［1994］（北村・渡辺［1996］ⅲ頁））。銀行の支払能力が一定水準を下回ったときに、銀行に対するコントロール権が株主から債権者（小口預金者の代弁者である監督当局）に移転する介入メカニズムは、経営者を事前的に規律付ける効果も創出する（Dewatripont and Tirole［1994］（北村・渡辺［1996］6、29頁））。このように一般事業会社の債権者が有するコントロール権と類似した他のプルーデンス規制としては、公的資金を享受する銀行に対し、経営合理化（役員数、従業員数、役員報酬、人件費等）の「経営健全化計画」を通じた当局による密度の濃い定期的監視も挙げられよう。

また、2002年に当初導入された早期警戒措置は、監督当局が銀行の各種指標を常時観察し、計数に警戒を要する兆候がみられ経営改善が必要と認められる金融機関に対して、原因及び改善計画等についてヒアリング等を行い、必要な場合には、銀行法24条に基づき銀行に対して直接に報告を求めることを通じて経営改善を促す制度である。早期是正措置に至らない銀行であっても、行政上の予防的、総合的な措置を講ずることにより金融機関に早め早めの経営改善を促していくものであり、同制度は近年における時代環境の変化に応じ内容の見直しが進められてきているが、こうしたモニタリングを通じても経営者に対して規律付けのインセンティブが付与されよう。

なお、2017年3月の「金融モニタリング有識者会議報告書」では、金融機関に対して持続可能なビジネスモデルの構築を促すことが重要との視点から、最優先課題が不良債権処理から低金利長期化による収益力低下への対応

に移行してきている状況を踏まえ、監督・規制のあり方に関しても見直しが必要としていたが、同年12月には金融庁から「動的な監督」(金融庁[2017b] 13頁以降)への移行が表明された。金融庁は不良債権の扱いや管理体制の不備を細かくチェックする従来の手法を転換し、金融機関に人口減少や低金利環境下でも持続的に収益をあげられるモデルづくりの推進に向け、検査局を廃止し金融機関との対話を重視するとともに、「金融検査マニュアル」も2019年4月以降を目途に廃止する意向にある(金融庁[2017b] 29頁)。また、事業の成長性や営業力等の事業性を評価した融資が実行されているかに着目し、金融庁から公表(2016年9月)された「金融仲介機能のベンチマーク」という枠組みの下で、銀行が地元の中小企業をしっかり支援しているか(リスクテイクしているか)をモニタリングしていく流れにある[3]。

　上記のように、このところのわが国における新しい金融行政の立ち位置は、歴史的に見ても国際的に見てもかなりユニークなものと言える。翻って、過去に米国では、オフサイトでの監督に傾斜し1970年代後半から80年代前半にかけてオンサイトの検査間隔が空き、検査官の数も大幅に減少した結果、80年代後半の金融危機を受けて検査官の数を増やしたものの、不慣れな検査官が多く効果的な検査を行うのは困難となった失敗を踏まえ、その後は検査間隔を空けずに実地検査を行い問題の早期発見に努めるようになった(越智[2008] 215-216頁)。こうした歴史的教訓も念頭に、同時に先述した銀行規制の伝統的理論も踏まえると、監督当局がプルーデンス機能を著しく制約することは将来への禍根を残すことになりかねないのであり、部分検査や日本銀行考査との連携強化など効率化策を交えつつ、金融仲介機能とプルーデンス機能のバランスのとれた政策対応への配慮が忘れないと考えられる。

3　持続的な成長に向け金融(監督官庁)も貢献していく理念・理想は理解できるものの、その方策には慎重な配慮が必要である。金融庁が集積した業界情報をプラットフォームとして役立てるのは良いとしても、金融ビジネス自体の「収益やビジネスモデルの持続可能性」(金融庁[2017b] 13頁)に精通しているのは民間主体であって、監督官庁がコンサルタントの任にはないことは言うまでもない。民間ビジネス(リスクテイク)に踏み込んで介入することは武家の商法ともなりかねず、被規制主体は「ご指導ありがとうございます」としか言えないであろうが、結果的に不適切な資源配分を惹起しかねない点には十分な留意が必要であろう。

(3) 信用外部性とマクロプルーデンス政策

　グローバル金融危機の後、バーゼル銀行監督委員会から、金融危機の再発を防ぐための包括的な対応策として、より厳しい自己資本規制や流動性規制などから成る国際規制ルール「バーゼルⅢ」への見直しが行われ、自由放任的な銀行システムの過剰なリスクテイキングの抑止に乗り出した。そこでは、自己資本比率の分子である自己資本の損失吸収力の改善やプロシクリカリティの緩和に加えて、定量的な流動性規制である流動性カバレッジ比率や安定調達比率、銀行の過剰なレバレッジの抑制を図るレバレッジ比率という新たな規制も導入された（図表5-2）。また、カウンターシクリカルな自己資本規制の見直しと併行して、金融商品会計基準（IFRS第9号等）においても発生損失モデルから予想損失モデルへの改訂が行われたほか、金融システムをマクロ的な視点から分析・評価し事前的な対応策を講じる「マクロプルーデンス政策」の必要性が規制当局に広く認識されるようになった。

　ここで特に強調しておきたいのは、仮にモラルハザードがなくても、金融機関の個々的には合理的な選択の結果、社会全体として過剰なリスクが生産

図表5-2　バーゼルⅢの全体像

- 資本水準の引き上げ
  - 普通株等 Tier1 比率、Tier1 比率の最低水準を引き上げ
- 資本の質の向上
  - ①普通株等 Tier1 に調整項目を適用
  - ②Tier1、Tier2 適格要件の厳格化

自己資本比率 ＝ 自己資本 / リスク・アセット

- 定量的な流動性規制（最低基準）を導入
  - ①流動性カバレッジ比率（ストレス時の預金流出等への対応力を強化）
  - ②安定調達比率（長期の運用資産に対応する長期・安定的な調達手段を確保）
- リスク捕捉の強化
  - カウンターパーティー・リスクの資本賦課計測方法の見直し
- プロシクリカリティの緩和
  - 資本流出抑制策（資本バッファー〈最低比率を上回る部分〉の目標水準に達するまで配当・自社株買い・役員報酬等を抑制）など
- エクスポージャー積み上がりの抑制
  - レバレッジ比率 ＝ 自己資本 / ノン・リスクベースのエクスポージャー
- システム上重要な銀行への追加措置
  - システム上重要な金融機関によってもたらされる外部性を減少させるような追加資本を賦課

（出所）金融庁ホームページ（http://www.fsa.go.jp/policy/basel_ii/basel3.pdf）。

され、これに増幅されて金融バブルが生成され得る点である。Lorenzoni［2008］では、競争的なクレジット市場において自由放任的な状況が、非効率なクレジット・ブームを引き起こし金融経済の不安定性を招く可能性があることに関し「金銭的外部性（pecuniary externalities）」という観点から理論的説明を行い、わが国でも加藤・敦賀［2012］等が「信用外部性（credit externality）」を例示しつつ発展的な議論を展開している。そこでは、金融危機を考えるにあたり、「与信（特に銀行信用）に負の外部性がある」（信用外部性）という考え方を用いて、銀行与信の私的な費用（市場金利）は、信用の拡大が金融危機を引き起こすリスクを含めた社会的な費用と比べて低くなっているため、自由競争的な金融市場では、過剰な貸し出しや借り入れ、さらに銀行システムの過剰なリスクテイキングが生み出され、結果として金融危機が繰り返し発生するとされる。

例えば、銀行の過剰なレバレッジ（自己資本に比較して過剰な与信をすること）が発生するメカニズムとして、「個別行が認識する全銀行が同時にデフォルトする危機確率」（レバレッジを拡大する私的な費用）と、「真の危機確率」（社会的な費用）とが乖離する（＝信用外部性）。個々の銀行は個体として正しくリスクを評価し、リスクとリターンがバランスするようにレバレッジを決めているが、他の銀行も同じようにレバレッジを拡大することで、自行を含めた銀行システム全体のデフォルト確率が上昇していることを個々の銀行は度外視してしまう。すなわち、公害問題が個々の経済合理性の追求から招来されるのと同様、個別行レベルでは意図的に（社会的な観点からすると）過大なリスクをとることが合理的な選択になってしまうので、自由競争的な銀行システムは個々の銀行の合理的な判断の結果、全体として過剰なレバレッジに陥る傾向がある（加藤［2012］3-4頁）。

モラルハザードを生んでいないにもかかわらず、競争的な市場で社会的に見て望ましい資源配分が達成されない状況として、米国のサブプライム問題を引き合いに出す以前に、わが国の1980年代のバブル生成期においても、同様の状況が観察されたことを忘れてはなるまい。もちろん、円高不況後の金融緩和的な政策運営など当時に固有な外部環境はあったにせよ、財務的に健全な金融機関においても東西の大手銀行を筆頭に、不動産担保融資等による収益競争に寝食を惜しんでしのぎを削っていた時代であった。いつの時代

もバブル前夜には、収益最大化のために極限までリスクテイクしてしまう金融機関のさがのようなものが観察されるが、そうした収益競争の結果、必ずしも社会的に効率的な資源配分は達成されず、全体として過剰なリスクである信用外部性を蓄積していくことになる。自由放任的な銀行システムが金融不安性（過剰な金融危機）を惹起し得るメカニズムを踏まえたうえで、金融規制やマクロプルーデンス政策の議論を深めていく必要がある（加藤・敦賀［2012］98頁）。

マクロプルーデンス政策における金融監督の関心は、金融システム全体が抱えるリスクに関する横断的・時系列的な分析・評価にあり、システミックリスク指標を用いるなどして、金融セクター全体のリスク及び個別金融機関の行動が金融システム全体に及ぼす外部性の監視に軸足が置かれることになる。すなわち、マクロプルーデンス政策では、システミックリスクを阻止し、システムの安全を保つ事前的規制に焦点を当てており、合理的な個別金融機関の行動がマクロ的な不均衡を生む可能性をどのように把握・規制するのかという視点が重要となる。例えば、現実のセクター間やセクター内の相互依存性を踏まえたテイルリスクを捉える指標として、システミックリスク指標がある。これは様々なデータを使って、トリガー事象が発生した場合に金融システムや経済セクター等に生じる悪影響の程度をリスク指標として計測するもので、その測定手段の1つであるCoVaRは、個別金融機関のデータを積み上げるなどの方法に基づいて、システミックリスク総体への個別金融機関の限界寄与度を捉える。こうした指標は、金融監督の主眼を、金融セクター全体のリスク及び個別金融機関の行動が金融システム全体に及す外部性の監視に移行させるために役立つ（杉田［2010］16頁）。

他方で、上記過程が個別金融機関のデータを積み上げるボトムアップ・アプローチに基づいていれば、監督当局が入手できる情報の質は各金融機関の資産評価の正確さや分析モデルの適切さに依存するので、金融機関側のリスクガバナンスが先決的に重要となる。また、トップダウン・アプローチに基づくマクロデータ（例えば、総与信対GDP比率、レバレッジ比率等）のモニタリングを強化しても、リスクの態様が目まぐるしく変化する世界においては、後追いとなってしまう懸念もあり、さらに言えば、不確実性の下で当局の規制・監督・検査も万能ではなく市場と同様に失敗し得る主体である[4]ので、

金融機関に自律的なリスクマネジメントに向けた自己統制を促す視点の重要性が薄れることはない。近年におけるBISの開示規制やその前提となった統合リスク管理が有効に機能してこなかった教訓も踏まえ、次節で述べるように、比較可能性を高める開示規制要件の統一や内部モデル手法の制限等に向けた見直しが行われている。また、規制の枠組みを超えて金融機関には、計量化し易い市場リスクや信用リスクではなく、定量化の比較的困難な風評リスクなど将来的に信用外部性につながりかねない全てのリスクについて洗い出し、管理することが求められるようになってきている。

3. 外部性制御に向けたインセンティブの活用

(1) BIS規制第3の柱「市場規律」の見直し

監督当局のみならず株主・投資家を含む利害関係者に、金融機関のリスクテイク状況が情報共有されることで、利害関係者にリスクテイクをチェックするインセンティブが高まり、さらに、そうした情報を基に金融機関のコミュニケーションが促進されることは、モラルハザードや信用外部性等の抑制を通じて、銀行システムに内在する脆弱性を補完することにつながり得る[5]。こうした方策が健全性規制等の事前的プルーデンス政策と併用・協調して用いられることで相互補完的な効果も期待できるので、バーゼル銀行監督委員会（BCBS）はバーゼルⅡ（2004年6月に国際合意を公表）から「第3の柱」（The Third Pillar – Market Discipline）として[6]、銀行のリスク状況の適時な情報開示を通じて市場規律を活用する枠組みが設けられている。

しかし、金融危機時に、開示規制の機能が十分に発揮されなかったとの問

---

[4] 金融機関と規制当局の間にも「情報の非対称性」があり、情報劣位の者が情報優位の者を規制するというジレンマを抱えている（池尾［2013］116-117頁）。

[5] モラルハザード問題は、金融機関のみならず、監督当局にも責任問題隠蔽、問題先送り等の形で存在し得るので、当局のモニタリング役としての機能も市場には期待される（Dewatripont and Tirole［1994］（北村・渡辺［1996］ⅲ頁））。また、グローバルな金融資本市場はその瞬時性・スピードの速さを増している一方で、これを制御する役割を担う主権国家の政治的意思決定における民主的過程は時間のかかるプロセスであり、この両者を調整していくため開示による市場参加者の規律付けの意義が認められる（安井［2013］34頁）。

題意識からBCBSは、当時の「第3の柱」に基づく規制上の開示に欠けていた要素である比較可能性等の改善に向け、開示クライテリアの明確化や開示頻度・適時性の向上、規制上の開示情報と会計上の情報との関連性の明確化等を掲げ（BCBS [2014] pp.4-5）、第1～3フェーズの段階的な見直しに乗り出した。その第1フェーズ（BCBS [2015a]）で従来の開示項目（自己資本比率の分母）を見直し様式を統一化した後、第2フェーズ（BCBS [2017a]）では、既に最終化された各種規則文書に含まれる開示要件が1つの文書に統合されるとともに、直近の各種規制の策定や見直しに関連し新規の開示要件（雛型）が示された[7]。さらに、2018年入り後に第3フェーズの市中協議文書が公表され、既往政策見直し案件とも整合的なリスクアセット等に係る開示改定に向けた議論が進められている。

なお、開示標準に向けた見直しと併行して、同じく情報の比較可能性を高める観点から、自己資本比率規制の分母であるリスクアセットのばらつきの問題への対応（自由裁量の抑制）も議論された。すなわち、BCBSから、各国・地域におけるバーゼルⅢの適用の一貫性や完全性を検討することを目的として、規制整合性評価プログラム（RCAP）を実施してきた中で、同様のリスクエクスポージャーを抱えている先であってもリスクアセットのばらつきが大きいとの問題提起があり（次頁図表5-3）、その原因としてデフォルト確率などの各行のパラメータ計測方法の違いが挙げられた（BCBS [2013]）。この

---

[6] バーゼルⅡで採用された「3つの柱」はバーゼルⅢにも踏襲されている。「第1の柱」は最低所要自己資本を規定する。「第2の柱」は、第1の柱の対象となっていないリスク（信用集中リスク、銀行勘定の金利リスク、風評リスク等）も含めて当局が検証する。「第3の柱」は、市場規律の活用として、最低所要自己資本に関する情報やその他リスク管理情報の義務的開示が求められる。

[7] 具体的には、①既に最終化済みの「レバレッジ比率」、「流動性比率」、「銀行勘定の金利リスク」等に関する開示項目が統合され、②開示の質を高めるため、規制上の主要数値（自己資本比率、レバレッジ比率、流動性比率等）の時系列推移を一覧できる開示雛形が追加された。また、③「総損失吸収能力（Total Loss Absorbing Capacity：TLAC）」及び「マーケットリスク」規制の内容を踏まえた開示項目の改定及び追加などが行われ、評価の健全性を担保するための調整（Prudent Valuation Adjustments：PVA）に関しても、そうした各種評価調整の詳細をリスク要素別に示す開示雛型を新たに定めた。ここでPVAとは、バランスシート上の金融商品等の会計上の公正価値に、将来の不確実性を考慮した調整を加え、普通株式等Tier1資本から控除するバーゼル規制上の枠組みであり、例えば大量の有価証券をまとめて売却すると想定した市場価格で全てを売却できず、財務諸表に示される時価とズレが生じる場合に、このうち会計で捕捉していない部分を開示するものである。

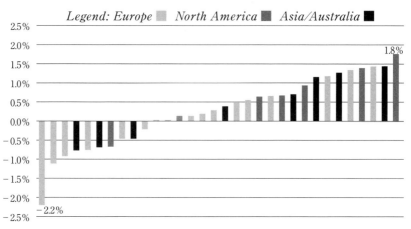

図表5-3 リスクウエイトのばらつきによる自己資本比率への影響

(注) 仮想ポートフォリオに基づく各行のリスクウエイトを全32行のリスクウエイトの中央値に変更した場合に、ベンチマークの自己資本比率（10％）からどれだけ乖離しているかを表示している。そこでは、欧米亜の主要行が同一ポートフォリオの下で各々の内部モデルで計測した結果、自己資本比率ベースで最大4％もの差異が生じることが判明し、こうした過度なばらつきの軽減に資するため、リスクアセットの比較可能性や透明性の向上が喫緊の課題となった。

(出所) BCBS［2013］p.8. を基礎にコメントの一部を加筆。

ため、銀行等の内部モデル手法[8]を制限する標準的手法や資本フロアー等の採用がここ数年議論されてきたが[9]、2017年12月に国際的な最終合意に至った（BCBS［2017b］）。

先述した開示規制見直しを通じ、主に、①開示内容については、従来の開示要件は叙述的で比較可能性に欠けるとの批判を踏まえ項目別に開示雛型を提示するとともに、推移を概括的に把握可能とする趣旨から主要規制指標の

---

[8] 規制自己資本比率のリスクアセット算定上、内部モデルに基づくリスク量の先進的な計測体制が当局から適切と認められれば、銀行は自らのモデルに依拠した算定を行うことができる。そうした内部モデルの多くは精緻化によりリスク量が小さくなり自己資本比率が上昇することがあるため、銀行側は規制対応コストを甘受しても導入を進めるインセンティブを有している一方、監督当局もリスク管理手法の高度化に資する観点から内部モデル手法を規制枠組みに取り込んできた。

[9] 内部モデル方式は、いわばリスク量の原則主義的な公正価値評価とも喩えることができ、同一の経済的実質の写像が各行毎に重要な差異を生んでいる事実は、異なる分野とはいえ会計上の公正価値測定のあり方を考えるうえでも非常に示唆的と考えられる（この点は補章1にて詳述する）。

定量的時系列情報をまとめて表形式で示した。また、②開示頻度に関しては、四半期、半期、年次の区分で雛形毎に設定されており、主要規制指標に係る開示（様式KM）は四半期ベースとし、資本関連（様式CC）や総損失吸収能力（TLAC）の開示は半期毎に統一するなどした。さらに、③会計上の情報との関連性の明確化として、各銀行の裁量で規制上の開示情報がアニュアル・レポート内に散りばめられ記載されているケースも存在したところ、規制上の開示内容に関し、財務諸表やアニュアル・レポート等の会計情報との区別を明確化した。

今回の見直しに際しBCBSは、適切な開示に向けた5つのガイドライン原則（①明確、②包括的、③利用者に有用、④各期間を通じた一貫性、⑤銀行間の比較可能性）を策定しており（BCBS［2015a］pp.3-4）、そこでは規制上の開示要件に基づく開示クライテリアの明確化による比較可能性向上に、特に力点が置かれているように窺われる。なお、BCBSは、FSB傘下の「銀行の開示高度化タスクフォース」であるEDTF（Enhanced Disclosure Task Force）による開示提言（EDTF［2012］）も勘案したとし、市中協議文書（BCBS［2014］）のAnnexにはEDTF提案との比較表が参考情報として添付されたが、会計情報等も含む幅広い開示を対象とし民間に一定の裁量を委ねるEDTF［2012］との比較では、BCBSによる今回見直しの目的や対象範囲の違い等から重複部分は限定的としている（BCBS［2014］p.69）。

他方、EDTF［2012］では、開示による規律付けという意味ではバーゼル規制「第3の柱」と同じ狙いを持つ一方で、グローバル金融危機に見舞われた欧米を中心に金融機関は市場からの信認を十分には回復しておらず、低品質の情報開示は不確実性に伴うプレミアムを支払わされる可能性があるという基本認識に立っていた。金融機関はリスク管理産業の側面があり、企業価値にはリスクを適切に管理することが重要なウエイトを占めるため、そのリスク情報開示は企業価値創造プロセスと表裏の関係にある。EDTF［2012］によるリスクに関する開示改善提案は、投資家からの高評価とマーケットバリューの好循環に向け、リスクマネーの円滑な供与につながる投資家からの高評価を獲得しようとする狙いがあり、企業価値創造につながるものとして統合報告の方向性とも重なる（安井［2013］32頁）。

EDTF［2012］では、トップリスク[10]とエマージングリスク[11]（top and

emerging risks）を開示し説明する必要性に言及したうえで、金融機関のビジネスモデルとその活動から生ずる重要リスク（key risks）を特定し、引き受ける適切なリスクの量と種類をリスクアペタイト（risk appetite）の形で明確にするとともに、ビジネスモデルに関連させたリスク・リターンの総合管理の観点から記述することが重要としている。戦略リスクや評判リスクなどバーゼルリスク量計測の対象外の事象も含め、横並びの開示クライテリアでは表現し切れない各行の個別性・特殊性や、各行固有のデータや実務を踏まえて導入しているマネジメント情報をリスクアペタイトの枠組みで「見える化」し、差別化されたシグナルとして統合報告を通じて開示することは投資家にとっても有用であろう。ミニマムの標準化された比較可能性のある開示規制とともに、各行の自由裁量による任意開示は両立し得ると考えられる。

(2) 統合報告によるリスクアペタイトのシグナリング

システミックリスクを発生・増幅させる経済的背景には、金融取引における情報の不確実性も関係しており、バブル生成期において循環変動や一過性のブームが長期トレンドと過信されると、経済主体は負債（企業、家計等）と貸出（銀行）を増加させ、リスクの大きな資産を取引することにより、事後的にシステミックリスクをもたらす金融不均衡が目に見えない形で一段と蓄積されていくことになる。貸し手、借り手とも、経済主体が事前段階で足許の上方トレンドにおけるバブル性を判断することは非常に困難であるものの、将来の不確実性（リスク）が大きいと認識できれば、事前的に誰にも分からない制御不能な将来リスクには保守的に対応する人間の知恵（習性としての保守主義）を働かせる余地が出てくる。その前提として、金融機関には、通常では想定し難い極端な状況、事象、結果を考慮に入れ、収益、資本、資金調達や流動性に対する潜在的リスクも含め認識・開示していく必要がある。

とりわけシステム上重要な銀行（G-SIBs）には、テイルリスクをとることでリターンを追求するインセンティブを生まないよう、実効的なリスクマネ

---

10 例えば、各種のリスクシナリオが顕在化した場合の影響度と蓋然性等に基づき重要度を判定し、主に1年以内に経営上特に重大な影響があるリスクである。
11 現在まで発生または認識していないが、外部環境の変化等により新たに出現したり変化したりするリスクである。

ジメントの整備とともに、そうした情報の各経済主体への開示を通じて、自己規律効果を働かせていく必要があろう。同時に金融危機後は、EDTF［2012］のように外部性を内包した金融機関のリスクテイキングに対し透明性・説明責任を求める国際的ニーズが高まる中で、金融機関サイドには、適切な管理フレームワークが整備されていることを外部の利害関係者に周知し情報の非対称性を緩和することは、より高い評価を得て投資家を呼び込むシグナリングとなり得ると考えられる。そこでは、定量化・集計化されたリスク量だけでは捕捉困難なリスクも含め、後述するようにリスクアペタイト・フレームワーク（RAF）の下でリスク・リターンの経営管理態勢を「見える化」していかなければならない。

　規制上の開示（第3の柱）では、開示クライテリアの明確化によって市場による横並びでのチェック機能をより引き出そうとする方向での見直しが進められており、これ自体は投資家の判断を手助けし市場規律を引き出し、全般的なリスク管理水準を平均的に向上させる方策としては有効である。ただ、規制は画一的で個別事情は勘案されないため、被規制サイドは規制のクリア自体が自己目的化しかねない。リスクテイクに対する開示による規律付けには、開示主体自身によるガバナンスの強化が前提となるので、金融機関のガバナンスの中にリスク管理その他、規制目的を達成するための仕組みが自発的に組み込まれることが重要であり、各行固有のコーポレート・ガバナンス構造の高度化に向けたインセンティブがビルトインされなければならない。

　銀行のリスク実態やコスト構造は私的情報であり、銀行自身が一番よく知っており、エージェントである銀行自らがモラルハザードや信用外部性を起こさない経済主体であることを、プリンシパル（株主や預金者〈その代弁者としての監督当局〉）にリスクアペタイト情報等の統合報告を通じてシグナリングできれば、誘因両立的に市場規律を通じた自律的・継続的・実質的なガバナンス改善も見込まれる。開示規制を補完する観点から、統合報告書は、外部性への対応をマネジメントの文脈で開示する試みとしても活用可能であり、金融機関の企業価値創造の重要な源泉となるリスク情報の差別化された発信を通して、投資家にとっても、システミックリスク対応として経営者がどのようなストレステストを行い、それを踏まえてどのような姿勢でマネジメントしているか、それが中長期的な利益やボラティリティの健全化にどう結び

付くか等の理解が深まることになる。

　折しも、わが国ではメガバンク（G-SIBs）を中心に、2015年度から、RAFに関する情報を統合報告で開示する動きが広がっている。例えば、みずほ銀行は、RAFの導入目的や運営体制などを掲載しているほか、MUFGでもリスク管理の詳細な説明の中でRAFの導入について言及している。また、2016年度から三井住友銀行も、統合報告書の中でRAFの運用について説明している。RAFでは、リスク・リターンを意識した経営管理の枠組みの中で、新たに今までリスクの計量化が困難であった領域（流動性リスク、レピュテーショナルリスク、コンダクトリスク等）についてもカバーし得るものとして、未経験のシナリオを含め近い将来に起こりかねないストレス（リスク）をシミュレーションするフォワードルッキングな視点も強調されている（SSG [2010] p.5）。

　金融安定理事会（FSB）はリスクアペタイトを「金融機関が、自己の戦略上の目的と事業計画を達成するために、自己のリスク負担能力の範囲で受け入れる意思のあるリスクの種類と水準の合計」（FSB [2013] p.3）と定義しており、RAFは、短期的な目標達成のために将来価値を毀損することなく一貫性かつ規律ある戦略を推進することを企図しているが、アペタイト（appetite）という語感もあって、過去に邦銀の中には、収益上積みに向け積極的にリスクテイクしていくツールであるかのような偏った受け止め方もみられた（川橋 [2017] 14頁）。しかし、金融危機を引き起こした欧米金融機関の問題の背景には、収益改善圧力を背景としたアグレッシブなリスクテイク姿勢があり、RAFは単なるリターン追求を目的とした一面的なものではなく、引き受けるリスクの明確化・適正化、健全なリスクテイクに向けた自己統制に役立つものとしていかなければならない[12]。それは結果として長期的な企業価

---

[12] RAFはリスク・リターンを意識した経営管理の枠組みであるが、海外ではリスクガバナンスを強化するツールとして活用されており、どのようなリスクをどれだけ、どのようにとって、どのくらい収益をあげるかに関する中長期的なガイダンスと位置付けられている（川橋 [2017] 6、16頁）。他方で、わが国では先述したように地域金融機関を念頭に金融仲介機能をより重視した政策運営に傾斜していく中で、金融庁の平成27事務年度金融行政方針において、リスクアペタイトに関し「収益最大化を含むリスクテイク方針全般に関する社内の共通言語……」と、従来に比べ収益面（リスクテイク）に踏み込んだ定義を示したこともあり、関係者の間でRAFはリスクテイクを推奨するツールであるかのような偏った捉え方が再燃しかねないことが懸念される。

値の向上に結び付くものであり、その意味でも統合報告との親和性が高いと考えられる。

　統合報告は、投資家等向け情報発信という意味では「第3の柱」と同じ趣旨であるが、より差別化された情報発信を通して、投資家とのコミュニケーションの増進に資するツールとして役立てられ得ると同時に、内部利害関係者である役職員やグループ内の国内外関係企業に共通の情報プラットフォームとしても活用可能である。RAFを仕組みとして導入するだけでなく、その理念を組織の風土に根付かせる必要がある。金融機関のリスクテイク行動は当該組織の企業文化と深く結び付いており、グローバル金融危機の根源的な原因としてリスクカルチャーの脆弱性も指摘された（FSB [2014] p.1）。RAFの実効性は組織のリスクカルチャーと密接に結び付いており（IIF [2011] p.18）、企業文化は、金融監督を通じてではなく、金融機関自身の努力により改善すべきものである（Fed [2015] p.17）。

　そのためには、経営陣は統合報告による分かり易いメッセージを通じて、経営理念・戦略・方針に沿ったリスクアペタイト（どのようなリスクをどこまでとることを許容するか）の枠組みを明確に示すことが求められる。そうした「見える化」によって外国人社員あるいは子会社・持株会社等グループ企業内・企業間の意識統一を含め、関係各層のリスク管理に係る行動規範・価値基準（組織として何をすべきで何をすべきでないか）を統一し、透明性のあるリスクテイキングに導いていかなければならない。そのためには、信用外部性の増殖を抑える銀行内の社会関係資本（Social Capital）として、組織各層での牽制機能を実効化するリスクカルチャーが醸成され根付いている必要があり、そうした蓄積を外部からも窺い知れるような情報開示も望まれるのである。

4．おわりに

　統合報告によるRAFのシグナリングは、投資家などのステークホルダーとの対話に資するという対外的効果だけでなく、社内外への同時発信による開示規律を通じて、リスクカルチャーを取締役会から末端の社員まで組織内

部に浸透させることに役立つ効果も期待される。現場の融資・審査業務等で過去に積み上げ、継承してきた組織内のディシプリンやノウハウが集積したリスクカルチャーは、信用外部性にも強力な防波堤になり得る。他方で、いくらリスクアペタイトの枠組みを決めても個々の行員に健全なサウンドバンキング思考が身に染みていなければ、いずれは短期的な収益最大化に向けて枠組みの隙間や枠組みが想定していない商品や手法を考案するなどして、過剰なリスクテイクを極限まで推し進めようとするインセンティブを排除できなくなる。

　リスクカルチャーは長期的な企業価値を毀損しないための経験的知恵の習慣化として、そうした金融機関行動（ないし人間行動）に潜在するさがのようなものに抗するための最後の砦であろう。そして、リスクカルチャーの定着には経営陣によるリスクガバナンスが決定的に重要となる（FSB [2012] p.1, BCBS [2015c] p.4）。実際、リーマンショックで明暗を分けた主要因としてリスクカルチャーを挙げる国際調査がみられる（Farrell, Michael, and Hoon [2009]）ほか、過去のバブル前後における国内外の金融機関の栄枯盛衰をみても、最終的にはリスクカルチャーやリスクガバナンスの差が明暗を分けるように窺われる[13]。

　金融機関の業務は同質性が高いので、他の銀行が先行して儲けたビジネスモデル（日本の不動産担保融資、アメリカの自己勘定型証券化ビジネスなど）を、他行が先行者に倣って一斉に走り始めてしまう。そうした模倣行動は、業界横並びでの収益競争（業界内ランキング競争）に拍車される形で、また役職員の個人的な昇進や報酬ともリンクする形で、背伸びをしたリスクテイクが拡大するようになる。そして目論見通り短期的に収益も拡大するので、さらにリスクテイクを上乗せする結果、銀行システム全体のデフォルト確率が上昇してしまう。そのことを個々の銀行は度外視してしまうため、社会に許容不能なリスクとしての信用外部性が蓄積されてしまう。過去の経験では、そこに必ず何らかの資産価格の右肩上がりの上昇が、暗黙に仮定されてしまうようになる。それは時代によりチューリップであったり、金融工学の粋を集めたCDOだったりするが、問題はそこで「天まで伸びる木はない」という不都合な真実に盲目になってしまうことである。

　この先もほとぼりが冷めた頃に再び新手の「木」が登場してくるであろう

が、資産価格の反転・下落リスクを念頭に、RAFの下でストレステストなどを通じて、短期的収益最大化への「食指（アペタイト）」を自ら省みると同時に、そうした自己規律を補完する開示規律の発揮も望まれるのである。金融機関内における行動と文化の持続的な変化を達成することは、息の長いコミットメントを必要とする長期的な挑戦であり（IIF［2012］p.9）、その際、経営陣自身が「金融は経済の補佐役であるべし」というサウンドバンキングのリスクカルチャーが身に染みたバンカーとして、健全なリスクテイクの基礎となる統制環境やリスクガバナンスを率いて欲しいものである。

13　個人的逸話として斜め読みしていただきたいが、私の知人で大手都市銀行に就職し都内有数の一等地の大規模支店でバブル当時、若手融資担当者として頭角を認められていた彼が、当時の異常なまでの不動産転売取引（いわゆる土地ころがし）に融資を付けていく有り様に、「自分の価値観として実体を伴わない社会的にも疑問な融資に、儲かるだけでこれ以上前のめりになることはできない」と率直に支店長に申し出たという。そのような申し出の気持ちを起こさせる行風があったが故の行動だとは思うが、その支店長も「君の価値観がそういうことなら」と申し出を受け入れる度量を示したという話を聞いて唸ってしまった。その後、支店長は栄転し彼が処遇面で不利益を被ったという話もついぞ聞いていないが、その都銀は、バブル崩壊後の淘汰・再編の嵐に飲み込まれなかった稀有なメガバンクとして、今に至っている。

　もう少し証拠力（因果関係）のある逸話ということで続けさせていただくと、米国サブプライム問題の背景を取材したNHKスペシャル「マネー資本主義」（2009年4～7月、全5回）では、日頃公の場に出てこない投資銀行関係者の多くにインタビューが行われ、その模様を当時興味深く視聴した。その中で、ソロモン・ブラザーズ副会長だったヘンリー・カウフマン氏は、90年代の自己勘定型証券ビジネスの急拡大に事前的に警告を発していたが、自己資金の何倍もの借入金で投資を続ける歯車を押しとどめることはできず、組織外に切り捨てられていった（ソロモン・ブラザーズはその後再編された）。皮肉なことに、その後、カウフマン氏は、リーマン・ブラザーズ（後に破綻）の取締役となって同様の憂き目に会うのだが、投資銀行同士が過剰な競争にしのぎを削った当時を振り返り、「銀行は許されれば手元資金が尽きない限りどこまでもリスクを取る」、「音楽が続く限りはダンスをやめようとはしない」としたうえで、「金融は経済の補佐役であるべし」と述懐していたのが印象的であった。

　今はなき名門ソロモン・ブラザーズやリーマン・ブラザーズにおいて、その過剰なリスクテイク（レバレッジ拡張）は、アグレッシブな経営トップが先導する取締役会の方針として決定されたのである。投資銀行ビジネスを先駆的に牽引したソロモン・ブラザーズ会長のジョン・グッドフレンド氏は、「ゴールドマンサックスもモルガン・スタンレーも我々のやり方が儲かると知って真似を始めたから、次の仕事の開拓を続けなければならなかった」と振り返り、「私に言えるのは、天まで伸びる木はないということだ」と絞り出すようにインタビューを締め括った。

第6章

粉飾決算と監査の失敗による外部性

1. はじめに

　粉飾決算等を見逃す「監査の失敗」の問題を巡っては、グローバル金融危機当時、公正価値評価等を巡り欧米銀行を中心に帳簿上及び簿外に隠れていた巨額の損失が明らかになるにつれ、会計監査人がどうして無限定適正意見付監査報告書を提出することができたのか、監査報告書を字義通り信頼して良いかという監査意見そのものに対する疑念を生み(European Commission [2010] p.3)、国際的な議論が積み重ねられてきた。そうした中、2011年11月に欧州委員会から発出された監査規制改革案等では、国際的な問題事例として、アングロ・アイリッシュやリーマン・ブラザーズ、サティヤムなどと並んで、わが国のオリンパスも例示されていた[1]（同改革案は2014年に欧州議会等で承認のうえ2016年6月に導入された）。

　わが国における監査の見直しは、2013年3月に「監査における不正リス

---

[1] Reforming the Audit Market- Frequently Asked Questions, I-3.

ク対応基準」(以下、不正リスク対応基準) として結実し、当該基準は「職業的懐疑心の強調」を1つの柱に2014年3月決算に係る財務諸表の監査から適用された。しかし、当該基準適用後の2015年3月決算を巡り東芝事件が発覚し、公認会計士・監査審査会 [2015] は担当監査法人に対し、「リスクの識別、リスク対応手続の策定等にあたり、職業的懐疑心を十分に保持・発揮していない」、「監査証拠の十分性及び適切性について検討する姿勢が不足している」と勧告[2]するなど、監査人サイドにおいて会計上の見積り情報等に対して依然として職業的懐疑心が十分に発揮されていない実態が浮き彫りとなった[3]。

こうした状況下、重要な虚偽記載を見逃さない深度ある監査手続の実効性を確保するには、規制主体の関与を強めるだけでなく、被規制主体である監査人が不正の疑義解明に向けて自律的改善意欲を高める誘因両立的な制度インフラの充実も重要と考えられる。情報経済学的なアプローチでは、情報を経済財として扱い、情報の外部性や非対称性に伴う問題などを考慮しつつ情報提供のあり方を検討するアプローチが採られる。情報の非対称性や不完備な契約が存在する状況において、最適なインセンティブ(誘因)設計を分析する方法論として契約理論があり、そこで契約とはインセンティブの問題の解決目的で設計される仕組みの総称とされる (伊藤 [2003] 2頁)。契約が取引から生じる利益を完全に効率的な水準で実現できるような形で事前に書かれていないとき、そのような契約は不完備契約と呼ばれ (伊藤 [2003] 361頁)、取引に関わる契約や制度等を意図的に工夫し、効率的に行動するインセンティブが生み出される状況を作り出す必要がある。

監査サービスも経済財としての情報を提供しており、契約理論の適用可能領域である。監査における契約・法制度等が本来的に望ましい状態を実現できていないとすれば、契約理論の知見も採り入れて、まず行動の基盤となっているインセンティブの内容を的確に理解したうえで、次に所期の目的を達

---

[2] 2015年12月15日の勧告を受けて金融庁でも、担当監査法人に対し職業的懐疑心の不足などから過失による虚偽証明を認定し、同年12月22日には3か月の新規契約に係る業務停止命令を含む行政処分等が下された。

[3] こうした状況も踏まえ、2016年1月27日に発出された公認会計士協会・会長通牒「公認会計士監査の信頼回復に向けた監査業務への取組」では、「職業的懐疑心をもって監査を実施しているかを厳しく自問していただきたい」と結んでいる。

成する望ましい行動に対するインセンティブを引き出すためには、どのような仕組みが必要かを考えなければならない。こうした知見も踏まえながら本章では、経営者裁量が比較的大きく不確実性の高い会計領域（レベル3公正価値[4]等）が拡大していく中で、経営トップが主導する会計不祥事に対する防波堤として、公正価値等見積り情報への監査が実効的に機能していくための方策について考察する。

以下では、公正価値を含む見積り情報における監査リスク要因の高まりや監査認知バイアスを踏まえたうえで、不正リスク対応基準の下、公正価値等見積りに絡んで不正の疑義と判断した局面における深度ある監査を支える方策として、反証的アプローチに関する明示的指針の有用性を論じた後、契約理論の思考枠組みを援用した監査人のインセンティブ分析に基づき、職業的懐疑心の発揮に資する幾つかの制度改善の視点を提供する。そこでは、まず、監査品質に係る「情報の非対称性」解消を通じて監査関連主体（監査人、会社、情報利用者等）のインセンティブ循環に資する観点から、会計上の見積り等に関する監査報告書での「監査上の主要な検討事項（Key Audit Matters：KAM）」開示の意義について、エージェンシー問題等（逆選択、モラルハザード）の文脈で論じる。

その際、見積り等に紛れた不正の疑義を監査人が懐疑心に基づいて解明していく過程では、当初の契約段階で織り込まれていなかった監査資源を事後的に再投入するため、監査時間や監査報酬の引き上げ交渉も必要となる。さらに現実に不正当事者かもしれない経営者の強硬な抵抗に遭遇した監査現場では、金融商品取引法（以下、金商法）193条の3（法令違反等事実発見への対応）を発動することも視野に入れて不正の疑義を解明していくことが求められる。こうした観点から次に、「経営者等と対峙して臆することなく」（金融庁［2016］8頁）手続を進める必要が生じた場合、その足枷となりかねない「隠された意図」に起因するホールドアップ問題として、監査報酬の事後的な引き上げ交渉あるいは金商法193条の3の適用の局面を採り上げ、不完備契約

---

[4] 国際財務報告基準（IFRS）第13号「公正価値測定」では、評価技法へのインプットで区分した公正価値ヒエラルキーを規定しており、そこではレベル1（活発な市場における同一の金融資産または負債に関する公表価格）、レベル2（直接的・間接的に観察可能となる公表価格以外のインプット）、レベル3（観察不能なインプット）に区分される。

図表6-1　契約理論からみた監査の情報問題等

	逆選択	モラルハザード	ホールドアップ
情報問題	監査サービスの品質が不明	監査人の活動を観察ないし評価できない	相手先(経営者、監査役等)の事後的な意図が不明
問題の原因	監査人の特性・能力・性質を隠すことができる	活動の柔軟性ないし幅、モニタリング・コスト	一方的依存関係(監査報酬の増額、金商法193条の3通知後の監査役等対応)
裁量余地の時点	契約締結の前	契約締結の後	契約締結の後
問題処理に資する方策	情報の非対称性緩和(KAM、ガバナンス・コード〈透明性報告書／監査品質に関する報告書〉、AQI等の開示)		事前のコミット(変動報酬契約、セーフハーバー・ルール等)

(出所) Picot et al. [2005] (丹沢ほか [2007] 78頁) を参照し著者作成。

による不効率を予防する理論的視座から誘引両立的な制度改革の方策に論及する(図表6-1)。

2．会計上の見積りの監査におけるリスク要因

(1) 公正価値等見積り情報の不確実性

近年、国際的なネットワークを有する大手監査法人において、公正価値測定を含む会計上の見積りにおける不確実性が、監査における重要論点と識別されるようになってきている(PCAOB [2015a] p.2)。また、わが国でも、品質管理レビューでの改善勧告項目の最上位は見積りの監査が占めている(日本公認会計士協会 [2017a] 16頁)ほか、有価証券報告書の虚偽記載を巡る近時の課徴金事例において、公正価値評価等の資産評価が適切に行われていないケースも少なくない(証券取引等監視委員会 [2015] 10頁)。見積り情報には経営者判断が介在するため、事前的にはその合理性を外部の第三者が検証することが難しい要素が内在しており、最近の傾向として、そうした見積りの不確実性を逆手にとる形での不正の手口も目立ってきている。

公正価値を含む会計上の見積りにおいては、経営者の裁量的仮定に依存するところが少なくないため、会計測定値のばらつきつきが大きいという不確

実性を有しているうえ、経営者の懐にある情報を基礎に判断していることもあり、経営者以外の第三者(監査人、情報利用者)にとって情報の偏在という非対称性が不可避となる。会計監査は、本来、経営者と情報利用者の「情報の非対称性」を緩和するための制度インフラであるが、誠実に監査を行ったとしても、会社の行った見積りプロセスを要素に分解してトレースするだけでは、見積りの不確実性に紛れた意図的な不正による虚偽表示を発見することは難しい(住田［2017］61頁)。実際、2015年に明らかとなった東芝不正会計事件では、工事進行基準に絡んだ恣意的な見積りが行われていたほか、2011年に発生したオリンパス事件でも、複数ベンチャー企業の非上場株式につき実態を大幅に上回る公正価値評価額で買収(のれん計上)するなどし、その資金をバブル崩壊時期に生じた簿外損失の穴埋めとして、のれんの規則償却(ないし減損損失)といった費用で目につかないように処理しようとした。

なお、東芝では、2006年に買収したWH社の多額ののれんに関し、原子力発電を巡る環境が当時とは一変して厳しくなりWH社単独では2012～13年度に減損を実施し赤字となっていたにもかかわらず、部門全体での収益性は確保されている[5]として連結ベースでの減損を2016年3月期決算まで行ってこなかった。2015年3月決算当時の減損見送りの判断に関しては少なからず疑問も呈された[6]ほか、WH社単体での減損の事実は2015年に報道で指摘されるまで公表されておらず、この点は適時開示基準に抵触しており開示姿勢にも非難が集まった[7]。2009年3月期決算における割引率引上げによる退職給付圧縮問題[8]も含め、これらの処理を認めた当時の監査人の判断プロセスはブラックボックスであるが、後述するように、そうした判断の是非は別にしても見積りの監査に係るアカウンタビリティ(説明責任[9])は問わ

---

[5] 2015年3月決算に関する東芝の説明では、明らかになった減損は原発「建設」というWH社の一部門の問題であって、原発の「メンテナンス」部門は順調なので事業部門全体としての収益性が確保されていることから、WH社全体を子会社としている東芝の連結決算上はのれんの減損の必要はないというものであり、これを監査法人も容認していた。

[6] 例えば、井端［2016］13-14頁、富田［2015］26頁、霞［2016］89頁、櫻井［2016］115頁など。

[7] 日経ビジネスオンラインの報道を契機に問題点が顕在化し、少なくともWH社単体での減損の事実を公表していなかったことは、東京証券取引所の適時開示ルールに抵触すると東京証券取引所に指摘され、東芝は2015年11月7日に至り、WH社の減損に係る「補足説明」を公表した。

れて然るべきであろう。

　先述したオリンパス事件における買収ベンチャー会社（国内3社）は非上場であり、そもそも非上場株式には定式化された評価方法（モデル）が確立されておらず、企業価値評価における評価方法選択の妥当性を巡っても固有の難しさがある。見積りの合理性に係る信頼性担保は、価格評価専門会社の関与や監査人のチェックに委ねられることになるが[10]、一般に、モデル化の前提となる仮定の理解には、相当程度の専門知識（ファイナンス理論、統計学等）が不可欠となるので、財務諸表作成者サイドにおける評価専門家の利用のみならず、仮定の合理性の評価が監査人にとって困難であれば、監査人も専門家の業務の活用を検討しなければならない。

　また、不正リスク対応基準の下、不正の疑義と判断された局面では「想定される不正の態様等に直接対応した監査手続」が必要となり、その場合には当初の契約段階で織り込まれていなかった監査資源を事後的に再投入するため、監査時間や監査報酬の引き上げも監査品質を管理するうえで不可避となる。ここで監査品質とは、不正等による重要な虚偽表示を看過していない監査の有効性を示す概念と捉えており、仮に不正当事者かもしれない経営者の強硬な抵抗に遭遇した状況下では、金商法193条の3を発動することも視野

---

[8]　元公認会計士の細野氏が雑誌『世界』（細野［2015a］238頁）、『ZAITEN』（細野［2015b］16頁）において、2009年3月期決算当時、国債金利が2％前後で推移していた中で東芝が割引率を急に引き上げた（2.8→3.3％）不自然さを指摘し、米澤［2016］106頁ではその際の監査法人の対応を問題視している。

[9]　当該責任は法的責任ではなく道義的責任に近く、そうした差異を明確にするためか、わが国のコーポレートガバナンス・コードでは監査人の公益的な「責務」という用語を割り当てている。ただ、「説明責任は法的責任の疑義がある者に求められるのだから」、「道義的責任としての説明責任であっても、それを軽んじると、その者は法的責任への扉を開けることになりかねない」（安藤［2016］3頁）。

[10]　オリンパス事件の非上場会社買収における法外な価額設定は、外部専門家による価値算定報告書を経たものであった。当該専門家が会社の非常に楽観的な前提条件を所与のものとして過大評価に至ったインセンティブ構造は、金融危機の引き金となったサブプライムローン問題において、米欧格付会社によりCDO（債務担保証券）のデューデリジェンスが行われず、結果的に高格付けが乱発されてしまった構図と非常に似ている（越智［2012］35-53頁）。その後、オリンパス事件の教訓も踏まえて2013年7月に改訂された「企業価値評価ガイドライン」（日本公認会計士協会）では、「提供された情報については、詳細な調査、証明、保証といった検証作業に代えて、当該情報が利用可能かといった観点からの検討・分析を行う」ことによって、「非常識・非現実的な情報を受け入れることがないように留意する」とされた。

に入れて不正の疑義を解明していくことが求められる。

　そうした疑義解明の局面では、監査人としても、単に責任回避に向けた隠れ蓑として外部専門家の見解を求めたという外形を整えただけでは、責任を果たしたことにならないことはいうまでもない。公正価値監査などにおいて不正の疑義を認めた後には、後述するように反証的視点で批判的に切り込むことが重要であり、そのためには経営サイドと同等以上の金融工学等の専門知識かつ一定の訓練を経た検証スキルが不可欠となる。このため、監査人が専門家の下した結果の適否等を個別具体的に判断できるよう、監査事務所内での系統だった人材育成も必要となる（吉見［2014］275頁）。

(2)　見積りの監査を巡る認知バイアス

　公正価値測定を含む会計上の見積りに関する監査手続については、国際監査・保証基準審議会（IAASB）から国際監査基準（ISA：International Standard on Auditing）第540号が公表されている[11]。このISA540をベースとして、日本公認会計士協会からも監査基準委員会報告書540が発出されているが、公正価値評価等に際し、一般的に広く知られていない自社開発モデルや観察不能な入力数値を使用した場合などには、「見積りの不確実性」が相対的に高い（A3-4、A25、A46項）としたうえで、モデルの妥当性を確認するため、①モデルの変数の適切性を含むモデルの理論的な健全性と数学的な完全性、②モデルの入力数値と市場慣行との整合性及び網羅性、③モデルの計算結果と実際の取引との比較等の評価を行う（A75項）こと等を求めている。

　上記の「見積りの不確実性」という概念は、監査人にとっての検証可能性の程度と表裏の関係にあり、見積りの監査においては、監査人が測定プロセスを検証し経営判断の合理性やモデルの妥当性（「変数の適切性を含むモデルの理論的な健全性と数学的な完全性」）を保証するうえで、当該情報の不確実性にどのように向き合うかが本質的課題となる。そこでは、監査基準ないし監査実務指針を適用するために、監査人は非常に高度な職業専門家としての判断が求められる。例えば公正価値監査に際し、監査人は経営者の測定プロ

---

[11]　2017年4月にはIAASBからISA540改訂公開草案（IAASB［2017］）が公表され、コメントを踏まえた検討が行われている。

セスに依存し過ぎると、経営者の仮定やモデルを安易に受け入れて監査手続を先へ先へと進めてしまうマインドセットに陥るため、経営者の設定と対立する証拠を見落としてしまう、あるいはその設定を安易に正当化してしまう可能性がより高まることになる（永見［2012］537 頁）。

　監査の構造として、経営者が下した判断を承認あるいは評価するという側面を究極的に有しているうえ、監査人は、被監査会社と長く付き合うことに強いインセンティブを有することもあり、監査人の利己的なバイアスが監査判断の深層部分で不確実性の評価に影響を与えかねないことを正しく認識する必要がある（Bazerman et al.［2002］pp.100-102）。監査予算（監査時間）の制約が非常に厳しい状況下、経営者の仮定を裏付ける監査手続であれば早期に結論を出すことが可能となり、少ない監査費用負担で済むので経営者にとっても歓迎されることになる（鳥羽［2009］272 頁）。しかし、平時ならいざしらず不正の疑義等が存在する局面において監査人は、経営者の主張を裏付けるような証拠ばかり集めるのではなく、監査の枠組みが有している認識上の弱点や限界を十分に意識しつつ「職業的懐疑心」に基づく深度ある監査手続が求められる。「職業的懐疑心」の概念は抽象的な精神の状態や態度として一般的な操作化が難しいとしても、実際の監査（あるは訴訟の場）では、追加的に監査手続を選択したか否かによって個別具体的に判断され得るのではなかろうか（松本［2011］12 頁）。

　確かに、不確実性の高い複雑な会計上の見積りなど経営者の主観的判断に依存する監査では、生半可な専門知識では経営側に太刀打ちできないうえ、マネジメントアプローチの下で正しい（合理的である）かどうかの基礎となる心証形成が難しいのも事実であろう。しかし、難しいということで思考停止に陥ると見つかるものも見つからないので、最初から諦めてしまうことは問題であり（宇澤［2012］351 頁）、難しい判断を伴うからこそ職業的専門家といえる。むしろ近年における見積りに絡んだ不正事例においては、不正の兆候ないし疑義を有していながら踏み込みが十分でなかった事例が少なくないことを踏まえれば、特に不正の疑義と判断した有事に際しては深度ある監査手続として、後述するように想定される手口に係る事実関係を見極めるための監査手続が必要であり、とりわけ反証的立証活動が重要と考えられる。

3. 職業的懐疑心に基づく反証的立証活動の必要性

(1) 不正リスク対応基準と職業的懐疑心

　レベル3公正価値のように経営者判断・仮定が多く含まれる情報の監査において、単に経営者判断・仮定の合理性を後追いで確認・裏付ける「正の証拠[12]」の収集活動のみに安住していたのでは監査の有効性が著しく低下することは、金融危機後に欧米等で職業的懐疑心の強化を巡り議論されてきた。実際、米国PCAOB（公開会社会計監督委員会）の検査報告書において、公正価値等の見積りの監査における監査の失敗の多くは、職業的懐疑心の不足に関連した監査の手続的アプローチに起因しており、公正価値等の監査において監査人が採用する監査手続は、独自の見積りといった経営者による測定から離れたアプローチを用いるよりも、経営者の測定プロセスを前提にそのプロセスを裏付ける証拠収集が中心になっていた（Bratten et al.［2013］pp.21-23, Griffith et al.［2015］pp.856-857）。

　そこでは、無意識のうちに監査人にとって都合の良いバイアス、つまり経営者の仮定を追認する傾向が生み出されている（Bazerman et al.［2002］pp.98-99）。すなわち、監査人が経営者の見積りの妥当性を判断するに際しては、見積りプロセスの合理性を検証していくことになるが、経営等に関する専門知識を経営側と同等以上に保持していなければ、経営側の意見を覆すだけの確信ないし証拠を得ることが困難であるため、経営者の意思を追認しがちとなるのである（永見［2014］67頁）。そうならないために、不正リスク対応基準では、見積りや評価の悪用等による重要な虚偽表示リスクに関連した監査プロセスについて、監査人による職業的懐疑心の発揮や不正調査スキルの活用可能性等も規定された。

　職業的懐疑心の発揮に関連して、不正リスク対応基準では、監査実施の過程で「不正による重要な虚偽の表示を示唆する状況」を識別した後は、①「不

---

[12] 監査手続を実施するうえでのアプローチとして、「正の証拠」は、経営者判断・仮定の合理性を実証する活動によって心証形成が積み上げられていく。これに対し、重要な不正が関係した局面において、反証の直接的立証活動によって虚偽を裏付ける「負の証拠」が発見されれば、証拠量の多寡にかかわらず動かぬ証拠となる。

図表6-2　不正リスク局面に応じた職業的懐疑心の発現態様と監査手続

監査のプロセス	①疑義に該当するかの判断	②疑義と判断した後の検証
職業的懐疑心の態様	不正リスク要因・状況を疑う心	不正リスク仮説の設定
監査手続の適用方法	実証的アプローチ等 (注)	仮説検証型の反証的アプローチに軸足

(注) 監査基準委員会報告書240においても、収益の認識（不正の存在を推定）や財務諸表全体レベルでの不正リスク対応（企業が想定しない手続の組み込み）には、不正の手口を必ずしも特定しない段階での反証的アプローチによる手続拡充が例外的に盛り込まれている。

(出所) 越智［2015a］213頁。

正による重要な虚偽の表示の疑義」が存在していないかどうか判断し、②疑義と判断した場合には事実関係を掘り下げて検証する、という2つの局面に大きく区分される。まず、上記①（不正による重要な虚偽表示の疑義に該当するかの判断）に至るプロセスにおいては、不正リスクに関連した事実や状況に直面しておかしいと感じる違和感が出発点となるが（宇澤［2012］64頁）、その違和感を支えるのが職業的懐疑心であり、その実相は、不正の手口や背景に関する経験・知識・センスに裏打ちされた心の状態としての（猜疑心ではない）健全な疑いである。

次に、上記②（疑義と判断した後の監査手続の実施）の局面では監査モードが変わり（伊豫田ほか［2013］57頁（関根発言））、そこで職業的懐疑心を高めることの実相は、監査人の職業的専門家としての判断に基づく不正リスク仮説の下で、より深度ある反証的アプローチに軸足を置くことにあると考えられる（図表6-2）。すなわち、いったん不正による重要な虚偽表示の疑義と判断した場合には、不正リスク対応基準における「想定される不正の態様等に直接対応した監査手続」として、疑義が示す手口が実際に行われているとすればどのような事実関係になっているかを想定したうえで（不正リスク仮説を設定し）、その事実関係を見極めるため反証的アプローチ[13]を交えて証拠収集に努める必要がある（越智［2015a］212-213頁）。

13　反証的アプローチの「反証」は、監査手続を実施するうえでのアプローチの問題であって、あくまで重要な不正が関係した局面において、負の証拠となる反証の直接的立証活動という意味で用いている。

(2) 不正の疑義と判断した後の反証的立証活動

上記②の疑義に係る事実検証の局面では、想定される不正の手口を想定する必要があるが、一般に重要な虚偽記載の形態・方法が状況に応じて多種多様であり、発生の可能性のある全ての形態・方法を想起することは困難であるので、その場の個別具体的な状況に照らして平均的な監査人であれば合理的に想起可能な反証的アプローチに基づいた立証活動が求められる。すなわち、隠蔽工作（不正リスク仮説）の全てを事前に想起し監査手続を選択することは非現実的としても、合理的に想起できる一定の限度内で、当該不正リスク仮説を払拭できるように監査手続を選択・適用する反証的アプローチが必要と考えられる[14]。

ただ、疑義と判断した後の監査手続の実施については、具体的にそれまでの監査手続とどのように異なるのか、どの程度の量及び質の証拠が求められ、監査人はその判断の後、如何なる行動が期待されるのか等については、不正リスク対応基準では明らかにされておらず、改訂監査実務指針でも不正リスク対応基準の文言が繰り返されるにとどまっている。しかし、経験の浅い層を中心として深度ある監査手続の実施を支えるとともに、職業的懐疑心強化に向けた監査規範の実効性を確保する意味では、不正による重要な虚偽表示の疑義と判断した後の監査手続の質的充実に向けて、不正リスク対応基準の運用状況を踏まえつつ、もう少し踏み込んだ具体的な監査実務指針等が必要ないかどうかを再検討する余地はあろう[15]。

反証的立証活動の運用について、現場を任された監査人の判断に全面的に委ねるというのでは、会社との良好な協力関係をも意識せざるを得ない監査人にとって現実的には非常に困難な作業となり、深度ある監査手続の実施の

---

[14] 循環取引による粉飾を巡る監査人の善管注意義務違反の判断に関し、単に抽象的に不正の可能性や疑いが存在するに過ぎず具体的な疑義が存在しない状況において、追加的な反証的監査手続まで求めないとした判例（大阪地判平24年3月23日等）もみられるが、具体的な疑義が存在する状況では別途の判断があり得ると考えられる。不正リスクに対応する監査実務の慣行は常に進化しているのであり、過去の判例の射程を時代環境に照らして見極めておく必要があろう（片木［2017］39頁）。

[15] 町田［2015］60-61頁でも、「疑義を識別した場合の具体的な手続やそれを行うことによって生じる監査時間の増加、さらには監査報酬への反映といった問題については、未だに監査の現場に任されたまま」になっている点に「然るべき対応が必要」としている。

足枷ともなりかねないことが懸念される。監査実務指針等に具体的な手続を明示的に書き込むことは、監査人にとっての行動規範という意味にとどまらず、会社側にとっても規定化された手続であれば抵抗感が希薄化する効果も見込まれ、結果的に監査人にとっても会社との関係性を維持しながら、深度ある監査手続の円滑な遂行を支援することにもつながると考えられる。なお、そうした局面では不正リスク対応基準（第二　不正リスクに対応した監査の実施14）でも、不正リスクの内容や程度に応じて専門家の技能または知識を利用する必要があるかどうかを判断しなければならないと規定されている中にあって、不正調査専門家（社内のフォレンジックチーム等）による不正捜索スキルの活用を含む反証的アプローチも役立てられ得ることになろう。

翻って、不正リスク対応基準の策定前ではあるが、オリンパス事件の第三者委員会報告によれば、法外なのれん計上に際し、あずさ監査法人が監査役会に業務監査権限の発動を促したり、金商法193条の3の発動を仄めかすなど、適正な経営判断かにつき問題提起をしたとされるが、監査役会が外部の調査報告書をベースに問題なしとの結論を出したことを受け、その内容を吟味することなく無限定適正意見を出したことについては問題なしとしないと指摘していた（オリンパス第三者委員会［2011］170頁）。事件発覚当時には、監査人として買収価格の異常性に気づいていながら監査役会が依頼した外部調査報告の適切性をどのように判断したのか、不正の疑義がある状況で金商法193条の3の対応を取らなかったとなると、金商法違反にもなりかねないとの問題提起（町田［2011b］53-56頁）もなされた[16]。また、交代後の新日本監査法人についても、不十分な引き継ぎであったにせよ、「のれんに含めることが妥当であるかどうかという観点から、より慎重な検討及び判断がされるべきであった」（オリンパス第三者委員会［2011］174頁）としていた。

その後、金商法193条の3で規定された手続の円滑な運用に向けて、日本公認会計士協会の監査・保証実務委員会研究報告第25号「不適切な会計処理が発覚した場合の監査人の留意事項について」（2012年3月22日）では、対応手順を明確化するとともに、同規定に基づき当局（金融庁長官）へ申し

---

[16] その後のオリンパス監査役等責任調査委員会［2012］では、無限定適正意見を出したことが不合理とはいえないとしたほか、あずさ監査法人は外部の弁護士への照会から、金商法193条の3の義務はないとの見解を得ていたとされる。

出る場合は監査契約の解除の可能性にも言及した。また、日本監査役協会からは「法令違反等事実又は不正の行為等が発覚した場合の監査役等の対応について―監査人から通知等を受けた場合の留意点」(2012年4月20日)も発表された。ただ、これらは不正が発覚した後の事務手順を確認・啓蒙するものであり、問題は如何に重要な会計不正の発見に至るかである。そうした意味では、少なくとも疑義と判断した後の具体的な監査手続の進め方についても、監査実務指針等でより実践的に明文化しておく意義は少なくないであろう。

この間、不正リスク対応基準策定後の東芝事件において、公認会計士・監査審査会［2015］は、担当の新日本監査法人に対し次のような指摘・勧告をしている。すなわち、「重要な会計上の見積りの監査における被監査会社が用いた仮定及び判断について遡及的に検討をしていないほか、被監査会社の行った見積り方法の変更や事業計画の合理性について批判的に検討しておらず、分析的実証手続の不備が改善されていないなど、これまでの審査会検査等で繰り返し指摘されてきた監査手続の重要な不備が依然として認められる。加えて、重要な勘定において多額の異常値を把握しているにもかかわらず、監査の基準で求められている実証手続が未実施であり、また、経営者による内部統制の無効化に関係したリスク対応手続として実施した仕訳テストにおいて抽出した仕訳の妥当性が未検討であるなど、リスクの高い項目に係る監査手続に重要な不備が認められる」とした。

これだけを見れば、監査現場での判断に多くを委ねることの限界を克服していくうえで、不正の疑義と判断した後の手続に係る実践的規範の明文化だけでは十分ではなく、規範の実効性を確保し監査品質を高めるうえで、日本公認会計士協会（品質管理レビュー等）や公認会計士・監査審査会（品質検査等）など規制主体の役割は当然に強調されなければならないが、被規制主体の自律的改善意欲というインセンティブを多面的に引き出していくうえで、金融庁［2016］でも言及しているように監査判断プロセスの情報開示を梃とし、開示規律による自己規制を促す誘因両立的なアプローチがわが国でも採用されて然るべきであり、実際2018年央にはKAMを含む改訂監査基準が公表された[17]。

4. 懐疑心の発揮状況に関する情報の非対称性問題

(1) 監査人のエージェンシー問題とアカウンタビリティ

　究極の企業価値破壊行為である粉飾決算の見逃し（監査の失敗）により、株主等情報利用者は多大な損失を被り、規制負担を含め社会的コストも嵩むという意味では、監査制度は外部性を有している[18]。監査の失敗により、事後的に株主（投資家）のみならず社会は多大なコストを余儀なくされる一方、「インセンティブのねじれ」もあって、監査契約における報酬決定、その後の追加的監査時間の投入が、事後的な社会的コストを本来カバーして然るべき水準に達していない可能性がある[19]。「インセンティブのねじれ」を矯正するには、サービス提供者側の論理に配慮した独立性強化策のみでは、その効果に限界があることは現実（後を絶たない粉飾事件）が実証している。情報利用者の視点に立った実効性ある施策が求められるところであるが、社会的不満が高じて監査契約への公的介入等の是非も古くから議論されてきた所以である（越智［2015a］250頁）。

　会計監査では、インセンティブのねじれから、プリンシパルである株主等情報利用者と監査人との間にコンフリクトが生じる可能性があり、かつ経営者と株主等との間にも大きな情報の非対称性があるため、エージェントとしての監査人を規律できるか不透明である点は、かねてより多層化されたエージェンシー問題として扱われてきた（清水・堀内［2003］180頁）。そこでは、監査サービスは提供後であっても監査の失敗の頻度が低いために品質を監視することは難しく、株主等の利益を犠牲にする機会主義的行動を惹起しかねないことが指摘された。なお、こうした懸念には、評判（名声）がエージェンシー問題の解決に役立つことが示唆されており(Watts and Zimmerman［1986］（須田［1991］333-334頁))、評判が独立性を保持するインセンティブを監査

---

[17] 金融庁は2017年6月に「『監査報告書の透明化』について」とする文書を公表し、具体的な検討に着手する意向を示した。その後、同年10月から企業会計審議会監査部会において検討が開始され、2018年5月には、KAMを盛り込んだ監査基準改訂に向けた公開草案が公表され、同年7月に最終基準化された。

[18] 監査の失敗による外部効果については、栗濱［2011］56頁でも指摘している。

[19] この点は、前章で述べた「信用外部性」にちなめば「監査外部性」と呼べるかもしれない。

人に与えると同時に、会社側も大規模で名声の高い監査法人と契約しようとするので、監査人（監査法人）の規模と監査の品質には正の相関があるとの実証結果も従来から示されてきた（須田［2004］253頁）。

　欧米等における金融危機後の監査制度見直し、とりわけ公正価値等見積りの不確実性に対処する方策としては、監査の過程で監査人が特に重要と判断した監査上の主要な検討事項であるKAMを、監査報告書に盛り込む改革が世界的に進行した[20]。ISA701の新設によって導入されたKAMの監査報告書の記載は、監査人の職業的専門家としての判断に基づいて当期の財務諸表の監査において最も重要で、監査人が会社のガバナンス機関とのコミュニケーションを図ったものの中から選ばれ、財務諸表の想定利用者にとって、当該監査事項がなぜ最も重要だったのか、そしてそれはどのように取り扱われたのかを理解できるようにすることを意図したものである。これまではサービス提供時には品質が認知できないという監査固有の特性を所与として、監査市場における最適の競争的解決策は達成不可能とされてきたが（Sunder［1997］（山地ほか［1998］173-174頁））、世界的に導入が進展しているKAMを通じた品質のトレースが可能になれば市場的解決機能も働き得ると考えられる。

　わが国において、監査契約の根源的資金拠出者[21]、監査サービスの本来的享受者ともに株主であるにもかかわらず、株主等にはエージェントである監査人の仕事振りに関する情報が欠落していること（情報の非対称性）は、金融庁［2016］で俎上に載せられるまで従来あまり問題にされてこなかった。KAMによる情報開示については、投資意思決定への有用性のみならず、究極の監査費用負担者たる株主を含むステークホルダー全般への監査人の説明責任履行の文脈で捉える視点が重要となる。もちろん、監査人が監査契約を締結した会社側に負う受託責任と同様の法的な責任を、監査報酬の究極的拠出者たる株主にも同様に負うわけではないが、財務諸表利用者は当該会社株

---

[20] 2015年1月にIAASBがKAMの記載要求を含む国際監査基準、2017年6月にはPCAOBもCAM（Critical Audit Matters）の記載要求を含む改訂基準を、それぞれ公表した。

[21] 監査を受ける側の会社経営者が報酬を支払う矛盾に関する説明として、監査論の教科書等では、経営者の背後にいる株主が究極的な資金拠出者である（したがって矛盾はない）といった解説がなされることが少なくない。

主(投資家)のみならず社会に広く存在しており、監査プロフェッションの公益的性格(情報利用者に貢献する職責)からしても、そうしたステークホルダー全般に対する監査人の説明責任(アカウンタビリティ)が事実上存在していると考えられる[22]。

(2) KAM開示による監査品質のシグナリング

監査人は、どのような会計上の見積りに注目して、経営者のバイアスを含め重要な虚偽表示リスクをどのように評価し対応したか、とりわけ不正による重要な虚偽表示の疑義と判断した後は、不正の手口から推定される事実を健全な懐疑心の下で合理的に想定したうえで、それらの諸事実の相対的な蓋然性を適切に評価し、不正調査専門家の活用も含め有効な反証的アプローチの併用も検討したのか、そうした検討の結果は、長文化した監査報告書においてKAM情報として開示され得る。そこでは監査人としても、契約締結後のエージェントとしての行動や努力水準(見積り数値に対する懐疑心発揮など)に問題がないことを株主等に示す意味でも、KAMというシグナリングに向けたインセンティブを有することになる。

例えば、監査報告書長文化の実務で先行しているイギリスでは、監査人のコメントはボイラープレート化したものではなく、記載内容の差別化が進展してきている(FRC [2015] [2016])。こうした実務がわが国に導入された場合、例えば過去のオリンパス事件で問題となったのれんの価額評価の適切性、あるいは東芝事件におけるのれんの減損見送り、退職給付債務の割引率引き上げなどと同様のケースで今後、監査人は、その判断の適切性をどのように考慮したのか等に関し、株主等利害関係者は手掛かりとなる情報を得ることが可能になる。逆に、経営側の不透明な見積り判断に対し、監査報告書においてボイラープレートで当たり障りのないKAM開示で済ます監査人(監査法人)

---

[22] 換言すれば法的な独占業務を与えた根拠である公益的信頼性の確保の裏腹として、少なくとも意見表明責任の枠内(守秘義務に抵触しない範囲)での説明責任が最低限存在しており、監査報告書の長文化は、こうした観点からも基礎付けられよう。なお、2015年6月から適用された「コーポレートガバナンス・コード」の「原則3-2.外部会計監査人」では、先述したように「……外部会計監査人が株主・投資家に対して責務を負っていることを認識し……」と公益的な「責務」に言及しているほか、2017年3月に公表された「監査法人のガバナンス・コード」の原則1でも、監査法人の「公益的な役割」について記載している。

は、自分の監査サービスへの自信の無さを社会に公言するに等しいことになろう。

　長文化された監査報告書には、不確実性が高いと識別された公正価値等見積りに関する監査人の重要な判断が含まれるとともに、その過程で不正の疑義が絡んでくれば監査役ないし監査委員会等との連携の内容についても、KAMを通じて推察可能となる。このため、KAMは監査プロセス情報として、株主等が監査人の証明機能の遂行状況を知る手掛かりになるのみならず、KAM開示→監査人への開示規律→監査役等とのコミュニケーション促進→企業経営者への事前的牽制機能の発揮、というインセンティブ循環を生むことで、監査の失敗抑止に貢献し得る効果が見込まれる。こうしたKAM開示の意義からすれば、金商法適用会社に限定することなく、会社法適用会社（大会社）をも対象にするのが筋であり、それは監査報告書の二元化を再来させないためにも必要な対応であろう。さらに、そもそも監査役監査ないし監査委員会監査等にも同様のロジックを用い、固有の職責に照らした監査プロセス情報の開示が求められ得るのであり[23]、監査制度全般に経済主体のインセンティブの視点から情報開示（監査報告書）のあり方を考える契機となろう。

　従来、監査プロセスの深度はブラックボックスであったが、監査報告書でのKAM情報開示によって、利害関係者は監査品質に係るシグナル（情報）としても利用可能となる。こうした監査品質に関する情報が得られるようになれば、適切な記述を伴った監査報告書を受けて株主等も会計上の見積り情報等の有用性に高い信頼を置くようになり、そうした信頼を獲得するため会社側も適切な監査人の選任[24]に向けたインセンティブが生じると同時に、監査人サイドにも質への競争意識が芽生える。結果として、監査プロセスの「作

---

[23] イギリスの監査委員会報告書では、コーポレートガバナンス・コードの規定もあって、わが国の監査役報告書等と比べて量的・質的に充実した内容が開示（アニュアルレポートに収録）されている。

[24] 例えばイギリスでは、監査委員会は1年に1回、外部監査人の能力や独立性、監査プロセスの実効性等について評価し再任を株主総会に提案しなければならず、その評価にあたって財務報告プロセスの質と実効性に対するリスクを評価しなければならないが、わが国でも2014年の会社法改正で監査役等に監査人の選任権限が移行するとともに、日本監査役協会から公表された「会計監査人の評価及び選定基準策定に関する監査役等の実務指針」（2015年11月10日）において、不正の兆候に対する対応が適切に行われているかなどの考慮事項が盛り込まれている。

業」に対し監査報酬を支払う（受け取る）という従来ルーティンから脱却し、経済財としての「監査サービスの品質」に対し対価を支払う（受け取る）という当たり前の意識が、監査実務に醸成される契機ともなり得よう[25]。そうした監査関連主体（監査人、会社、情報利用者等）のインセンティブがKAM開示を梃に循環していくことが、監査制度の外部性制御に向けた社会的システムとして期待されるのである。

　同様に、監査法人によるガバナンス・コードに沿った開示（含む透明性報告書等）あるいは「監査品質の指標（AQI：Audit Quality Indicators）」[26]もシグナルとして有用であり、とりわけAQIでは利害関係者に各社共通の定量的情報が提供可能であり、それを定性的な文脈の下で判断し実質的に比較可能な材料として役立てていく意義も認められる。先述したインセンティブ循環を実効的に作動させるうえで重要なのは、環境等情報や金融リスク情報で述べたのと同じく（同業）他社との比較可能性であり、もとよりKAMや透明性報告書等の定性情報によっても監査品質におけるリスクへの対処の差異は明らかとなり得る。その際、イギリスでみられるように、KAMに関する記載内容を分析したレポートがわが国でも公表されるようになれば、取り組み上の比較可能性はより浮き彫りとなろう[27]。各種情報開示を通じて差別化されたシグナルが可能な環境となれば、監査法人の具体的な対応（ガバナンス）インセンティブを引き出し、監査品質を巡る健全な競争が促されると同時に、身内意識に陥り易いとされるパートナー制度のガバナンスカルチャーを、公益を念頭に開放的に変革する[28]組織内部向けの情報発信としての意義も有することになろう。

25　もちろん、基本的に監査報酬は固定費に監査時間×担当監査人の時間当たり報酬を加算した値がベースになるにせよ、監査時間は結果であって監査品質そのものではなく、あくまで第一義的には監査品質の向上に結び付く深度ある監査手続が行われたか否かが重要である。そうした品質差異は、従来ブラックボックスで代理変数である監査時間・報酬の間接的観察に依らざるを得なかったが、KAMを通じれば一定程度直接的な推認が可能となる。

26　PCAOB［2015b］では28個のAQIが示されている。なお、国際的なAQIの取り組みに関しては、町田［2017］、日本公認会計士協会［2018］等で詳細にレビューされている。

27　他方で、監査業界全体で意図的に横並びに記載しボイラープレート化を図る行動を生まないよう、規制当局を中心にモニタリング等も望まれる。

5. 懐疑心の発揮過程におけるホールドアップ問題

(1) 監査報酬の増額に向けた再交渉

契約理論は、契約関連主体の最適なインセンティブ設計の問題を分析するが、そこでホールドアップ問題とは、関係特殊的投資のリターンの一部を事後的に取引相手方に奪われてしまう可能性がある場合に、取引当事者は事前の投資を過小な水準に抑えてしまう不効率が生じることである（伊藤［2003］363頁）。関係特殊的投資とは、例えば自動車メーカーと部品会社が長期取引において、メーカー特有の部品を作り他社には売れないような場合であり、当事者にとって有益だが他の取引では価値が無いような投資である。関係特殊的投資を行った側が、事後的に譲歩を強いられる可能性（単価の値下げ要請による買い叩き）があると予想すると、本来的に、価値があるはずの関係特殊的投資を控える（特有の部品生産を断る）という形で、不効率で望ましくない事前のインセンティブを与えることになってしまう（鈴木［2016］238頁）。

監査契約については、起こり得る全ての事象に対して被監査会社、監査人の双方がどのような行動をとるべきかを事細かく定められないという意味で不完備であり、監査の進行に応じて状況は可変的である。このため、監査において、見積りに絡んだ不正の疑義と判断した後、懐疑心に基づく反証的アプローチも交えて深度ある監査手続を実施しようとしても、追加手続によって生じる監査時間の増加、さらには監査報酬への反映といった問題が事前的に解決していないと、十分な監査手続実施の足枷になるというホールドアップ問題が理論的には存在し得る[29]。すなわち、特定の相手に対して関係特殊的投資を行うと、事後的に当事者の一方または両者にとって取引を解消する

---

[28] 監査法人のガバナンス・コードの指針1-4では、「監査法人は、法人の構成員が、会計監査を巡る課題や知見、経験を共有し、積極的に議論を行う、開放的な組織文化・風土を醸成すべきである」とされている。こうした背景に関し、山本［2017］128-129頁では、「新日本となっても合併以前の旧太田系あるいは昭和系といった、たすき掛けの組織形態の名残が未だにあり、組織体として脆弱な様子が見える」、「パートナーが一国一城のあるじのような存在として幅を利かす状況が見てとれる」など、組織的対応体制の欠如を指摘したうえで、企業風土・監査に関する文化の違いを認識することの重要性に言及している。

費用が高くなり、相手方にある程度の独占力が備わるが（伊藤 [2003] 363 頁）、監査契約も関係特殊的であり、いったん開始したプロセスは当該企業でしか回収できないうえ、契約解除等に際しては一定の逸出利益・機会損失が発生する。結果的に事前の不完備契約の下で再交渉しなければならず、交渉が難航すると、締結の遅れや交渉が長引くことで失われる利益があるうえ、再交渉が物別れに終わる可能性もある。

　仮に経営者が経営者不正の当事者である場合には、当然ながら事後的な買い叩き、交渉時間引き延ばしのインセンティブが潜在する。労力を投入しても報われないとなれば効率を優先し、不正リスクの高いところをつぶしていく過程で、ともすれば担当科目について問題がないという結論にもっていきたいという潜在的な要求に引かれてしまい（松永 [2012] 53-54 頁）、結果として見積りの経営者裁量を追認する認知バイアスを強めるかもしれない。とりわけ監査法人内の人事運用面で、監査人は、問題調査に時間を費やすことにより予算超過や期限超過を招来してしまうと、出世や給与、賞与にマイナスの影響が及ぶことを懸念する結果、問題点への踏み込みが不十分になりがち（Beasley et al. [2001] p.65）とすれば[30]、上記のホールドアップに至るマインドセットを強めかねない。さらに、ある程度知ってしまうと作業義務が発生するので、極端な場合、気がつかない方がいい（気がつくと仕事が増えて余計なことになる）、危うきに近づかず（深掘りしない）、あるいは（あってはならないが）見て見ぬ振りをするという職業的プライドをかなぐり捨てた対応に陥る可能性も、理論上は存在する。

　一般に不完備契約の状況においては、資産の所有権が誰に帰属するかが、その資産の有効な利用を実現できるか否か（ホールアップ問題の解決）を規定する非常に重要な条件となる（清水・堀内 [2003] 269, 292 頁）。こうした知見

29　実際の監査現場においても、日本公認会計士協会近畿会 [2017] のアンケート調査によれば、被監査会社の事由（不正等）により時間超過しても追加報酬を獲得できない関与先の有無について、「ほとんどそうである」、「少なからずある」という回答が6割を超えている（17頁）。

30　わが国でも同様に、決まった手続に如何にまじめに取り組んでいたかは客観的な評価が比較的可能となる一方、不正発見のプロセスに必要な直観力は主観的で評価者の価値観が影響するため、不正発見に必要な予想されない手続などは往々にして評価対象として低くなる（松永 [2012] 53 頁）との指摘がある。

を監査報酬の再交渉の場面に当てはめると、問題を生んでいる報酬のコントロール権（残余意思決定権）を不正が疑われかねない経営者の掌中に残しておくのではなく、監査報酬を当初から追加時間に自動的に連動する形でのコミットを得て監査人サイドに主導権を握らせておくことにより、適切な努力に向けたインセンティブを生む仕組みとしておくことが重要である。しかし、現状の監査契約書の雛形（日本公認会計士協会［2017b］）では、予定していなかった追加手続などが発生した場合の追加的な報酬は、監査人と被監査会社の双方が誠意をもって協議するとしているに過ぎない。

　2016年12月には、高品質な監査を実施するために十分な監査時間を確保することが重要である旨を説明するため、「高品質な監査の実施のための十分な監査期間の確保のための説明ツール」が公表され、当初の監査計画策定時に予期できなかった事象の発生により、監査計画の見直しが必要となった場合の会社とのコミュニケーションの際にも同ツールが有効としている。また、2017年12月には「十分な期末監査時間の確保」に向けた日本公認会計士協会の会長声明も発出されている。しかし、不正に経営者あるいは上級管理者が関与している場合には、不正による重要な虚偽表示の疑義と判断してから監査時間・報酬の上乗せを協議するのは非現実的であり、経営者等は応じようとしない可能性が高いうえ、不正による重要な虚偽表示の疑義の判断を示して交渉することは隠蔽工作を誘発することになりかねない（弥永［2012b］13頁）。

　ホールドアップ問題の予防策として、監査人が経営者不正による重要な虚偽表示の疑義と判断した後に監査手続を増やそうとするインセンティブを下げないためには、監査人が行う追加的な監査手続の質と量に見合った監査報酬の増額に資する確かな仕組みが必要である（弥永［2012b］11頁）。この点、アメリカでは監査契約書において、監査報酬は固定報酬ではなく変動報酬として記載しており、監査の実施に必要となる時間を基準として、追加報酬は法人の標準単価に基づいて作業時間の増加に伴って柔軟に変動する報酬体系にある（金融庁［2012］6-7頁）。わが国でも、報酬コントロール権の帰属問題として、事前段階から変動報酬という形で経営者のコミットを契約上担保しておく措置が重要になると同時に、その実効性を高めるうえでは監査役等が監査人決定権だけでなく報酬決定権を担う制度改革も求められよう。

(2) 金商法193条の3の発動

不正の疑義に絡んで深度ある監査を担保する制度的手当の1つとして、2007年に創設された金商法193条の3「法令違反等事実発見への対応[31]」も役立てられ得る。これにより監査人が当局に申し出ることは法令に基づく行為として守秘義務に違反しないことが明らかとなったため、本来ならば監査人の被監査会社に対する立場が強くなり（弥永[2007]7-8頁）、監査人は経営者に対して是正すべき事実の修正を強く求めることができ、不適切な財務情報が公表されることを未然に防ぐことが期待された（澤田[2007]9頁）。実際、先述したようにオリンパス事件における法外なのれん評価の適切性を巡って金商法193条の3の適用可能性も話題に上った。しかし、同法に規定する監査役等への通知が公になったのはセラーテムテクノロジーと春日電機の2例であり[32]、とりわけ第二段階の当局への申し出については、規定創設以来、該当例がないとされ（税務研究会[2012]4頁）、こうした実効性に乏しい運用実態の根底にも不完備契約によるホールドアップ問題が影響していると考えられる。

すなわち、監査人が法令違反等事実を監査役等に通知すると、監査役等は善管注意義務に従って経営者と対峙するかどうか対応を迫られるが、監査人が通知に踏み切るには、監査役等サイドに、信頼のできる、会計の分かる、力のある人がいて、自分達に火の粉がかからないようにやってくれるに違いないという信頼関係が条件となる（関ほか[2007]20頁(関発言)）。社内出身の常勤監査役については社内人事の一環で、監査役としての資質・能力に問

---

31 監査人が監査証明を行うにあたって、発行者における法令違反事実その他の財務計算に関する書類の適正性の確保に影響を及ぼすおそれがある事実を発見したときは、当該事実の内容及び当該事実に係る法令違反の是正その他の適切な措置をとるべき旨を、遅滞なく、当該発行者に書面で通知しなければならない（同条1項）。この通知を行った監査人は、当該通知を行った日から一定期間が経過した日後なお法令違反事実が、発行者の財務計算に関する書類の適正の確保に重大な影響を及ぼすおそれがあり、かつ通知を受けた発行者が適切な措置を取らないと認める場合において、発行者の財務計算に関する書類の適正性の確保に対する重大な影響を防止するために必要があると認めるときは、当該事項に関する意見を内閣総理大臣に申し出なければならない（同条2項）。
32 佐々木[2012]7頁の補足説明によれば、当局から監査事務所への当時のヒアリング調査ベースでは、2012年当時において1桁に収まる程度とはいえ、もっと多い実例が存在したようである。

題がある場合（佐々木［2016］109頁）や強大な指名権限を有する社長に対して敢えて異を唱える煩を厭う傾向（岡田［2017］44頁）などが指摘される中にあって、監査役等が経営者と対峙できることが事前的なコミットとして確信できないと[33]、監査人としては会計不正疑惑に直面しても監査役等への通知に二の足を踏むホールドアップ問題を生みかねないのである。

　不正リスク対応基準等で不正の発見に向け監査役等との連携強化が規定[34]されていても、実際の監査現場において、監査役等と経営者の力関係から十分な対峙が期待できそうもなければ、最終的に監査人は金融庁に届け出ざるを得なくなり、結果的に経営者と対峙して経営者による守秘義務違反追及等のリスクを負うのは監査人になることが見込まれるので、そもそも監査役等への通知にも二の足を踏むことになる。そうした流れが見込まれるなら、金商法193条の3は伝家の宝刀として抜くかもしれないと監査役等にちらつかせるのが精々で、抜いてしまうとわが身にリスクが降りかかるので監査人は萎縮してしまいかねない。しかも、強制捜査が開始されていなければ不正摘発の引き金を引きかねず、金商法193条の3の制度要件に曖昧さを残しているが故に監査人が善意でなした当局への届け出に責任を問われる可能性が残ることも、ホールドアップ構造を助長している。

　具体的には、金商法193条の3第1項で規定されている「財務計算に関する書類の適正性の確保に影響を及ぼすおそれ」や、同条2項で規定されてい

33　日本公認会計士協会［2016］のアンケート調査では、不正防止の障害として「監査役等の能力や独立性」を挙げる会計士が約3割に達する（3頁）。また、日本公認会計士協会近畿会［2017］のアンケート調査でも、半数近くの回答が、監査役等について不正の防止・発見に対して積極的な姿勢を見出すことができないとしている（9頁）。なお、監査役設置会社ではなく監査委員会等のガバナンス形態を選択したとしても、社長が社外取締役等に自分自身への牽制を期待する経営を実践できなければ機能不全に陥るのであり、例えばエンロンの社外取締役は錚々たる顔ぶれであったが顔見知り同士の馴れ合い監査で、会計事務所と同様に機能しなかった（マイヤーズ［2002］85頁）。

34　不正リスク対応基準（第二　不正リスクに対応した監査の実施17）で強調されたほか、監査基準にも明記された（第三実施基準一基本原則7）。これを踏まえ、日本監査役協会と日本公認会計士協会は、監査役等と監査人とのより一層の連携に努める旨の文書を発出（2013年4月）するとともに、「監査役等と監査人との連携に関する共同研究報告」（2018年1月最終改正）、「会計監査人との連携に関する実務指針」（2018年8月最終改正）等について見直しを行ったほか、東芝事件を受け2016年11月には「会計不正防止における監査役等監査の提言─三様監査における連携の在り方を中心に─」も公表された。

る「重大な影響を防止するために必要があると認めるとき」等が具体的にどのような状況を指すのか不明確であり、「重大な」影響の度合いは発見した段階でどの程度のものか分からないケースが多く、その重大性には質的な重要性も含むのか、「影響」を判断するのは当期に限定するのか、次期以降も含まれるのか等も判然としていない（関ほか［2007］20項（藤沼発言））。また、法令違反等事実にどの程度の確信を得たときに適用があるのかという問題もあり（弥永［2007］8頁）、法令違反等事実の存否について判断を誤った場合の監査人のリスクも残る。金商法193条の3は監査人の地位強化を標榜し立法化されたが、不明瞭な発動要件が現場の足枷になって監査人は委縮し実効性の乏しい運用を助長することにつながりかねない（越智［2008］73-74頁）との立法当初の懸念が現実化している感があり、監査人サイドからも、制度を有効に機能させるための再検討が必要との指摘（山崎［2012］87頁）がなされる所以ともなっている。

金商法193条の3のホールドアップ構造を解消するためには、まず、制度要件の曖昧さを解消するとともに、善意で申し出を行ったが結果的に法令違反等事実が存在しなかった場合に守秘義務違反を問われないよう、民事責任との関係でセーフハーバー条項を設けることが立法論として必要である（弥永［2007］8頁）。次に、監査役等のインセンティブのねじれ構造[35]に起因する「隠された意図」によって、監査役等への申し出後に監査人側がリスクを被ることのないよう、事前の段階で監査人側を得心させるような措置が求められる。監査役等の独立性自体は会社法の下で広範な視点から議論されるべき事項であるが、監査人との関係に限定すれば、イギリスでは監査委員会が適切な対応や開示（アニュアル・レポート）を行わなければ監査人のKAM開示でそのことが明らかになり得るのであり、このような相互牽制可能な仕組みがわが国でも導入されれば、監査役等のインセンティブのねじれに対しても有効であろう。

その前提として、わが国においても、イギリスと同様に、監査人のKAM

---

[35] 監査役選任議案を株主総会に提案する取締役会の決定に当たり監査役（会）の同意権及び提案請求権が求められているものの、監査役の人事権が代表取締役を中心とした取締役会に事実上掌握されていて、監査される取締役会が、監査する監査役の株主総会の選解任議案決定権を有するという「ねじれ」が存在する（葭田［2013］19頁）。

開示に併せて、監査役等の監査報告書において固有の職責に照らした監査プロセス情報の開示も必要となろう。なお、イギリスでは監査契約の公開入札[36]に際し、監査委員会に入札プロセスの適切性や透明性を高めるための開示も求められているが、それは究極的な受託責務を負う株主等へのアカウンタビリティが強く意識されているからである（FRC [2017] p.6）。すなわち、監査におけるインセンティブのねじれに対する株主等の疑念を払拭するために、監査委員会が会社経営者からの独立性を保ちつつ、会計監査人の監査品質をどのように適切に評価したか、透明性ある開示を通じて説明することが求められているのである（FRC [2017] p.7）。

6．おわりに

　近年の不正会計事例においては、見積り情報の不確実性を悪用した粉飾の手口が目立ってきており、本章では、見積りにおける監査リスク要因の高まりを踏まえつつ、「監査の失敗」という外部性の制御に向けて監査が実効的に機能していくうえでの方策を論じた。そこでは、不正リスク対応基準の下、とりわけ見積りに不正の疑義ありと判断した後において、職業的懐疑心発揮の具体的態様である反証的立証活動の重要性を強調するとともに、監査実務指針等で明示的に記述することの必要性にも論及した。従来、そうした監査プロセスの深度はブラックボックスであったが、監査報告書でのKAM情報開示によって、監査人のアカウンタビリティが問われると同時に、利害関係者は監査品質に係るシグナル（情報）としても利用可能となる。

　監査法人が有効なガバナンスとマネジメントの下で高品質な監査を提供し、それを企業や株主等が適切に評価してその価値を見出し、それがひいては監査報酬の向上にもつながることでさらに高品質な会計監査が提供される好循環を生む観点からは、KAMのほか、透明性報告書等やAQIによるシグナ

36　FTSE100（時価総額上位100社）を対象に2015年1月より始まった10年毎の公開入札制度は、EU規則を受け入れて強制ローテーション制度に切り替えられたが、原則10年での交代のところ公開入札をしてその監査事務所が再任されれば20年まで延長可能となるなど、実質的に10年段階で公開入札を行うことに変わりはない。

リングも有用となる。また、監査役監査ないし監査委員会監査等にも同様のロジックを用いて固有の職責に照らした監査プロセス情報の開示が必要であり、監査制度全般に経済主体のインセンティブの視点から情報開示（監査報告書）のあり方を再考する必要がある。これらの情報の非対称性緩和に向けた情報開示を梃とし、これが経営側にも事前的牽制効果を及ぼすインセンティブの循環を作動させることが求められる。

その際、経営者不正を阻止・摘発する役割は会社法上、会社のガバナンス機構（監査役等）が第一義的に負っており[37]、監査人が不正の疑義に対し、監査役等との連携を強化しながら対処していくうえで、その実効性を確保する制度インフラの拡充も併せて考えていかなければならない。監査役等ガバナンスに責任を負う主体の実効性確保策は会社法マターの問題となるが、本章では主として監査人サイドからみた不完備契約に伴うホールドアップ問題として、監査報酬の再交渉や金商法193条の3の発動を採り上げ、事後的に監査人に不利な状況が生じるリスクが事前的に予想されると、それを見越して監査報告の利用者である株主等にとっての最善の対応が行われないインセンティブ構造を指摘したうえで、そうした状況の改善に向け、変動報酬契約や監査役等の報酬決定権、金商法193条の3に係る法令要件明確化、セーフハーバー・ルール導入など、誘因両立的な制度改革の必要性に論及した。

それらは行為主体のインセンティブに着目した立論であったが、そうしたアプローチの意図についてシャム・サンダーの言葉を借りれば、「職業的専門家はしばしば監査人の意思決定と専門職業の構造に関する経済的分析に不快感を示す。費用 - 便益の考慮や効用最大化は、監査人の行為を規制するといわれていた専門家の倫理的判断とは、まさに正反対のものとみなされたのである。社会システムを運営する際の倫理的／判断アプローチの有用性を否

---

[37] 過去には建前と実態が乖離した法運用が常態化していたが、近年は法の趣旨に則った責任追及が監査役等になされる事例も決して珍しくなくなっており、監査役を被告とした訴訟及び責任を肯定する判例が増えてきている（具体的な判例は、山口 [2012] 96-108頁、原 [2012] 52頁等を参照されたい）。なお、最近の裁判例を踏まえて、山口 [2013] 173-174頁は、異常な兆候を知った監査役、会計監査人には有事対応が求められ、その対応の是非が善管注意義務の問題として法的評価の対象となる（有事における本気度が試される）とともに、有事対応せずに監査を続けることは任務懈怠として法的責任が認められる可能性が高まるとしている。

定することなしに……監査人を経済的エイジェントとしてモデル化することが、彼らの行動の大半の局面を解明するのに役立つことを示そうとした」(Sunder [1997] (山地ほか [1998] 175-176 頁))。本章の狙いも、経営者不正による監査の失敗抑止に向け、懐疑心に基づく深度ある監査に資する新しい理論的視点の提供を企図したものであり、そのために契約理論の思考枠組みを援用して制度改善の考察に役立てた一方で、数理モデルを用いた開示コスト・ベネフィット分析や実証・実験研究等の活用可能性の検討は、今後の課題に残されている。

第 III 部 補章

金融・監査インフラとなる IFRS の留意点

補章1

IFRSの不確実性問題

1．はじめに

　補章では第Ⅲ部「制度資本の外部性制御への開示規律」に関連して国際財務報告基準（IFRS：International Financial Reporting Standards）にフォーカスし、「金融・監査インフラとなるIFRSの留意点」として、具体的には、本章で公正価値測定の拡大による不確実性問題、次章で割引現在価値を用いた測定値の増大に伴うボラティリティ問題を論じる。先のグローバル金融危機の引き金となったサブプライム問題において、証券化商品（CDO）における公正価値評価のトレーサビリティ欠如が大きくクローズアップされたほか、わが国の近年における大規模な粉飾決算事例においても、見積りの不確実性を悪用した手口が目立つなど、公正価値等見積りの拡大に伴う不確実性問題は、金融制度と監査制度が内包する外部性に深く関連する今日的課題と位置付けられる。

　公正価値の測定や開示を包括的に規定するIFRS第13号において、「公正価値」とは、測定日において市場参加者間で秩序ある取引が行われた場合に、

資産の売却によって受け取るであろう価格または負債の移転のために支払うであろう出口価格とされる。その測定に際しては、市場参加者によって考慮される資産・負債の特徴を考慮し、企業特有の使用方法または計画には基づかないとの仮定が置かれているほか、当該測定に使用される評価技法に用いるインプットに優先順位をつける公正価値ヒエラルキー（レベル1～3）の概念を採用している。しかし、IFRS第13号は、どのような場合に公正価値測定が要求または容認されるかについての新たな規定を導入するものではない。

公正価値の適用領域としては金融商品が中心となるが、その分類・測定に関する改訂前のIAS（International Accounting Standards）第39号では、金融商品の保有目的という「経営者の意図」により区分して各々測定方法を定めていたところ、複雑で客観性を欠き、情報の比較可能性を損なうものとして批判されてきた。そこで、保有目的等に基づく4分類[1]を見直し、「事業モデル」等のより客観的な基準で償却原価と公正価値を基本とした分類に簡素化することを目的に、改訂プロジェクトのフェーズⅠ「金融商品の分類及び測定」では、2009年11月に金融資産に関する部分（さらに2010年10月に金融負債に関する部分等）がいったん基準化された。その後、フェーズⅡ（減損）及びフェーズⅢ（ヘッジ）の完了とともに、フェーズⅠにも適用上の論点や保険契約プロジェクトとの関連も考慮し幾つかの限定的改訂が追加され、最終的に2014年7月に公表したIFRS第9号「金融商品」をもって一連の改訂作業は完了した[2]。

IFRS第9号の分類・測定基準にはIAS第39号のような信頼性の閾値は設けられていないが、概念フレームワークの見直しを巡りIASB［2015］では、

---

1 ①純損益を通じて公正価値で測定される金融資産（売買目的保有等）、②満期保有投資、③貸付金及び債権、④売却可能金融資産（①～③以外のその他）。
2 この間、米国財務会計基準審議会（FASB）は国際会計基準審議会（IASB）とのコンバージェンス・プロジェクトを最終局面で断念し、USGAAPを踏襲し商品種類毎の分類モデルを維持しつつ独自の改善策に取り組んだ。こうした中、わが国における金融商品会計基準の見直しについては、IFRS第9号と関連する米国会計基準との間には相当程度差異が残ることもあり、基準開発に着手するか否かを決定する前の段階で、適用上の課題とプロジェクトの進め方に関する意見募集（2019年上期中〈6月まで〉）を行う予定にある（ASBJ［2018］3頁）。

観察不能なインプット等による「測定の不確実性」概念を明確に打ち出し、当初は目的適合性にトレードオフ機能を発揮し得るとした。これを受けてASBJ [2015c] では、「測定の不確実性」は「忠実な表現」に影響を及ぼす要因であると同時に、「検証可能性」の程度にも関連するとした。その後、国際会計基準審議会（IASB : International Accounting Standards Board）は、公開草案へのコメントを踏まえ 2016 年 5 月のボード会議において、測定の不確実性は目的適合性ではなく忠実な表現に影響を与える要因として述べることを暫定的に決定し、これを 2018 年 3 月に公表された最終版（IASB [2018]）でも踏襲している。

　本章の目的は、そうした測定の不確実性の視点から、公正価値測定の適用領域とその限界領域を基礎付ける概念的考察を付加することにある。以下では、まず IFRS 第 9 号の分類基準における「事業モデル」が「事業活動の性質」による測定区分とも親和性が高いことを論じた後、信頼性の観点から金融投資の評価技法（モデル）によるレベル 3 公正価値測定の重要な不確実性を論ずる。次いで、概念フレームワーク見直しに絡めて「忠実な表現」と「測定の不確実性」との関係を踏まえたうえで、「検証可能性」概念区分の再構築（「合理的検証可能性」区分の識別）による考察を通して、「合理的検証可能性」を欠く測定の重要な不確実性への概念的基礎付けを行う。そこでは、「一致的検証可能性」と併せて「合理的検証可能性」が「忠実な表現」の構成要素たり得ることに論及したうえで、最後に今後の実証課題にも触れる。

2. 金融商品の公正価値測定

(1) IFRS 第 9 号の公正価値測定領域

　IFRS 第 9 号では、「事業モデル要件」（企業が金融商品をどのように管理しているか）と「キャッシュフロー要件」（金融商品の契約キャッシュフロー属性）に基づく分類方法が採用され（IFRS 第 9 号 4.1 項）、当該要件の充足状況に応じて、償却原価と公正価値を基本として 3 つのカテゴリーに分類される（図表補 1-1）。当初の 2009 年版 IFRS 第 9 号では、①「償却原価測定」と②「純損益を通じた公正価値測定」の 2 分類としていたが、保険契約負債評価との

図表 補1-1　IFRS第9号「金融商品」の分類と測定

（シャドー部分が公正価値測定）

		契約上のキャッシュフローの特性	
		元本と利息のみ	左記以外
事業モデル	契約上のキャッシュフローの回収	①償却原価測定	②純損益を通じた公正価値測定 (注2)
	契約上のキャッシュフローの回収と売却	③その他の包括利益を通じた公正価値測定 (注1)	
	上記以外	②純損益を通じた公正価値測定	

（注1）リサイクリングを行う。
（注2）売買目的以外の資本性金融商品については、公正価値の変動等を「その他包括利益」（リサイクリングしない）とする選択が可能。
（出所）IFRS第9号4.1項等に基づいて著者作成。

　会計上のミスマッチを緩和する目的等から限定的修正が行われ、③「その他包括利益（OCI）を通じた公正価値測定の区分」が追加されており[3]、資本性金融商品の評価差額の処理が2種類（純損益/OCI）認められていることも相まって、IAS第39号の4区分からの簡素化の目論見はかなり後退した感は否めない。

　上記の分類基準における「事業モデル」という用語はIFRS第9号で新たに設けられたものであり、当該要件は、個々の金融商品ではなく金融商品のポートフォリオ毎に、経営者の保有意図に基づく選択ではなく、企業で管理された情報が経営者に提供される方法を通じて観察可能な事実に基づいて判断される。すなわち、貸付金や債権等の負債商品を保有するビジネス上の目的が契約キャッシュフローの回収にあるのか、あるいは当該商品の満期前の

---

[3]　金融商品会計プロジェクトとは別に進められた保険会計プロジェクトにおいて、割引率の変動により生じる保険負債の測定の変動が「その他包括利益（OCI）」において認識される方向で議論が進められていた中にあって、限定的修正以前のIFRS第9号では債券の評価差額はOCIで認識できなかったため、保険負債の測定属性とのミスマッチによる資産負債管理（ALM）面での不整合が懸念されていた（越智［2012］100頁）。こうした状況を踏まえ、追加された分類（OCIで公正価値評価）の評価差額の一部は金利変動を反映したものとなった結果、ALM上も保険負債評価と一定程度整合することになった。

売却によって公正価値変動による損益を実現することにあるのかについて、ポートフォリオまたは事業単位レベルのような高次のレベルで、企業の経営幹部によって判定される（IFRS 第 9 号 B4.1.1-2、BC4.20 項）。

　他方、「事業モデル」の概念については、概念フレームワーク見直しに向けた 2013 年討議資料でも測定基礎の選択において採り上げられたものの、IASB は討議資料へのコメントを踏まえ、その用語が様々な組織で異なる意味に用いられていることから、公開草案では当該用語を使用しないこととし（IASB [2015] BCIN. 31 項）、最終版でも「事業活動」の考慮[4]を基軸に据えている（IASB [2018] BC0.29 項）。この間、EFRAG [2015] [2016] は、「事業モデル」に基づいた測定基礎の選択という考え方を財務諸表に反映する必要があると主張していた[5]。そこでは「事業モデル」を、「企業の核となる活動もしくは収益創出活動（儲けの仕組み）」と捉えており、この定義は、IFRS 第 9 号の「事業モデル」概念（金融資産の管理方法）と必ずしもイコールではないようにも窺われるが、EFRAG [2015] は自らの正当性の論拠として、あるいは ASBJ [2015a] の提案する「事業活動の性質」に対する優位性として、IFRS 第 9 号における「事業モデル」の採用を挙げていた（EFRAG [2015] 16 項）。

　ここで、「経営者の意図」との対比で、① IFRS 第 9 号の定義する「事業モデル」、② EFRAG [2015] で論じた「事業モデル」、③ IASB [2018] や ASBJ [2015a] が言及する「事業活動」については、ともにより客観的なメルクマールを定立しようとする方向性は共通している中にあって、EFRAG [2015] の「事業モデル」（儲けの仕組み）は、一般に IFRS 第 9 号や ASBJ の提案より広義の概念として用いられることが多いのではなかろうか（図表補 1-2）。また、同一資産でもその「管理方法」は事業上の意思決定によって

---

[4] 目的適合性を向上させる観点から、資産または負債が将来キャッシュフローにどのように寄与するのかを判断するに際しては、事業活動（business activities）の性質に左右されるとしている（IASB [2018] 6.54、BC0.29 項）。ここで「事業活動の性質」という目線は ASBJ [2015a] の提案とも重なる。

[5] 事業上の意思決定をグループ化した事業モデルに基づき、資産・負債及び関連する収益・費用の測定基礎を選択するとし、4 つの事業モデル（価格変動型・変換型・長期投資・負債性主導型事業モデル）において、最も目的適合的な情報を提供すると考え得る測定基礎について記述していた（EFRAG [2015] 23 項）。

図表 補1-2 「経営者の意図」、「事業モデル」、「事業活動」の相関イメージ

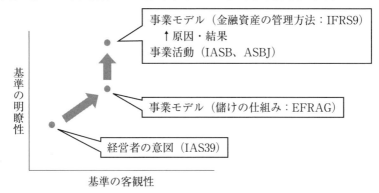

(出所) 著者作成。

変動する一方で、「事業活動の性質」も組織体のガバナンス構造に基づく意思決定によって規定されるという意味では、類似概念である。事業上の意思決定によって「事業活動の性質」が決まり、これを原因として「金融資産の管理方法」という結果を生むと考えられる[6]。

(2) 「事業活動の性質」と売却可能性・信頼性

わが国では事業活動の性質の観点から、IFRS 第9号の下で非上場株式の公正価値測定の導入を巡る議論において、信頼性ある公正価値の測定が困難という要因に加えて、わが国における非上場株式投資の多くは、他の資産とともに利用されてキャッシュフローを生み出す「事業投資」であり、企業活動によって、これらに含まれている自己創設のれんの実現を目指しているため、公正価値測定は適当ではないと立論された。投資先との事業提携を構築する目的の株式投資において、当該投資の想定されている成果は、当該投資そのものの価格変動ではなく事業提携という状況の中での事業運営からの収入であって（ASBJ［2015a］11-12頁）、事業投資には公正価値以上の自己創設のれん価値を期待しており、その価値評価は投資家が行うことになるので

---

[6] IASB［2018］でも、IFRS 第9号の事業モデルは「事業活動」の概念をどのように適用したかの一例であると述べている（同 BC0.32 項）。

ある。

　わが国の「事業活動の性質」に基づけば、「事業投資」については、事業のリスクに拘束されない独立の資産を獲得したとみなすことができるときに、投資のリスクから解放されるのに対して、事業の目的に拘束されず、保有資産の値上りを期待した「金融投資」に生じる価値の変動は、そのまま期待に見合う事実として、リスクから解放された投資の成果に該当する（ASBJ［2006］35-36頁）。金融投資は自己創設のれん価値がゼロであり、活発な市場の存在を背景に、いつでも換金することを想定して市場の価格変動を期待しているものであり、公正価値の変動が達成された評価となる。こうした考え方では、①資産・負債が、市場価格変動からの正味の収入を得ることを目的としている事業活動の一部として保有されており、②企業が資産を売却するかまたは負債を移転する実質的な能力を有する場合に限って、公正価値測定を行うことになる（ASBJ［2015a］13-14頁）。

　ただし、期待されている自己創設のれんの多寡は連続的であるため、企業が行う投資のうち、どこまでを超過リターンがゼロの「金融投資」とみて公正価値で評価するか、どこからプラス期待の「事業投資」とみて公正価値評価しないかは一義的定まらず（秋葉［2015a］87頁）、問題は言葉のうえでの識別ほど簡単ではない。例えば、わが国において、金融投資であったとしても、投資不動産や排出権取引等のように、測定の信頼性等から公正価値評価が行われていない領域が存在する一方、客観的な価額が得られる買入のれんから分別した無形資産を公正価値評価する場合もある（図表補1-3）。なお、わが国における非上場株式投資の多くは事業投資の位置付けにあるとみられ

図表 補1-3　投資の外形と性質

		投資の外形	
		非金融資産	金融資産（金融商品）
投資の性質	事業投資	棚卸資産、有形固定資産等、買入のれん（含む無形資産）	貸付金、子会社・関連会社株式等、政策投資上場・非上場株式（事業投資）
	金融投資	トレーディング目的貴金属等、投資不動産、排出権取引	売買目的有価証券、デリバティブ等、プライベート・エクイティ（金融投資）

（出所）秋葉［2015a］87頁を基に一部加筆。

るが、プライベート・エクイティ投資は、特に英米等においては純然たる金融投資目的であり、わが国でも近年そうしたファンドの組成が拡がりつつある。

わが国の現行金融商品会計基準では、「事業投資」と「金融投資」を峻別するASBJ［2006］以来の考え方の下でも、売却可能性や信頼性の観点から財務業績と財政状態の測定基礎の選択に差異を設けてきた。例えば、政策保有目的（事業提携等）の上場株式保有のような場合（その他保有有価証券）、財務業績において評価差額は純資産に計上する（全部純資産直入法[7]）一方、長期的には売却が想定されるため、売買目的有価証券の場合と同様に有用な投資情報となることから、企業の財政状態の報告のために時価（公正価値）評価が用いられる（金融商品会計基準第10号77項）。他方で、同じ政策保有目的であったとしても、市場価格のない非上場株式における財政状態の評価は取得原価であり、その取り扱いに差異が設けられてきた。

もとより市場性がない場合にも相対売買は可能であり、市場がIFRS第13号の文脈における活発な市場と考えられない場合であっても、企業が自発的な買い手探しに多大な活動を行う必要がない場合には企業は依然として売却する実質的な能力を有しており（ASBJ［2015a］13頁）、実際、事業提携等の非上場株式の圧縮（売買）が検討・実行されている。こうした中で非上場株式と上場株式の貸借対照表価額に差異が設けられてきたのは、IAS第39号の影響もあって測定の信頼性に基づく測定区分が併用されてきたためである。以上を踏まえると、①事業活動の性質等から演繹される財務業績の測定基礎、②将来的な売却可能性[8]を想定し投資家への有用性から選択する財政状態の測定基礎、③測定の信頼性から導かれる測定基礎は、それぞれ独立した事象として区別して考えておくことが肝要である（次頁図表補1-4）。

---

7 部分純資産直入法を用いた場合には、期末の時価評価の結果、時価が取得原価を下回る銘柄に係る評価差額（評価差損）のみ当期の損失として処理し得るが、これは、それまで保守主義の観点から低価法が容認されてきたことを考慮したものとされる（金融商品会計基準第10号80項）。

図表 補1-4　現在価値測定の不確実性と測定基礎

(○（適）、×（不適）、△（条件次第）は公正価値測定領域に関する私見)

		事業活動の性質等		
		金融投資	事業投資	
			財務業績	財政状態
現在価値測定の不確実性	市場価格、売却価格等	○ (レベル1)	×	○
	見積り(類似市場、モデル等)	○ (レベル2、3)	×	△ 売却可能性・信頼性
	測定の信頼性を欠く重要な不確実性	× 後述	×	× 後述

(出所) 著者作成。

3. レベル3公正価値測定における重要な不確実性

(1) 信頼性と忠実な表現の概念的整理

　IASB［2010］において、会計情報の質的特性としての「信頼性」は「忠実な表現」に置き換えられ、これをIASB［2018］も維持しているが、経済的現象を忠実に表現し得るかのメルクマール（あるいは重要な不確実性）に関する共通理解は必ずしも十分とはいえない。そこで以下では井尻［1968］192-195頁の手法を参照し、測定値（写体）が写像すべき本体の経済的現象（ファンダメンタル価値となる「真の価値」）にどれだけ近いか（信頼性の程度）を「信頼度」と定義し、議論を進める[9]。その構成要素として、測定結果の平均値（$\bar{x}$）

---

[8]　辻山［2015］28頁は、プライベート・エクイティ（非上場株式）のように、様々なステージの会社や事業に投資を行い、状況に応じて事業の再生を図りながら、常に市場の動向をにらんで出口の機会を窺うような投資形態のもとでは、従来型のゴーイング・コンサーンとしての事業投資とは異なる視点から投資の回収機会が捉えられているのと同様に、一般事業会社の企業経営者の投資行動にも、伝統的な事業投資とは異なる視点が導入されており、事業投資を行った企業が最後まで当該事業を遂行せずに事業の売却によって資金回収を図る事業モデルも例外ではなく、事業遂行による資金の回収と事業売却による資金の回収が、一企業の中でも混在してきているとされる。

が同じでもそのばらつきの程度（$\mathcal{V}$）が「客観度」の問題となる一方、平均値から真の価値（x^*）までの隔たり（$\mathcal{B}$）が「忠実度」の問題となり、両者の和（$\mathcal{R}$）が「信頼度」を構成することになる。したがって、信頼度 $\mathcal{R}$ は客観度 $\mathcal{V}$ に忠実度 $\mathcal{B}$ を加えたものとなる（越智［2012］123頁）。

$$\mathcal{R} = \mathcal{V} + \mathcal{B}\ （この値が小さいほど真の値に近い）$$

「信頼度」、「客観度」、「忠実度」の概念は非常に似ているが、別の概念である。こうした枠組みの下で、信頼性の概念を忠実な表現に置き換え、検証可能性の位置付けをサブ特性に後退させた IASB［2010］の取り組みは、例えば公正価値測定のように、測定の客観性には劣る（図表補1-5の③よりも④の分散が大きい）ものの、それ以上に忠実な表現の程度を高め（測定平均値 $\langle \bar{x} \rangle$ は③より④の方が真の値 $\langle x^* \rangle$ に近い）、結果において会計測定の信頼度を高め（$\mathcal{V}+\mathcal{B}$ は③より④の方が小さい）、会計情報の有用性を向上させようとする取り組みと理解できる。なお、IASB［2010］が「信頼性の概念に対する国際的な誤解」として批判していたのは「客観度」における正確性の意味

図表 補1-5 会計測定値における「信頼度」、「客観度」、「忠実度」の関係

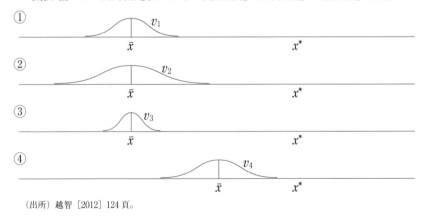

（出所）越智［2012］124頁。

9　IASB［2010］の改訂以前、FASB［1980］以来用いられてきた「信頼性」については、表現しようとするものを忠実に表現することに関わっており、情報利用者に対する保証は測定値が表現上の特性をもっていることを検証することによって確保される（FASB［1980］59項）と定義されていた。

と解されるが、「信頼度」は「客観度」のみならず「忠実度」から構成される。そして、次節で詳述するように「忠実度」は「直接的検証可能性」、「客観度」は「間接的検証可能性」の概念と密接に関連している。

ここで、レベル3公正価値測定における定式化された評価技法[10]（例えば、オプション・プライシング・モデル）の下で、入力数値等の多様性に応じて分布の裾野（測定値のばらつき）が広がり得るのは、会計上の見積り（貸倒引当金、退職給付債務等）と基本的に同様である（前掲図表補1-5の①～③を参照）。しかし、評価技法が定式化されていない領域下では、入力数値のインプットのみならず、評価技法自体が可変的であることから、多峰性のある分布となり、いずれの期待値が真の価値に近いかの決め手がなくなる場合が多い（図表補1-6の⑤～⑥を参照）。

その際、1）不動産鑑定評価において現に行われているように、測定の多峰性を近接させる再計算を重ねることで分布を収斂させることが可能な場合（図表補1-6の⑤）には、その開差を縮める努力を不動産鑑定士のような信頼のおける専門家に委ねるのでもよいかもしれない。しかし、2）非上場株式やCDO（Collateralized Debt Obligation：債務担保証券）等における公正価値測定、あるいはブランド等の経済価値評価でもみられるように、評価技法の多様性に起因して多峰性が著しく離散した分布となる場合（図表補1-6の⑥）

図表 補1-6　測定値の分布の多峰性と収斂可能性

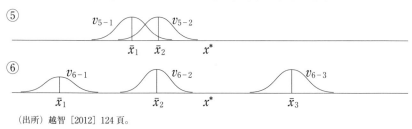

(出所) 越智 [2012] 124頁。

---

10 評価技法（モデル）の定式・未定式を判断するメルクマールは、評価により市場価格と整合的な無裁定価格が得られることに、数学的な保証が与えられているか否かが基本となる。例えば、ブラック・ショールズ・モデルは金利の期間構造と整合するよう作られた無裁定モデルであり（Hull [2003]（三菱証券商品開発本部 [2005] 379、852頁））、複製ポートフォリオで連続ヘッジ可能という金融工学上の理論的保証によって定式化されている。

には、そうした状況の克服は第一義的には鑑定評価理論や金融工学上の問題であって専門家にとっても対応困難であり、経営者の選択に委ねたとしても解決にならない。レベル3公正価値測定のうち、評価技法が定式化していないことに伴い見積りの幅が重要な差異を生む領域下では、忠実な表現を担保するだけの中立性にも疑義が生じる（以下では、レベル3公正価値測定のうち未定式の評価技法を用いた場合を「レベル4」と呼び〈越智［2012］65頁〉、定式化された評価技法を用いた「その他のレベル3」と区別して論じることとする）。

こうした測定上の問題が生じるのは、本来、金融商品において測定の不確実性を生む要素は、市場参加者が価格決定するにあたっての仮定を幅広く指し、入力数値のみならず、評価技法のリスクも含む概念であるが、IFRS第13号の公正価値ヒエラルキー（レベル1〜3）を区分する「インプット」については、「観察可能」か「観察不能」かの観点で階層化するに際し、当該インプットは評価技法への入力数値（データ）のみに着目して規定されている（IFRS第13号73項）ことに起因している。そこでは、レベル3金融商品において定式化されたモデルへの入力数値の不確実性が高くて測定値にばらつきを生じる場合にも、一定の合理的な幅に収まっていれば有用な測定基礎が提供され得るが、未成熟モデル選択の多様性まで含めた場合の測定値には、先述したように（図表補1-6の⑥）、インプットの不確実性とは別次元の重要な不確実性を生むのである（図表補1-7）。

レベル3公正価値測定の重要な不確実性（先述した「レベル4」）が問題と

図表 補1-7　公正価値ヒエラルキーと測定の不確実性

優先順位	インプットの内容
レベル1のインプット	測定日における企業がアクセスできる同一の資産または負債に関する活発な市場における相場価格
レベル2のインプット	レベル1に含まれる相場価格以外のインプットのうち、資産または負債について直接または間接に観察可能なもの
レベル3のインプット	資産または負債に関する観察可能でないインプット
重要な不確実性領域	測定値の多峰性を生む未成熟な測定技法（モデル）による測定

（出所）IFRS第13号を基に著者加筆。

なる金融商品として、証券化商品[11]（例えばCDO：Collateralized Debt Obligation）、非上場株式、保険負債等が考えられる。IASBでは国際的批判を受け入れて、保険負債の公正価値測定は断念されたようであるが、証券化商品については、IFRS第9号の下でキャッシュフロー要件[12]を満たさない場合には公正価値評価による損益計上が認められ（IFRS第9号B4.1.22、B4.1.26、BC4.22、BC4.26項）、取引価格が存在しなければ類似商品価格や価格評価モデルが用いられることになる。しかし、証券化商品のうち金融危機の引き金となったCDOの価額評価において、最も標準的とされるコピュラ・モデルにおいてすら、その前提如何で評価額が大幅に変動し得ることはサブプライム問題で顕現化したところであり、未成熟モデルへの過信が金融経済社会に多大の外部性をもたらした。そこでは、担保資産間の相関の仮定が重要となり、相関を推定する様々なモデル開発が行われてきたものの、一般に定式化されたものには至っていない中にあって、モデル選択によって同一商品での評価差額は著しく変動し得ることになる（図表補1-8）。

　分布の多峰性が存在し、複数期待値の開差が投資判断に影響するまでの重要な差異をもっている場合には、それらの選択や平均を経営者等の任意で行うことが、アプリオリに忠実度を高めるとはいえない。例えば、M&Aの取引目的等で用いられる併用法等による非上場株式評価は、各評価法の評価結果を一定の幅をもって算出し、それぞれの評価結果の重複等を考慮しながら評価結果を導く方法であるが、その前提は、それぞれの評価法による結果が近いことである。一方で、M&Aの交渉局面においても、複数の評価法の結果が著しくかけ離れている場合の併用法の適用には十分な留意が必要である。需給要因や力関係等から判断の射程ないし裁量性が相対的に広い取引目的等と異なり、会計測定の場合には、より厳密な対応を考える必要があろう[13]。

　IFRS財団の教育イニシアティブの一環として2012年12月に公表された「IFRS9号『金融商品』の範囲内の市場価格のない資本性金融商品の公正価

11　IFRS第9号では、優先劣後構造をもつような証券化商品を「契約上リンクしている金融商品」と表記している。
12　証券化商品等については、IFRS第9号においてキャッシュフロー要件を満たすための「ルックスルー・アプローチ」に基づいて、返済原資となる原商品や裏付キャッシュフローについても評価することが求められた。

補章 1 ｜ IFRS の不確実性問題　193

図表 補1-8　CDO における各トランシェの信用スプレッド評価

(単位：bp)

コピュラ	エクイティ	メザニン	シニア	スーパーシニア
正規	1147.43	63.38	0.65	0.000
t (20)	1061.07	86.94	2.33	0.002
t (6)	899.52	127.82	9.11	0.043
t (3)	735.55	165.40	21.81	0.196
反転ガンベル	1018.34	59.01	19.04	2.685
クレイトン	860.61	135.77	12.65	0.099
フランク	1324.02	15.54	0.00	0.000

(注) 資産間の相互依存関係の形状差異に応じてコピュラ・モデルを区分して計測。
(出所) 新谷・山田・吉羽 [2010] 109 頁を基に一部加筆。

値の測定」では、一定範囲の評価額の中で公正価値を最もよく表す金額を選択する際、各技法による評価結果のウエイトを決定するため、①評価額の範囲の合理性、②インプットの相対的な主観性、③個別の事実と状況を考慮する（14-15 項）とした。しかし、個々の方式それぞれについては確立した絶対的な方法はないという点を認めながら、複数方式を併用することについては、一つひとつをとると信頼できない数値を複数寄せ集めると信頼できる数値になるとは思われない。会計測定として、重要な差異を有する多峰性の分布特性が存在する場合には、その平均をとるだけでは、忠実な表現とはいえず、最低限の信頼水準も満たさないと考えられる。

(2) IASB 概念フレームワーク見直しにおける「測定の不確実性」

先述したように 2010 年改訂の概念フレームワークにおいて、有用な会計情報の質的特性の柱の 1 つであった「信頼性」は「忠実な表現」に置き換えられたが、今般の概念フレームワーク見直しを巡り IASB は、観察不能なイ

13　公正価値測定（経済的利益概念）の理想状況（完全・完備市場）との乖離を問題視する見解は古くからみられるが（例えば、Beaver [1998]）、それがどのようなケースにおいて、どういう形で生じ、どの程度の乖離が許容されないのかに関しては、現段階においても十分に解明がなされていない問題である。この点に関し、Nissim and Penman [2008] では、レベル 3 公正価値適用の妥当性を判断するに際し基本的に無裁定価格を適用の 1 つの尺度とみている点で、本章と同様の視座が示されている。

図表 補1-9　測定の不確実性とトレードオフ関係

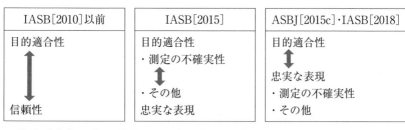

(出所) 秋葉［2015b］31頁を基に ASBJ［2015c］、IASB［2018］を加筆。

ンプット等による測定の「測定の不確実性」概念を明確に打ち出し、公開草案（IASB［2015］）では「測定の不確実性」は目的適合性にトレードオフ機能を発揮し得るとした。その後、最終的に IASB［2018］では公開草案へのコメント[14]を踏まえ、測定の不確実性は目的適合性ではなく忠実な表現に影響を与える要因であり、目的適合性と測定の不確実性の間でトレードオフ関係があるとの見解に改められた（図表補1-9）。こうした見直しは、「信頼性」の復活に向けた国際的批判が根強く聞かれる中にあって、用語は変えないまま測定の不確実性を用いたトレードオフ関係の提示により、2010年以前の IASB 概念フレームワークに近づいたことをもって、関係者の理解を得ようとしたものと解される（秋葉［2015b］31頁）。

改訂後の概念フレームワーク（IASB［2018］）では、測定の不確実性は資産または負債の測定値が直接には観察できず見積りが必要な場合に生じ（2.19項）、その程度如何によっては、測定の不確実性がより低い別の見積りを選択することがあるほか、見積りに依存しない情報が必要になるケースもあり得るとする（2.22項後半、5.21項後半、6.60項後半）。見積りの不確実性のレベルが非常に高く忠実な表現の達成に疑義が生じる状況としては、生じ得る結果の範囲が極端に広く、それぞれの結果の確率の見積りが非常に困難である

---

14 例えば ASBJ は、測定の不確実性を、経済現象が忠実に表現され得るかどうかに影響を及ぼす要因の1つとして説明することを提案するとともに、測定の不確実性のレベルと情報の目的適合性を高める他の要因との間におけるトレードオフ関係ではなく、目的適合性の概念と忠実な表現の概念の間に生じ得るトレードオフ関係を実質的に認識することになる（ASBJ［2015c］18、20項）としていた。

場合のほか、資源または義務の測定が、測定しようとする項目だけに関連するものではないキャッシュフローの異常に困難な配分または非常に主観的な配分を要する場合などが例示されている (5.20項)。広くはこうした状況に包含されるが、金融投資におけるレベル3公正価値のうちの「レベル4」領域を念頭に、モデルの未成熟に伴う測定分布の多峰性の客観的な収斂が困難な場合についても、明示的に意識されて然るべきと考えられる。

測定に重要な不確実性を伴う領域(「レベル4」)では、「真の価値」は存在するとしても実際には測定者に観察不能(「市場参加者の仮定」が収斂していない)なので、未成熟モデル計測値により「忠実度」が高まるかどうかは自明ではない(吉田 [2016] 143頁)。そうした状況の下で経営者判断に依存する観察不能な公正価値は、公正価値の誤用であり (Kothari, Ramanna and Skinner [2010] pp.265-266)、検証困難な公正価値は利益操作の温床になりかねない (Peasnell [2006] p.9)。公正価値測定を過剰に拡張することは、そのような測定値に存在しない精密性の幻想を与えるものであり、貸借対照表計上は取得原価とし[15]、公正価値に係る測定方法毎の測定値のばらつきを幅として注記開示する方が、利益計算の信頼性を歪めることなく、投資意思決定の有用性にも資すると考えられるのである (越智 [2012] 129頁)。

4. 重要な不確実性と検証可能性の関係性

(1) 「検証可能性」に関する IASB 説明への疑問

IASB [2015] に対し ASBJ は、国内の意見も踏まえ、測定の不確実性を、

---

15 仮に取得原価以上に忠実度の高い測定値が想定し得るとしても、そこで用いられる公正価値算出方法の選択如何によって真の価値を過大評価する可能性もあり、取得原価以上に忠実度が高いかどうかは不確実になる。例えば、自己創設ブランドが何がしか存在し得るとしても(ゼロとみるよりは真実の値に近いとしても)、測定方法が成熟していないことに伴い測定の不確実性が高く過大評価の可能性も否定し得ず、恣意的な計上を回避するためにも、貸借対照表には計上しない(ゼロとカウントする)のと同じである。なお、Ball [2006] p.14 では、公正価値情報が企業価値評価に役立つとしても、それを財務諸表本体で認識するか注記とするかの区別が重要との観点から、ノイズを含む公正価値情報については、財務諸表本体で認識し損益に反映する必要は必ずしもないとしていた。

経済現象が忠実に表現され得るかどうかに影響を及ぼす要因の1つとして説明することを提案（ASBJ [2015c] 18、20項）するとともに、測定の不確実性は検証可能性の程度と関連する（ASBJ [2015c] 19項）としたうえで、観察不能なインプット（例えばレベル3）において目的適合的な情報の提供に貢献すると考えられる場合であっても、検証可能性の程度が相対的に低いため忠実な表現が困難になるかもしれない（同21項）とした。こうした立論は、金融投資における公正価値測定を巡る「レベル4」の議論とも重なるが、以下では先行研究を踏まえつつ検証可能性の重要性に関連した考察を付加したい。

　会計情報の質的特性として検証可能性の位置付けを見直したIASB [2010] 以前において、FASB [1980] 以来用いられてきた「信頼性」については、表現しようとするものを忠実に表現することに関わっており、情報利用者に対する保証は測定値が表現上の特性をもっていることを検証することによって確保される（FASB [1980] 59項）と定義されていた。IASB [2010] に至る議論では、こうした検証可能性の観点から、レベル3公正価値測定についても、かねてより疑義が呈されていた（例えば、AAA [2007]、King [2007]、徳賀 [2008]、村瀬 [2008]）。また、ASBJ [2008] は、単に用語の置き換え（信頼性→忠実な表現）というIASBの説明には論理的に無理があるとしたうえで、検証可能性を基本的特性に残しておくことが投資家の会計情報に対する信頼性を確保することになるとし、日本公認会計士協会 [2008] も、検証可能性は会計情報が表現していることについての保証を与えるものであり、表現の忠実性の構成要素と考えるべきであるとしていた。

　IASB [2010] では、目的適合性のある財務情報を提供するうえで非常に重要な将来予測的な見積りの多くが、直接的には検証できないことを認識していながら、それらの見積りに関する情報を除外してしまうと財務情報の有用性が大きく低下する（IASB [2010] BC3.36項）ことを踏まえ、検証可能性が欠けていても必ずしも情報が有用でないということにはならない（同BC3.34項）との見解を示した。IASB [2015] [2018] でも検証可能性の概念を「直接的検証可能性」に限定した意味で用いているようであり、ASBJ [2015c] も同じ土俵に立って、検証可能性が財務情報にとって重要な特性である点を強調しながらも、他方で将来予測的な財務情報は将来期間が到来するまで（直

接的に)検証することは困難であることから、検証可能性は財務諸表を全体として有用とするための不可欠の特性ではないとの見解にも一定の理解を示していた (ASBJ [2015c] 24 項)。

しかし、IASB の説明における「検証可能性」の概念区分には、以下の諸点に疑問を抱かざるを得ない。

① 「(直接的) 検証可能性」が非常に限定された文脈 (現金実査のような一致的な検証に近い文脈) で用いられており、その限定された文脈の下で、(直接的) 検証可能性が有用な情報に不可欠の特性ではないとされている。本来、検証可能性の定義としては、知識を有する独立した別々の観察者が、必ずしも完全な一致ではないとしても、特定の描写が忠実な表現であるという合意に達し得ることを意味し、定量化された情報は、単一の点推定値である必要はなく、考えられる金額の範囲や関連する確率も検証可能であるとされる (IASB [2018] 2.30 項)。直接的検証可能性のように、完全な一致の場合に限定する必要はないのである。

② 公正価値測定は現在価値の測定であるが、評価技法のインプット等に将来事象の結果の予測を含んで見積りの幅が生じるような場合にも、無裁定モデル等を通じて評価技法が定式化していれば、真の価値 (市場価格) との近似性に関し合理的な一定の幅をもった検証は可能である。

③ IASB の定義する「間接的検証可能性」は、「同一の方法論を用いての再計算を意味する」 (IASB [2018] 2.31 項) とされ、これは「選択した認識・測定方法が重大な誤謬・偏りなしに適用されていることの検証」 (FASB [2006] S9(b)項) に過ぎず、「適用された方法の妥当性まで保証するものではない」 (FASB [2006] QC26 項)。そこには方法選択の妥当性、合理性の検証という視点は含まれていないため、先述したように直接的検証可能性が非常に限定された文脈で用いられていることもあって、「直接」、「間接」の狭間で検証可能性が本来カバーすべき領域に空白地帯を生む結果となっている。

翻って、検証可能性を「直接的検証可能性」と「間接的検証可能性」に区分する考え方は、SFAC No.2 (FASB [1980]) の時代からみられており、こ

れを概念フレームワーク（IASB［2018］2.31 項）も基本的に踏襲してきている。直接的検証は、直接的な証拠による会計測定値それ自体の検証であり（FASB［1980］87 項）、先述した測定の「忠実度」の問題と理解される。具体的には、現金計算、有価証券の市場価格等が例示されており、そこでの説明は一致的な検証可能性に近いイメージで言及されることが多い。しかし、現在は SFAC No.2 の時代に比べ見積りによる測定値、とりわけファイナンス理論（無裁定モデル等）に基づく公正価値測定が拡大する中にあって、直接的検証可能性の射程が次第にずれを生むようになってきたのではなかろうか。

　他方で、間接的検証は、使用される会計手続のみに限定した検証であり（FASB［1980］87 項）、先述した測定の「客観度」の問題と理解される。すなわち、評価技法、公式、またはその他の技法へのインプットを照合し、同じ手順を用いてアウトプットを再計算する確認であるとされ、そこで例示された棚卸資産の検証のように、インプット（数量とコスト）をチェックし、同一の原価フローの仮定（例えば先入先出法）を用いて棚卸資産の期末残高を再計算することによって行われる（IASB［2018］2.31 項）と説明される。同様に、一会計期間の減価償却費の金額についても、償却方法、使用される見積要素、そして適用の首尾一貫性を検証する（FASB［1980］87 項）とされる。こうした定義の下で、間接的検証では当該情報が高度の表現の忠実性を有していることを保証できない（FASB［1980］88-89 項）との見方が IASB にも踏襲され、IASB［2010］［2018］では、目的適合性のある財務情報に含まれる見積り要素の検証可能性について専ら直接的検証可能性の文脈でのみ論じられており、（直接的な）検証可能性がなくても忠実な表現は独立に存在し得るので、検証可能性は会計情報の基本的特性ではないという見解が導かれている。

　ここで留意が必要なのは、FASB［1980］や IASB［2010］［2018］において、期末棚卸資産の帳簿価額や一会計期間の減価償却費の測定と定式化された評価技法による公正価値測定を、間接的検証可能性という範疇で同列に論じている点である。しかし、棚卸資産等では費用総額一定の縛りの下で、どのように毎期の配分額をフォーミュラで擬制するかに主眼が置かれ、こうした擬制的配分手段には間接的検証可能性しか妥当しないのとは異なり、定式化された評価技法によるレベル 3 公正価値測定は、無裁定価格という市場価格に裏付けられたベンチマークを基礎に忠実な表現かどうかの合理性が検証可能

となる。例えば、オプションの理論価格は、原資産の価格過程及び幾つかの市場の前提（オプション・プライシング・モデル）の下で、オプションのペイオフを複製するポートフォリオの存在が示せる。そのような無裁定価格が得られる場合には、市場価格に基礎付けられた客観的価値の近似性が検証可能となる。

　ブラック・ショールズ・モデルが一定の仮定に基づくとしても、市場参加者の共通の物差しとして、評価技法が金融工学的な保証の下で定式化されていることが重要である。確かにレベル3公正価値測定において、定式化された評価技法の下でも、経営者判断によるインプットや商品内容等に応じたカスタマイズ（キャリブレーション等）に伴って測定値は可変的であるが、それは貸倒引当金等の見積りと同様の状況である。先述したように検証可能性は、「必ずしも完全な一致ではないとしても、特定の描写が忠実な表現であるという合意に達し得ることを意味し、定量化された情報は、単一の点推定値である必要はなく、考えられる金額の範囲と、これに関連する確率も検証可能である」（IASB［2018］2.30項）。

　評価技法が定式化されていても、上記のような利用者毎の状況に応じた裁量余地を悪用し、自社に有利な帰結を導こうとする誘因も存在する。実際、訴訟において、評価技法の悪用による公正なオプション価額を大きく下回る有利発行とされ、新株予約権の発行差止が認められたケースもみられる[16]。しかし、それらは本来あるべき評価技法は特定され得る中で、評価技法の適用における中立性から逸脱した事例である。また、意図的でなくても特定の状況下では使うべきでないモデル（評価技法）の誤使用といった「モデル・リスク」も生じ得る。こうした場合には、評価技法の適切な適用によって真の価値を近似する忠実な表現になっているかどうか、必要に応じ外部専門家の助力も仰ぎながら、経営者の主観的裁量の幅の合理性を監査人が検証することが有効となろう。そこでの検証方法は、経営者の選択した方法を再計算によって確認する「間接的検証」だけでは忠実な表現を保証しないので、方

16　例えば、募集新株予約権におけるオプション価格の算定に際し、合理的な理由なく行使価格の修正条項を考慮しなかった事例（オープンループ事件〈札幌地判平18年12月13日〉）、行使期間の初日が取得日とされない場合を考慮しなかった事例（サンテレホン事件〈東京地判平18年6月30日〉）などがある。

法選択の妥当性、合理性の検証まで必要であり、後述するように現実にそのような会計監査が行われている。

　一方で、先述したように評価技法が未定式な「レベル4」領域では、測定値に重要な不確実性と差異を生み、合理的な金額の見積りに合意が得られない状況となるので、その意味では間接的検証可能性しか妥当しない領域となる。先のグローバル金融危機において活発な市場が存在しないCDOの公正価値を計算するに際しては、市場関係者の比較的多くが使っているという理由で、金融工学上の問題を抱える（無裁定モデルではない）コピュラ・モデルに便宜的に依存し過ぎたことが、サブプライム問題の一因との指摘もある（長谷・宗國［2008］51頁）。そこでは、担保資産間の相関の形状を推定する様々なモデル開発が行われてきたものの、金融工学上の定式化には至っていない中にあって、先述したようにモデル選択によって同一商品での評価差額は著しく変動し得ることになり（前掲図表補1-8）、モデル選択の妥当性や合理性を検証し、忠実な表現を保証することは極めて困難となる。

　この間、レベル3公正価値測定を巡る実証研究[17]として、任意の追加的情報開示（Chung et al.［2015］）によって、ガバナンスの有効性（Kolev［2008］, Song, Thomas and Yi［2010］）や自己資本比率等の高さ（Goh, Ng and Yong［2015］）が投資家にも識別可能であれば、価値関連性の改善効果が大きいとの分析結果が示されている。しかし、ここで留意が必要なのは、米国でのレベル別開示（SFAS第157号）等に関する過去の実証分析は、銀行・保険会社等におけるレベル3の集計値との関係でレベル1やレベル2との価値関連性を論じており、定式化された評価技法（オプション・プライシング・モデル等）とそうでない測定値が混在している点である。こうした状況を踏まえ、レベル3公正価値測定のうち「広く受け入れられた理論モデルを適用可能なもの」と「それ以外」に分けた価値関連性分析の必要性も指摘（米山［2010］23頁）されている。

17　公正価値測定に関する海外実証研究を詳細にサーベイした国内文献として、例えば、徳賀［2012］、大日方［2012］などがある。

(2) 「検証可能性」概念区分の再構築

ここで会計監査の例を用いて IASB による検証可能性概念区分の問題点を敷衍すると、監査人は、一致的な検証可能性がない見積り情報に対しても、方法選択の合理性、妥当性まで含めて監査手続を実施することによって検証する制度的建て付けとなっている[18]。もちろん、検証可能性の意義に関しては、会計測定の場合には特定の描写が忠実な表現といえるか（「忠実度」）が焦点となっているのに対し、監査の場合には会計基準準拠性（「客観度」）も1つの目安になる点で、必ずしもイコールではない。しかし、監査人にも「実質判断[19]」が求められており、証拠による会計測定値の検証を行うに際し、測定の合理性が問われる場合には、監査においても会計測定におけると同様な意味での検証可能性が問題になり、忠実な表現か否かの検証を行うことになる。

監査人は、測定値のばらつきを区間推定によって、見積りの合理性を検証し得るのであり、検証可能性の概念区分は、「一致的検証可能性」（現金実査等[20]）と「合理的検証可能性」（方法選択の合理性の検証まで含む概念[21]）、「間接的検証可能性」（選択した方法の適用のみ確認[22]）に区分することによって、検証可能性の定義を明瞭にカバーし得ると考えられる。先述したように

---

[18] 公正価値測定を含む会計上の見積りに関する監査手続については、国際監査・保証基準審議会（IAASB）から ISA (International Standard on Auditing) 540 が公表されている。この ISA540 をベースとして、日本公認会計士協会からも監査基準委員会報告書540（会計上の見積りの監査）が発出されているが、そこでは、使用した評価技法（モデル）の妥当性を確認するため、①モデルの変数の適切性を含むモデルの理論的な健全性と数学的な完全性、②モデルの入力数値と市場慣行との整合性及び網羅性、③モデルの計算結果と実際の取引との比較等の評価を行うこと等を求めている（A75項）。

[19] 2002年改訂監査基準において、監査人は、形式的な会計基準準拠性の確認のみならず、会計事象等を適切に反映するものであるかどうか、実質的な判断を行う必要があるとされた。

[20] 「一致的検証可能性」では、市場価格や現金有高のように一点に測定値の検証が絞り込まれる。これは IASB の定義する「直接的検証可能性」と結果において同義である。

[21] 「合理的検証可能性」は、知識を有する独立した別々の観察者が、見積りの合理性に関し合意に達し得ることと定義され、これは基準設定主体の「検証可能性」の定義の範囲内に収まっている。間接的検証可能性と異なり方法選択の合理性の検証まで含む概念であることから、忠実な表現への（100%ではないが一定の）保証を付与する。

[22] 「間接的検証可能性」は、同一の方法論を用いてのアウトプットの再計算（IASB [2018] 2.31項）にとどまり、方法選択の妥当性や合理性の検証という視点は含まれていないため、忠実な表現を保証するわけではない。

図表 補1-10　検証可能性の概念区分

IASB/本章とも共通	IASBの区分	本章の区分	忠実な表現の保証
検証可能性の定義がカバーする領域	直接的検証可能性	一致的検証可能性	◎
	（空白領域）	合理的検証可能性	○
	間接的検証可能性	間接的検証可能性	×

（注）太枠内が忠実な表現の構成要素と考えられる領域。
（出所）著者作成。

IASBは「直接的検証可能性」を非常に狭い（「一致的検証可能性」の）文脈で説明しており[23]、「直接」、「間接」の2区分で全体が網羅されているかのような外観を呈するレトリックを回避するため、敢えて「一致的検証可能性」と「合理的検証可能性」という細分化を行った。すなわち、「合理的検証可能性」は、知識を有する独立した別々の観察者が、見積りの合理性に関し合意に達し得ることであり、そもそも基準設定主体の「検証可能性」の定義により則した概念区分の再構築である（図表補1-10）。

　監査においては合理的保証レベルでの意見表明が求められており、「一致的検証」に馴染む勘定科目では物理的証拠（例えば現金実査）により非常に高い確信が得られる。一方、見積りを含む勘定科目には監査手続の実施により、合理的な見積りの幅に収まっているかの検証を通じて意見表明の基礎を固めていくが、そこでは経営者の選択した見積り方法の妥当性まで含めた「合理的検証」が行われている。他方で、監査によるレベル3公正価値測定の検証についても合理的な幅をもって行われるが、そのうち未定式の評価技法による測定値（「レベル4」）のように、重要な見積りの不確実性を伴う場合には、そうした見積りが忠実な表現と言い得る幅に収まっているかを監査人が「実質判断」するうえで、これを支える合理的検証は困難となり、間接的検証でしか関与できなくなる。仮に当該資産を多額に保有している場合には、「監査上の重要性」に影響を及ぼすインパクトとなり得るので、そうした状況下で、合理的保証のレベルで見積りの重要な不確実性に対応することは、たと

23　「直接的検証可能性」は、直接的な観察（例えば現金実査）を通じて測定値を検証することとされ（IASB [2018] 2.31項）、そこで用いられる測定値の「直接な観察」の射程は、筆者の定義した「一致的検証可能性」に限定された意味にとどまっている。

え監査人が監査手続に最善を尽くしたとしても、訴訟リスクを招来するだけに終わりかねないのである（Christensen et al.［2012］p.140）。

現行の広範なレベル 3 公正価値測定、とりわけ「レベル 4」には、結果的に情報の合理的検証（合理的な幅をもった区間推定）すら困難な状況が放置されてしまっている。測定値に検証可能性が欠けていると、その情報が表現しようとしているものを忠実に表現していない危険性が高くなるので、利用者はより用心深くなる可能性が大きい（IASB［2018］BC2.60 項）。特に未定式の評価技法（コピュラ・モデル等）を有用と過信して失敗した金融危機後は、合理的検証すら困難な情報がアプリオリに有用とはいえないであろう。これまでの立論を踏まえると、「一致的検証可能性」と併せて「合理的検証可能性」が「忠実な表現」の構成要素であったとしても、何ら不自然なことではない。それは、測定に重要な不確実性がないことと表裏の関係にあると考えられる。

これを先述した測定の「忠実度（測定平均と真の価値との近さ）」、「客観度（測定値の分散）」との関係で敷衍すると（図表補1-11）、まず①市場価格のように一点に測定値が絞り込まれる「一致的検証可能性」が妥当する場合には、言うまでもなく「忠実度」、「客観度」ともに最大である。次に②レベル 2 公正価値測定あるいは定式化された評価技法によるレベル 3 公正価値測定等においては、入力変数等に応じて一定の幅をもった推定となるが、それが合理的な幅に収まっている限り独立した観察者は合意可能であり、「合理的検証可能性」が見出せる。そこでは、会計上の見積り項目（インプット等のばらつき）に応じて「客観度」に高低はあり得るが、測定平均値からの「忠実度」は高まることが合理的に見込まれる。他方で、③評価技法の多様性に伴い測

図表 補1-11　「検証可能性」と「忠実度」、「客観度」との関係（概念図）

①一致的検証可能性	②合理的検証可能性	③間接的検証可能性
市場価格	定式化された評価技法	未定式の評価技法
$x = x^*$	$\bar{x}\ x^*$	$\bar{x}_1\ \bar{x}_2\ \bar{x}_3$
〈測定値＝真の価値〉	〈測定値は真の価値に近似〉	〈真の価値は観察者には不明〉

（出所）著者作成。

定値が多峰性を生む分布となる場合には、独立した観察者にとって合理的な幅に収まらない重要な測定差異が生じるので、「忠実度」の合理的検証は困難であり、それぞれの測定値の「客観度」を「間接的検証可能性」を通して確かめるしかない。

IASB［2018］において、「測定の不確実性」による目的適合性とのトレードオフ関係の再導入は一定の改善であるが、本来的には、「一致的検証可能性」に併せて「合理的検証可能性」を「信頼性」ないし「忠実な表現」の構成要素とする方向で、会計情報の質的特性の概念を再構築する必要がある。その際、会計測定と監査は別次元の問題として検証可能性を巡る議論の深化が阻まれることがあってはならず、往々にして生じる両分野の溝は、「検証可能性」ないし「監査可能性」の概念が明確にコンセンサスを得た用語として共有されていないことに問題の一端があるのではなかろうか[24]。

その遠因はIASBによる直接的・間接的検証可能性の2分法の下で、本来的に検証可能性の定義に含まれ得る合理的検証可能性の概念領域が、（意図的か無意識か別にして）見落とされていることにある。「一致的検証可能性」と併せて「合理的検証可能性」を「忠実な表現」の構成要素に含めることは、単に会計と監査との不整合を防ぐという消極的意味からではなく、会計システムの健全化の観点からも重要と考えられる。すなわち、合理的検証可能性が及ばない重要な不確実性を伴う測定が行われると、意思決定有用性の基礎が崩れるとともに、会計判断はなされるが監査判断が十分にできないギャップ領域（「会計判断＞監査判断」（友杉［2000］322、329頁））を生み、会計不正の温床ともなりかねない。監査の実質判断の基礎ともなる合理的検証可能性を欠く状態は、堅牢な会計システムを金融経済社会に提供していくという基

---

[24] 監査可能性の用語については、監査が実施できるか否かであり検証可能性とは異なる概念（齋藤［2005］26頁）、検証可能性を要素として含むが監査人が保証を付せるかという次元の異なる問題（町田［2011a］59頁）との見解から、監査可能性の観点から監査対象に求められる主たる属性は検証可能性（Mautz and Sharaf［1961］pp.15, 42、内藤［1998］113頁）で、監査可能性の側面からの会計基準開発への一定のフィードバックを期待（五十嵐ほか［2011］16頁）する見方まで幅があり、必ずしも明確にコンセンサスを得た概念とはいえない。本章では、監査可能性と検証可能性は全く同義ではないものの、監査人が「実質判断」を行うに際しては、忠実な表現か否かの検証が求められるので、その局面においても、監査可能性と検証可能性に概念の重複があると考えている。

準設定主体の責任ある立場からは、行き過ぎであり、無責任であるとさえ考えられる。

IASB［2010］が検証可能性をサブ特性に後退させたのは、将来予測的な要素を含む財務情報は将来期間が到来するまで（直接的な）検証は困難であり、そうした（直接的な）検証が困難な情報を除外してしまうと、財務情報の有用性が大きく低下するというのが主たる論拠であった。しかし、そこでは事後的な一致的検証可能性（将来時点での実現値と一致するか）のみ念頭に置いての立論であり、見積りの幅に対する事前段階での合理的検証可能性（現時点の情報に基づく見積りが合理的な幅から逸脱していないか）は考慮に入れられていない。「レベル4」のように見積りに重要な不確実性がなければ一定の幅をもった合理的検証は可能であり、合理的検証可能性を求めることは、目的適合性のある情報を除外し財務情報の有用性を低下させることにはならない。

経営者による主観的で不確実な見積り情報を財務情報に取り入れるのは、情報優位な者の判断を重視する結果であるが、評価技法が定式化されていない場合には、そもそも経営者に市場参加者の視点で評価技法を選択させるロジック自体に無理があり、これは他のインプット等の見積りの場合と大きく異なる点である。IASB自身も、「検証可能性は、その情報が表示しようとしている経済現象を忠実に表現していることを利用者に確信させるのに役立つ」（IASB［2018］2.30項）と述べているが、こうした意思決定有用性を画するメルクマールとしても、合理的検証可能性の概念が忠実な表現の構成要素として果たす役割は大きいと考えられる。

5．おわりに

本章では、IFRSや概念フレームワーク見直しを巡るIASB等の立論も踏まえつつ、測定の不確実性の視点から公正価値測定の適用領域について考察した。まず、IFRS第9号で新たに分類基準となった「事業モデル」概念に関し「事業活動の性質」と比較的親和性が高いことを論じたうえで、「事業活動の性質」による測定区分に立脚しつつも、売却可能性や信頼性の観点か

ら、財務業績と財政状態における測定基礎の取り扱いの差異について整理・検討した。次いで、金融投資のレベル3公正価値測定のうち無裁定価格の金融工学的な保証を大きく逸脱した領域、すなわち未定式の評価技法に起因し測定に重要な不確実性を生む「レベル4」領域の特質を論じ、これを踏まえIASBの「測定の不確実性」概念とも関連させながら、「合理的検証可能性」の視点を組み込んで「忠実な表現」のメルクマールを考察した。本章で得られた分析視点も交えて規範的・実証的議論がさらに活性化すれば、財務会計論と監査論を統合した堅牢な会計システムの構築にも貢献可能と思慮している。

　なお、実証研究という面では、公正価値のレベルが低いほど価値関連性が低くなるものの、財務健全性、ガバナンス・システムの有効性等が高い場合には相対的に価値関連性が大きく、公正価値のレベルが低くなるほど、ガバナンス・システムの有効性等に関する追加的開示は投資家に対して有用な情報となり得るとされている。もとより合理的な見積りの使用は、財務諸表の作成の不可欠の一部であり、財務諸表の有用性を必ずしも損なうものではなく、見積りは適切に記述し開示する必要がある一方で、公正価値等の見積りの不確実性のレベルが非常に高いと、たとえ見積りを適切に記述し開示したとしても、それによる情報は有用といえなくなる（IASB [2015] 5.21項、EFRAG [2013b] p.9）。問題の核心は、レベル3公正価値測定のうち評価技法が定式化されておらず重要な不確実性を有するケース（「レベル4」）であり、規範的・概念的議論を踏まえ、「レベル4」と「その他のレベル3」に区分した精緻な価値関連性分析が望まれるのである。

　測定に重要な不確実性を伴う領域の分析に際しては、データ入手や比較の整合性確保等の点でテクニカルな困難も予想されるが、金融危機後にCDOの発行・取引が低調な状況下、差し当たり非上場株式であれば一定の取引規模があり、わが国のIFRS適用企業においても、とりわけ総合商社においても多額の保有がなされ、かつ単年度の評価変動幅も非常に大きい。ただ、現状の開示内容では、金額的な重要性[25]に比して簡潔に過ぎるため、観察可能でない価格の見積りが適切かどうかは、読み手の立場から見て、必ずしもトレーサブルでないようにも窺われる（図表補1-12）。今後の開示拡充にも期待したいが、わが国では、非上場株式の評価差額をその他包括利益で処理す

図表補1-12　IFRS適用商社における非上場株式等のレベル3公正価値開示

(2017年3月末（カッコ内は2016年3月末)、億円)

社名	非上場株式等残高	インプットないし測定方法
三菱商事	7,571 (7,031)	割引キャッシュフロー法を用いた評価については、観察不能インプット（割引率）の加重平均値（10.5％）のみ開示。その他については、1株当たり純資産価値、類似取引事例との比較、第三者による鑑定評価等により行っているとの記述のみ。
三井物産	6,460 (5,610)	割引キャッシュフロー法を用いた評価については、観察不能インプット（割引率）のレンジ（5.6～14.3％）のみ開示。その他については、類似企業比較法等のほか、金額的に重要性が高いものは外部専門家の評価を利用しているとの記述のみ。
伊藤忠商事	4,655 (4,897)	割引キャッシュフロー法を用いた評価については、観察不能インプット（割引率）のレンジ（6～12％程度）のみ開示。その他については、修正純資産法等を用いているとの記述のみ。

（出所）各社の有価証券報告書における開示情報を基に著者作成。

る（かつIFRSではリサイクリングしない）ことが一般的であろうから、その意味では価値関連性分析のサンプルとしては、損益計上も見込まれる欧米企業等の方がより適切であろう。

25　大手商社の非上場株式残高は総資産対比で概ね1割程度のウエイトを占めている。また、三井物産［2013］5頁によれば、2012年4月1日のIFRS移行日において、非上場株式の公正価値評価によって資産規模は約5千億円拡大し、包括利益への影響額は約3千億円（税効果調整後）とされるが、その評価差額は当時の当期純利益総額に匹敵する金額インパクトであった。

補章 2

IFRS のボラティリティ問題

1. はじめに

　会計情報は、情報提供機能（意思決定支援機能）とともに利害調整機能（契約支援機能）も有しており、国際財務報告基準（IFRS）において、投資家の意思決定有用性に資するため公正価値を含む割引現在価値測定が拡大された場合、そうした情報が利害調整の基礎としても有用かの確認が必要となる。公正価値情報等の特質として、補章1で先述した不確実な見積りの側面とともに、測定値のボラティリティの高さという側面がある。測定のボラティリティの高さは、財務制限条項（コベナンツ）の抵触問題と同様に、銀行監督においても特定の財務指標を基にしたオフサイトモニタリング等を行う際に攪乱要因として作用する懸念があり、公正価値を含む会計情報（IFRS）が契約や銀行規制・監督等の文脈において利害調整機能を果たし得るのかが問われることになる。

　公正価値測定と銀行規制・監督の利害調整問題[1]を巡り以下では、まず、IFRS による金融商品会計見直しとバーゼルⅢ改訂の交錯領域として、株式

の全面公正価値測定とその含み損益のコア自己資本算入により、規制自己資本比率の変動が増幅されかねない点について論じる。次いで、割引現在価値測定等のボラティリティ問題の例として、IFRS 第 9 号の予想信用損失（Expected Credit Loss）の見積りを採り上げ、情報インダクタンスによる経営者裁量の介在が政策目的（プロシクリカリティ〈景気循環増幅効果〉抑制）の阻害要因になりかねないことを論じ、見積りの合理性を裏付け可能な検証枠組みの重要性を指摘する。最後に、ボラティリティ問題への対応として、欧州で IFRS 適用銀行に要求されている追加的な監督用財務報告（FINREP）の比較可能性向上への役立ちとともに、IFRS 第 9 号における予想信用損失の偏りのない見積りと適切な監査に向けた政策当局・基準設定主体の環境整備等にも論及する。

2．IFRS とバーゼルⅢの交錯

バーゼル銀行監督委員会（BCBS）による BIS 規制は、第 1 の柱（最低所要自己資本比率）、第 2 の柱（金融機関の自己管理と監督上の検証）、第 3 の柱（市場規律）から構成されているが、いずれも会計情報が活用されている。第 5 章で触れたようにバーゼル銀行監督委員会は、先のグローバル金融危機の教訓を踏まえて新しい BIS 規制（バーゼルⅢ）を策定し、リスクアセットの計算において証券化商品の資本賦課や市場リスク、カウンターパーティ信用リスクの捕捉を強化するとともに、自己資本の質と量の改善を標榜している[2]（第 5 章：図表 5-2）。わが国でもバーゼルⅢを踏まえ自己資本比率に関する告示が改正され、国際統一基準行に対しては 2013 年 3 月 31 日から新しい規制が適用された。

1　本問題については、徳賀・太田［2014］や弥永［2012a］などにおいて全般的なサーベイや検討がなされており、こうした先行研究を踏まえつつ本章では、より個別的な論点に踏み込んでいきたい。

2　総資本最低所要水準 8% のうち普通株と内部留保に限定した普通株等 Tier1（コア自己資本）比率が 2% から 4.5% に引き上げられ、将来のストレス期に備えた資本保全バッファー 2.5%（2019 年の完全移行時）を加味すると、実質的には普通株等 Tier1 比率 7（4.5 + 2.5）% 以上、総自己資本比率 10.5（8 + 2.5）% 以上が求められる。

銀行規制・監督の目的は預金者保護や金融システムの安定性確保にあり、財務会計の目的との差異に起因して、自己資本比率規制では会計数値に対する規制上の保守的な調整を行っており、「のれん及びその他の無形資産」、「繰延税金資産（純額）」、「自己の信用力の変化に起因する負債の評価損益」などは規制自己資本から除外される。ただ、バーゼルⅢとバーゼルⅡを比べると、IFRS公正価値会計の下で、自己資本に含まれる「その他の包括利益の含み益」の算入が拡大される結果となっている。例えば、有価証券評価損益については、従来、①ネット評価損の場合は税効果調整後の額の全額（結果的に約60％）をTierⅠから控除し、②ネット評価益の場合はその45％相当額をTierⅡに算入する扱いであったが、バーゼルⅢの下では、有価証券評価損益はその他項目とともに「その他の包括利益累計額」として、コア自己資本に（45％ではなく）全額反映される扱いになる。

　そもそも従来の自己資本比率規制において、自己資本に45％とはいえ株式の含み益を算入したのは日本の要請による経緯があったとされるが、これが結果的にプロシクリカリティのメカニズムを通じてわが国のバブルを増幅させるとともに、バブル崩壊後の景気悪化を深刻化させる要因にもなったとの教訓も指摘されている（原田［2010］28頁）。邦銀は国内のバブル崩壊後に株式保有の圧縮を大胆に行ってきている[3]ものの、バーゼルⅢの枠組みにおける政策保有株式含み益の算入により、邦銀の自己資本比率の変動幅は増幅され株式市況の影響を受け易くなる（野﨑［2011］27-28頁）。こうしたバーゼルⅢの取り扱いに関しては、当該事業年度の損益計算書に反映される（公正価値測定による）評価損益は、広義の実現損益あるいは実現可能な損益であるという価値判断に基づいているのではないかとの見方（弥永［2012a］4頁）もあるが、前章で述べた通りIFRS第9号では非上場株式を含め広範なモデル公正価値（補章1で論じた「レベル4」等）も許容しており、測定技法が定まらない中で裁量的な運用を助長しかねない要素を内包していることには留意が必要である。

　規制自己資本は、安定的かつ直ちに損失吸収が可能でなければならないの

3　2006年9月末には「銀行等の株式等の保有の制限等に関する法律」が適用されたことも重なり、邦銀の株式保有残高は、1993年対比では既に2012年末時点の段階で半分程度にまで削減されていた（みずほ総合研究所［2014］249頁）。

で、意思決定に有用な会計情報でも調整・修正の余地がある一方、著しく信頼性に欠け有用性に乏しく情報提供の観点からも本来、公正価値評価すべきでないものを公正価値評価した場合には、当然ながら損失吸収バッファーにも馴染まず、契約支援機能に対しても悪影響を及ぼす（日本銀行［2014］17頁（小賀坂発言））。規制サイドでは「会計の枠組みの進展を考慮しつつ未実現損益の適切な取扱いを引続き検討する」（BCBS［2011］p.13）としており、この点に関しては、会計が実現（可能性）という基準とは無関係に資産・負債の測定や当期純利益に反映されるべき評価差額を規律するのであれば、国内レベルにおいて、例えば金融庁告示において実現・未実現の判断基準を定める必要が出てくるのではないか（弥永［2012a］4頁）との指摘もみられた。

　IFRS第9号における非上場株式の公正価値測定については、修正国際基準（JMIS）を巡る企業会計基準委員会（ASBJ）の議論において、意思決定有用性の観点から最終的に受け入れ可能とされたが[4]、2017年末のバーゼルⅢ最終合意（BCBS［2017b］）では、利害調整（監督・モニタリング）の観点から、投機的な非上場株式のリスクウエイトは400％と大幅に引き上げられる（従来は100％）とともに、株式に係る信用リスクアセットの算出方法として、銀行独自の推計である内部格付手法が廃止され、標準的手法のみ適用可能と改められた。なお、国内においてのみ活動する国内基準行の規制のあり方について、金融庁は、わが国の実情を十分踏まえ金融機関の健全性を確保することを念頭に置いて検討を行った結果、2013年3月8日に公表した「第1の柱」（最低所要自己資本比率）に係る告示の一部改正（国内基準行に2014年3月期から適用）では、その他有価証券の評価差額金はコア自己資本に算入しない（28条）こととした。

4　2014年7月に公表されたJMIS公開草案やASBJの議論（Webcast等）によれば、非上場株式等の公正価値測定に関しては、必ずしも理論面等で得心が得られているわけではないが、IFRS削除等項目を必要最小限にする観点が優先され、削除等は2項目（のれんの償却、その他包括利益のリサイクリング）に限定されたようである。そこでは、多くの削除等項目が行われた場合、JMISがIFRSから派生したものと認められない可能性が懸念されたとされる（ASBJ［2014］5頁）。しかし、金融庁によれば、JMIS公表の主眼は、あるべき国際会計基準の姿についての日本の考え方を積極的かつ説得的に発信していくことにあり、IASBがJMISを国際会計基準として扱わないのは当たり前（池田［2014］13頁）としている。後者の立論を徹底すると、削除等を2項目に限定する必然性はなかったようにも窺われる。

他方で、IFRS適用先行国の欧州等においては、公正価値会計等によって銀行を中心に利益数値や業績指標のボラティリティ増大が多方面で観察されており（Novoa et al.［2009］p.28, Gigler et al.［2013］p.4）、これに伴いコベナンツへの抵触可能性の高まりも指摘されている[5]（Iatridis［2008］p.25）。こうしたIFRS導入に伴うボラティリティへの対応もあって、オーストラリアでは多くの上場企業がIFRSの下で開示が求められていない基礎的・恒常的利益を開示し（Finsia and AICD［2008］p.6）、法令に基づかない業績指標の濫用が証券市場の混乱を招いた（ASIC［2011］p.5）とされる。

わが国企業においても、IFRS導入による金融商品（その他有価証券）の財務数値へのインパクトに関し、業績の変動幅を増大させる可能性が指摘されており、その場合、それらの数値を長期的な関係構築を前提とする契約活動に織り込むことには工夫が必要とされる（加賀谷［2010］13-14頁）。また、公正価値評価ではないものの、金融資産の減損（貸倒引当金の認識及び測定）に関し、IASBは発生損失モデルに代えて予想信用損失モデルを採用した。その是非は別にして予想信用損失モデルの下では、信用損失の考慮等に経営者の判断や仮定を多く必要とするため、測定の操作可能性が大きくなるという特徴がある。そこで次節では、ボラティリティ問題としてIFRS第9号の予想信用損失モデルに的を絞り、その改訂経緯を振り返りながら、情報インダクタンスの視点に基づいて経営者の減損見積りの裁量的変動性に関してゲーム論を用いた分析を行う。

3. 予想信用損失モデルにおける情報インダクタンス

(1) 金融商品の減損を巡る見直し経緯

IAS第39号の発生損失モデル（Incurred Loss Model）の下で、「減損の客

---

[5] IFRSにおける公正価値等見積り情報の拡大に伴い、Demerjian［2011］によれば、財務制限条項の契約において貸借対照表の活用度がこの10年間に大きく低下しているとされ、さらにBall et al.［2015］でも、2001～2010年に世界43か国において、IFRS導入企業が相対的に貸借対照表を財務制限条項で活用する程度が低いことを明らかにしている。こうした状況を踏まえ、加賀谷［2017b］では、会計基準の変化の進展等が財務諸表数値の変動性を増大させ、会計情報の資本市場における影響力の低下等につながっているとしている。

観的証拠」が発生しない限り予想される損失に対して減損を計上できないという特徴のため、減損の客観的証拠の発生前の期間における利息収益の過大計上（front-loading）や、減損の認識の遅れといった問題が指摘された。とりわけグローバル金融危機において、減損を示す客観的証拠（減損トリガー）を起点に一気に損失が認識され、あたかも崖から落ちるような影響（cliff effect）を業績に与え、景気循環増幅効果（procyclicality）を助長したなどの批判にさらされた。金融危機に伴う金融機関への財務リスク面への影響は、わが国を含め関与が薄かった国々には限定的であったものの、震源地の米国や投資に深く傾斜した欧州において特に深刻であり、G20首脳会議等からは、よりフォワードルッキングな情報を用いた代替的手法を開発することが勧告された。これを受けて会計基準設定主体サイドでは、IAS第39号の改訂プロジェクトの一部として、償却原価及び減損に関する見直し事項をIFRS第9号に取り込むこととなった。

こうした中、IASBが2009年11月に公表した公開草案（IASB [2009]）では、金融資産の全期間にわたる信用損失を含む期待キャッシュフローにつき、各測定日に見積り直すモデルが提案された。そこでは、予測される信用損失を考慮した実効利子率を用いて金融資産の利息収益が各期間に配分されるため、利息収入は約定金利に基づいた認識額よりも少なく計上され、その差額が実質的な貸倒引当金繰入額となる。これは実際に信用損失が発生する前により早期に信用損失が認識できることを意味し、当初認識時の予測通りに信用損失が発生すれば減損損失は認識されない一方で、測定日毎に見直しされる期待キャッシュフローを当初認識時の実効金利で割り引いた現在価値と、見直し前の償却原価との間に差額が生じた場合には、即時に損益認識される。

例えば、景気の悪化（改善）に先んじる形で経営者が徐々に景気の悪化（改善）を見込んで、毎年少しずつ先行きの信用損失の期待を修正する場合、発生損失モデルでは、現実の景気悪化（改善）に伴う毀損率の上昇（低下）という客観的証拠によって信用損失が増加（減少）することになる。これに対し、予想信用損失モデルでは、現実に景気悪化（改善）が進む前に、予め、将来時点（満期まで各期）の資産価値の毀損率に関する予想が毎期改定される下で、信用損失額は景気悪化（改善）が進むにつれむしろ減少（増加）し、景気循環と逆に動いていくことから、一定の景気循環抑制効果（countercyclicality）

を生むのではないかと考えられたのである。ただ、予想信用損失モデルの下では、信用損失を考慮した期待キャッシュフローの推定に経営者の判断や仮定を多く必要とするため、測定の操作可能性が大きくなるという特徴がある。

IASBの公開草案に対する国際的な反応としては、予想信用損失を採用する方向には賛同しつつも、提案された方法に対する実行可能性上の難点、実務上の懸念が多く寄せられた。すなわち、金融商品の残存期間にわたり確率加重平均ベースで将来キャッシュフローを見積るのは、金融機関で一般的な常にポートフォリオ内で債権の入れ替えが発生することを前提とした債権管理では適用困難であることに加え、実効金利に信用損失を織り込むように見積ることの複雑性なども指摘された。こうした批判を踏まえIASBでは2011年1月に補足文書（IASB [2011]）において、減損の認識方法に関し、ポートフォリオを good book と bad book に分類することを提案した。

すなわち、bad book では予想損失額全額を貸倒引当金として計上する（IASB [2011] 2(b)項）一方、good book については、①予想損失を期間按分する方法により算出した金額と、②予測可能な将来における予想損失を比較し、いずれか大きい金額を貸倒引当金として計上することとし（同2(a)項）、実務界の要請も踏まえ予想損失の配分は利息認識とは分離（decoupling）した。ところが補足文書にも強い批判が寄せられた[6]ため、信用の毀損状態に応じて3つのバケット（区分）の分類により引当金の認識時点が決まる[7]というアプローチを有力候補として、2012年7月までIASBとFASBの議論が重ねられた。しかし合意に至らず、2013年3月にIASBは単独で、それまでのアプローチを踏襲した「3ステージモデル」（図表補2-1）に基づく改訂公

---

[6] good book に係る2重計算は、運用上困難であり、「予測可能な将来」という用語について首尾一貫した適用を確保するのに十分な定義をしていないなどの指摘があった（IASB [2013a] BC10項）。

[7] 優良債権である「バケット1」（信用度が当初認識以降に著しく悪化していない等）は、先行き12か月の予想損失の引当を行う。これに対し、中間的債権である「バケット2」（信用度が当初認識以降に著しく悪化しているが、信用減損事象の客観的根拠がない）、不良債権である「バケット3」（減損の客観的証拠が存在）については、全期間の予想信用損失を認識する。このため、信用の悪化（回復）の程度に基づき、信用損失引当金について2つの異なる測定目的が導入されることになる。

図表 補2-1　IASBの3ステージモデルの概要

当初認識時以降の信用の質の悪化 →

ステージ1	ステージ2	ステージ3
ステージ2または3に該当しない金融資産が含まれる。原則として、金融資産は当初認識時にステージ1に含まれる。	以下の要件を満たす金融資産が含まれる。(1) 信用リスクが当初認識時以降に著しく増加しており、かつ、(2) 報告日現在の信用リスクが低いとはいえない（例：「投資適格」の格付けより低い場合）。	報告日時点で減損の客観的な証拠がある金融資産が含まれる。

予想信用損失の認識

12か月の予想信用損失	全期間の予想信用損失	全期間の予想信用損失

金利収益

総額での帳簿価額×実効金利	総額での帳簿価額×実効金利	償却原価（注）×実効金利

(注) 償却原価＝総額での帳簿価額－損失評価引当金
(出所) ASBJ［2013］15頁。

開草案（IASB［2013a］）を公表し2014年7月には最終基準化した。

　3ステージモデルでは信用の質の変化に応じて、ステージ1は1年間の予想損失を見積るのに対し、ステージ2・3は全残存期間の予想損失を見積ることになる。こうした考え方に対しFASBは、アウトリーチ結果に基づいて理解可能性、実行可能性、監査可能性等の面で米国の関係者が大きな懸念を抱いている点を報告し[8]、IASBとのコンバージェンスを断念のうえ2012年12月に、代替的なアプローチである「現在予想信用損失モデル（Current Expected Credit Losses Model：CECL）」に基づいた会計基準更新書案（FASB

8　いずれの測定目的を用いるべきかについての要件が曖昧であり、測定目的に振替のタイミングに関連して利益操作の可能性があるほか、予想損失の一部を認識するアプローチから、予想信用損失の全額を認識するアプローチへの移行に伴い激変する可能性もあるなど、3バケット減損モデルは首尾一貫して適用されず、財務諸表の利用者に対して比較可能性のある情報や透明性のある情報をもたらさない可能性が指摘された。

[2012]）を独自に公表した後、2016年6月には最終基準化した。ここで現在予想信用損失とは、認識された金融資産等から「回収が期待されない契約上のキャッシュフロー」の現在の見積りであり、FASBは、IASBのように「12か月の予想損失」と「満期までにわたる予想損失」の2つの測定目的に立脚せず、「回収が期待されない契約キャッシュフロー」という単一の測定目的に基づいている[9]。

　この間、わが国の現行基準においては、銀行等金融機関における債務者区分で正常先・要注意先向け（金融再生法開示債権では正常債権・要管理債権）の一般貸倒引当金と、破綻懸念先（危険債権）以下向けの個別貸倒引当金の2本立ての制度となっており、債務者単位を前提とした管理となっているため、債権単位による管理を前提としたIFRS第9号とは異なる。しかも、IFRS第9号の予想信用損失モデルでは、当初認識時からの相対的な信用リスクの変化を評価する相対的アプローチが採用されており、一定時点の絶対的な信用リスクの水準を評価する現行のリスク管理実務と異なっているため、現行信用格付区分と3ステージ区分との紐付けとともに各ステージ判定の基準・閾値の設定、管理区分の単位の変更等に困難が予想される。

　なお、わが国の一般貸倒引当金については、債権の平均残存期間に生じ得る予想損失を見積るのが原則とされているが[10]、日本公認会計士協会が2003年2月に公表したガイドライン（「銀行等金融機関の正常先債権及び要注意先債権の貸倒実績率又は倒産確率に基づく貸倒引当金の計上における一定期間に関する検討」）[11]では、「当面の扱い」として、先行き1〜3年の見積りとすること（正常先及び要注意先〈要管理先を除く〉は先行き1年間、要注意先のうち要管

9　見積りに際しては、予想損失の見積りに関連する企業内外の全ての情報を利用し、将来の事象の考慮も求められるため、損失の発生の可能性が高くなる（probable）まで信用損失を計上しない従来実務から大きく変更されることになる。また、全ての対象金融資産について全期間の予想信用損失の認識が求められるため、その引当額は「3ステージモデル」より大きくなる。
10　わが国の金融商品会計では、「貸倒引当金は、……期末までにその原因が発生しているものの損失見込額を計上するものである」（金融商品会計実務指針第302項）ため、「外部環境等の変化を考慮し過去の貸倒実績率を補正するその他の方法」（同111項）も許容されるなど、IFRS第9号と同様に将来予測的な情報を見積りに反映する考え方も原則的な考え方の中には採り入れられている。ただし、必ずしも将来予測的な情報を反映することを全面的に求めているわけではない。

理先債権は先行き3年間）が容認されてきた。他方、個別に将来キャッシュフローを現在価値に割り引く手法については、個別貸倒引当金において与信額が100億円以上の大口債務者において既に採用されているが、対象は信用力の悪化が明確化している先のみであり、また将来予測の困難性や保守性の観点から、将来キャッシュフローを合理的に見積れる範囲で限定的に行うこととされてきた（金融庁［2017a］償却・引当（別表2）7-12頁、日本公認会計士協会［2003］3-6頁）。

　日本のIFRS第9号へのコンバージェンスは今後の検討課題に残されているが、上記のように減損会計を巡りIASBとFASBに見解の相違はあるにせよ両者とも従来の発生損失モデルから予想信用損失モデルに移行した点では共通しており、いずれの基準設定主体もマクロ経済政策[12]への貢献に踏み出したと言える。確かにIASBの公表物には、政治的中立性からプロシクリカリティに明示的な言及はなされておらず、会計基準見直しの主要な目的は、より有用な情報を提供することにあり、そのことを通じて現在実務で生じている複雑性にも対処するとしていた（IASB［2013a］「IASBが本公開草案を公表する理由」）。しかし、基準設定主体の提案する予想信用損失モデルが、引当のタイミングが過少かつ遅延するという問題の解決に向けて政治的要求にも応えようとするものである（河井・武藤［2010］33頁）ことは、常識的には前後の経緯等から明らかであろう。

　会計はマクロ経済政策に貢献すべきなのか、それとも政策決定主体に材料を提供することをもって会計の役割は十分と考えるのか、難しい問題であるが仮に政策科学としての役立ちを会計に求めるとしても、主観的な予測を介在させ実体経済に影響を与えることで実現しようとする政策目的（プロシクリカリティの抑制）が、市場の反応を先読みする経済主体（経営者等）の裁量により覆されてしまう可能性には留意が必要である。とりわけ将来予測的（フォワードルッキング）な情報に基づく減損見積りでは、裁量的調整行動がよ

11　同ガイドラインは金融検査マニュアルを基礎としているが、金融庁［2017b］では、第5章で述べたように2019年4月以降を目途に検査マニュアルを廃止するとしており、その後の取り扱いについて2018年夏を目途に検討結果を示すとしていた。

12　バーゼルⅢでは、プロシクリカリティ抑制のため、与信過剰時に最低所要資本に上乗せされる「カウンターシクリカル資本バッファー」も設定可能とした。

り高まる可能性がある。

　銀行業における貸倒引当金繰入額の裁量的調整行動については、既に国内外で様々な実証分析によって裏付けられている。例えば、発生損失モデルの下でも、銀行が利益平準化や市場へのシグナル等を意図して裁量的な貸倒引当金計上を行うことは、海外のケースでは Wahlen [1994] や Collins et al. [1995] などによって実証されていたが、大日方 [1998] は、日本の1981年度から1995年度までのデータを使って期間・業態別に分析した。他方で、須田 [2000] では、バブル崩壊後の1992年当時、投資家は処理に積極的な銀行を好感し、逆に低いと遅れているとみられる中にあって、貸倒引当金の計上は利益調整仮説ではなく実態開示仮説による情報の非対称緩和目的が支配的とした。また、日本の地銀・第二地銀を対象に2001年度以降2011年度までの期間で実証分析した梅澤 [2016] では、一般貸倒引当金における利益平準化仮説、自己資本比率調整仮説、個別貸倒引当金におけるシグナリング仮説を支持する結果を示したほか、中野 [2017] でも、国内銀行の2001年度から2014年度までの観測値を基に利益調整行動を裏付けた[13]。

　金融データの実証に際しては、国毎に置かれた環境の違いのみならず、国内においても基礎となる制度的・経済的環境が不連続的に変化するため、実体経済を扱う場合と異なり長期時系列での分析枠組みの設定に際しては慎重な配慮が必要であり、どの時期を対象にした実証分析であるかが極めて重要となる。いずれにしても上記の実証事例からも窺われるように、発生損失モデルの下でも経営者の裁量行動を誘発するのであるから、ましてや予想信用損失モデルにおいて裁量余地を増やせば調整行動を増しかねない。この点に関し、次に情報インダクタンスやゲーム論の考え方を用い、減損見積りに裁量的調整行動が介在することによって規制目的の達成に沿わないケースが生じ得ることを論証したい。

(2) 減損見積りにおける情報インダクタンス

　予想信用損失モデルにおいては、期待キャッシュフローを推定するに際し

13　この他にも日本の銀行業を対象にした実証研究として、奥田 [2001]、加藤 [2004]、矢瀬 [2008] などがある。

て、経営者の将来に向けた見積りに大きく左右されるが、それでは、こうした主観的見積りはどのように決まってくるのだろうか。経営者は先行きの信用損失を見積る場合、その経営者の判断は景気循環や市場心理など、外部環境によって影響を受けると考えられる。一方で、その外部環境は、経営者が発信する財務情報を受けて変わり得る。こうしたことから、財務情報を発信するに当たっての経営者の判断や仮定を分析するには、財務情報の送り手と受け手の間における「送り手→受け手」だけでなく、「受け手→送り手」という逆方向に影響を及ぼす関係も考慮に入れて、相互のメカニズムを分析する必要がある。

そうした分析には、「情報インダクタンス（information inductance）」という考え方が有用と考えられる。情報インダクタンスとは、情報の送り手が、自ら発信する情報に対する情報の受け手の反応を先読みし、そうした方向に、発信する情報（会計的裁量行動）や企業行動（実態的裁量行動）が「誘導（induce）」されることを意味している[14]。予想信用損失モデルの場合、発生損失モデルに比べ見積りによる裁量が広いこともあり、経営者が将来の信用損失を見積る際には、経済情報や自己のモデル分析などから得られる客観的とみられる情報以外に、自ら作成する財務情報に対して市場がどう評価するかという視点も介在する余地が大きくなると考えられる。こうした市場の評価には、例えば、(i)不良債権に市場が非常に敏感で、銀行の健全性のために、少しでも信用損失を織り込むことが望ましいと考えている場合もあれば、(ii)目先の収益を重視して、多めの信用損失を織り込むことによる利益の悪化を嫌うという場合もあり得る。

以下では、情報の送り手として銀行経営者[15]、情報の受け手として銀行の

---

14 Prakash and Rappaport [1977] pp.29-38、田村［1998］92頁の説明に負えば、情報インダクタンスには、①送り手が自らの業績の記述を修正する、②送り手が事実としての行動を修正する、③送り手がその目標を修正する、という3点がある。このうち、①は企業が減価償却費や引当金繰入額の計上額を操作するなど、会計事実を動かさずに会計情報だけを修正することである。また、②は企業が保有有価証券を売却するなど、会計事実自体を修正することである。換言すると、①は会計的裁量行動に、②は実体的裁量行動にそれぞれ該当する。
15 ここでは、情報インダクタンスの概念を金融資産の減損処理に応用して考察することから、典型的な例として、銀行の財務情報を念頭に置き、情報の送り手としては銀行の経営者を想定している。

発行する証券(株、債券)に投資する投資家を想定し、減損を巡る銀行経営者と投資家の間のゲームとして捉え、そのゲームの均衡を求め、均衡において情報インダクタンスが生じていることを示す。ゲーム状況として、まず、銀行は、①財務体力が強固な場合、②財務体力が脆弱な場合の2つの状態があるとする。次に、銀行が取り得る選択肢は、①減損を多めに行う、②減損を少なめに行う、の2つがあるとする[16]。また、投資家が取り得る選択肢は、銀行の発行する証券に、①投資する、②投資しない、の2つがあるとする。さらに、投資家は銀行の真の財務体力は知り得ないが、銀行が選択肢のいずれを取ったかは知り得ると仮定する。こうしたルールの下で、(i)投資家が多めの減損を好感する場合と、(ii)投資家が多めの減損を好感しない場合の2つの場合について、どのような均衡が得られるかを考察する(上記(i)及び(ii)におけるゲーム均衡の導出過程の詳細は、章末の「補遺」参照)。

(i) 投資家が多めの減損を好感する場合

銀行と投資家の間で情報の非対称性が存在すると仮定する。すなわち、銀行は自分自身の真の財務体力を知っており、投資家はそれを知り得ないとする。そして、投資家は銀行の真の財務体力は分布(0.5で強固、0.5で脆弱)としてしか知り得ないが、銀行の行動(減損多と減損少のいずれを選択したか)は分かると仮定する。また、銀行と投資家の利得は、双方にとって既知、すなわち、両者が取り得る全ての行動パターンにおいて、それぞれがどれだけの利得となるかが分かっているとする。

まず、投資家の利得については、銀行の発行する証券に投資することによる利得と考え、財務体力が強固な銀行に投資する場合には正、投資しない場合には0をとり、財務体力が脆弱な銀行に投資する場合には負、投資しない場合には0をとると仮定する。ここで、投資家は、減損額の多寡をシグナルに財務状況を推測して投資を判断するが、その際、「多めの減損は財務体力が強固である」とのシグナルと考え、多めの減損を好感して受け止めると考える。つまり、投資家の行動は、次のようになると仮定する。

---

[16] 「減損多め」、「減損少なめ」といっても、一般に認められた会計基準(GAAP)の範囲内の裁量的な会計行動を想定しており、そこには会計士の監査も行われるので、一定の合理性が要求され、経営者が無制限に裁量を働かせるわけにはいかないのは当然である。

財務体力が強固な時に 多めの減損を選択する	≧	財務体力が強固な時に 少なめの減損を選択する
財務体力が脆弱な時に 多めの減損を選択する	≧	財務体力が脆弱な時に 少なめの減損を選択する

　一方、銀行の利得は、銀行の発行する証券（株、債券）に投資されれば高い、投資されなければ低いと仮定する。また、銀行の利得は、財務体力が強固な時の方が脆弱な時よりも大きくなると考える。さらに、銀行の利得については、その時、投資家に投資してもらえるかどうかという点に加えて、作成した財務情報が、結果的に投資家が期待しているものと異なっていた場合には、投資家の信頼を失い、今後の資金調達などに支障が出るという形でコストとして銀行の利得に反映されることとする。ここでは、「銀行が財務体力の強固な時に、減損を多めに行い、財務体力の脆弱な時に、減損を少なめに行うこと」が財務体力に見合った会計処理であると、投資家に考えられているにもかかわらず、「財務体力が強固にもかかわらず減損を少なめに行うこと」、「財務体力が脆弱にもかかわらず減損を多めに行うこと」は、中長期的にみてサステイナブルな処理ではないと見られて、今後、銀行の発行する証券に投資されにくくなるといったコストが発生すると考えている[17]。その結果、銀行の利得は、次のようになると仮定する。

財務体力が強固な時に 多めの減損を選択する	＞	財務体力が強固な時に 少なめの減損を選択する
財務体力が脆弱な時に 多めの減損を選択する	＜	財務体力が脆弱な時に 少なめの減損を選択する

　以上の設定を踏まえて展開形ゲームで表現したものが、次頁の図表補2-2である。

17　このコストが実際に発生するのは、次回以降に資金調達する時であり、厳密には繰り返しゲームによってダイナミックに解を求める必要があるが、ここでは、簡略化のために1回ゲームの利得の中に、将来発生し得るコストの現在価値を反映させている。

図表 補2-2 ケース(i)：投資家が多めの減損を好感する場合

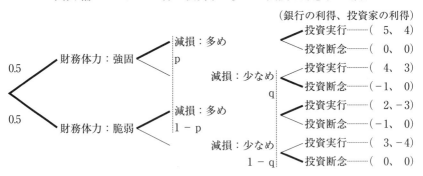

投資家は、「多めの減損」を示された時、銀行の財務体力が強固で多めの減損をしているのか、財務体力が脆弱で多めの減損をしているのかを区別することができない。そこで、投資家は、「多めの減損」を示された時、銀行の財務体力は$p(0 \leq p \leq 1)$の割合で強固、$(1-p)$の割合で脆弱であると主観的に判断する。同様に、投資家は、「少なめの減損」を示された時、$q(0 \leq q \leq 1)$の割合で強固、$(1-q)$の割合で脆弱であると判断する[18]。

この展開形ゲームの均衡（完全ベイジアン均衡）は、「投資家の行動」、「銀行の行動」の整合的な組合せとして求められる。投資家は「銀行の行動」を考慮しつつ、投資先の財務体力が強固か脆弱かに関し、ある信念 (p, q) に基づいて、自らの期待利得が最大になるように行動を決定する。一方、銀行は、「投資家の信念と行動」を考慮しつつ、自らの期待利得が最大になるように行動を決定する。ケース(i)の均衡を求めると、以下の通りになる。

(投資家の行動)：「多めの減損」であれば当該銀行の証券に投資し、「少なめの減損」であれば投資を行わない。

(銀 行 の 行 動)：財務体力強固・財務体力脆弱のいずれの場合も「多めの減損」を選択する。

(ii) 投資家が多めの減損を好感しない場合

ケース(ii)は、ケース(i)と同様に、銀行と投資家の間で情報の非対称性が存

---

18 ゲーム理論では、これらのパラメータは信念（belief）と呼ばれる。

在し、銀行は自分自身の真の財務体力を知っているが、投資家は銀行の真の財務体力を分布（0.5 で強固、0.5 で脆弱）としてしか知り得ない。また、投資家は、銀行の行動（減損多と減損少のいずれを選択したか）は分かると仮定する。さらに、銀行と投資家の利得は、双方にとって既知とし、銀行の利得は、財務体力が強固な時の方が脆弱な時よりも大きく、銀行の発行する証券（株、債券）に投資された時の方が投資されない時よりも大きいと仮定する。ケース(ii)がケース(i)と異なる点は、減損についての選択をした時の銀行と投資家の利得についてである。

ケース(ii)においては、投資家が減損額の多寡をシグナルに財務状況を推測して投資を判断する点は同じであるが、ケース(i)とは異なり、投資家は減損を行うことが目先の利益にどう影響を与えるかに注目すると仮定している。すなわち、投資家は、多めの減損を行うと、その分利益が減少するので、ケース(i)とは逆に「多めの減損」を好感せず、財務体力の如何にかかわらず、少なめの減損（高利益）を選択すると考える。その結果、投資家の利得は以下のようになる[19]。

財務体力が強固な時に多めの減損（低利益）を選択する	≤	財務体力が強固な時に少なめの減損（高利益）を選択する
財務体力が脆弱な時に多めの減損（低利益）を選択する	≤	財務体力が脆弱な時に少なめの減損（高利益）を選択する

一方、銀行の利得は、ケース(i)と同様に、銀行の発行する証券（株、債券）に投資されれば高い、投資されなければ低いと仮定し、財務体力が強固な時の方が脆弱な時よりも大きくなると考える。また、作成した財務情報が、結果的に投資家が期待しているものと異なっていた場合には、投資家の信頼を失い、今後の資金調達などに支障が出るということをコストとして、銀行の利得に反映させている。ケース(ii)では、投資家の期待は、ケース(i)と異なり、

---

[19] ケース(ii)も、減損の多寡をシグナルとして、投資家は投資を行うが、ケース(i)とは異なり、投資家は利益の多寡に注目しており、「多めの減損」を低利益、「少なめの減損」を高利益の proxy のシグナルとして見ていると仮定している。

「銀行が財務体力の強固な時は、決算も高利益（少なめの減損）であり、財務体力の脆弱な時は、決算も低利益（多めの減損）である」と仮定している。このような投資家の期待とは裏腹に、「財務体力が強固にもかかわらず多めの減損（低利益）を選択」、「財務体力が脆弱にもかかわらず少なめの減損（高利益）を選択」という会計処理を行い、そのことが投資家に判明すると、今後、銀行の発行する証券に投資されにくくなるといったコストが発生すると考える[20]。その結果、銀行の利得は、次のようになると仮定する。

財務体力が強固な時に多めの減損（低利益）を選択する	<	財務体力が強固な時に少なめの減損（高利益）を選択する
財務体力が脆弱な時に多めの減損（低利益）を選択する	>	財務体力が脆弱な時に少なめの減損（高利益）を選択する

以上の設定を踏まえて展開形ゲームで表現したものが、図表補2-3であり、ケース(ii)の均衡を求めると、以下の通りになる。

（投資家の行動）：「少なめの減損」（高利益）であれば、当該銀行の証券に投

図表 補2-3 ケース(ii)：投資家が多めの減損を好感しない場合

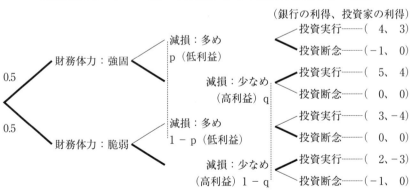

---

20 ケース(ii)の場合も、ケース(i)と同様に、投資家の期待を裏切ったことにより次回以降に発生するコストを、1回ゲームの利得の中に反映させている。

資し、「多めの減損」(低利益) であれば、投資を行わない。
(銀行の行動)：財務体力強固・財務体力脆弱のいずれの場合も「少なめの減損」(高利益) を選択する。

(3) 若干のインプリケーション

　以上のゲームから得られる均衡は、(i)の投資家が多めの減損を好感する場合では、財務体力強固・財務体力脆弱のいずれの場合も「多めの減損」を選択する、となり、(ii)の投資家が多めの減損を好感しない場合（目先の決算の結果に注目するケース）では、財務体力強固・財務体力脆弱のいずれの場合も「少なめの減損」（高利益）を選択する、となる。こうした均衡戦略はどう考えるべきであろうか。

　(i)のケースでは、財務体力が強固な銀行における利得は、投資家の反応を考えない場合でも、「減損多め」（利得5〈投資あり〉、利得0〈投資なし〉）の方が「減損少なめ」（利得4〈投資あり〉、利得−1〈投資なし〉）より大きく、投資家の反応を考えた場合の均衡戦略と一致している。

　他方、財務体力が脆弱な銀行では、投資家の存在を考えない場合は、「減損多め」（利得2〈投資あり〉、利得−1〈投資なし〉）よりも「減損少なめ」（利得3〈投資あり〉、利得0〈投資なし〉）の方が大きい。しかし、投資家の反応を考慮して減損を行った場合の均衡戦略は、「減損を多めにする」が選択されており、情報インダクタンスが生じていると解釈することができる。すなわち、財務体力が脆弱な銀行は「減損多め」を選択すると、「減損少なめ」を選択するよりも、次回以降の資金調達への影響などのコストが発生する一方で、減損の多寡をシグナルに投資を行う投資家に、自己の発行する証券に投資をしてもらえることは大きな魅力である。その結果、経営者は、「減損少なめ」を選択することで投資してもらえず利得が0となるよりは、将来発生するコストを考慮に入れたとしても「減損多め」を選択し投資してもらう方が銀行の利得は上がると考える（財務体力が脆弱な銀行が「減損多め」を選択した場合の利得 (2) は、同銀行が「減損少なめ」を選択した場合の利得 (0) より大きい）。このように、経営者の会計行動は、投資家の反応の予測に誘導された結果、投資家の反応を考慮に入れない時に比べて修正されている。

　さて、このように財務体力が脆弱な銀行の行動が誘導された結果をどう評

価すべきであろうか。財務体力が脆弱な銀行は、投資家に投資してもらいたいがために「減損多め」を選択したわけであるが、一方で多額の減損を行う十分な体力がない状況で「減損多め」という選択をすると、収益が圧迫され自己資本が過小となるリスクを抱えることになる。そうした場合、財務体力が脆弱な銀行は財務体力維持のために資産圧縮に走り、融資を慎重化させるかもしれない[21]。もし、そうした行動を取る銀行が多ければ、マクロ的にみるとプロシクリカリティを生み出す可能性も否定できない。

一方、(ii)のように、投資家が目先の決算の結果に注目し、多めの減損を好感しないような場合には、財務体力の脆弱な銀行は「できるだけ少なめに減損を実施する」を選択する[22]。この場合には、(i)のようにプロシクリカリティを生むことは考えにくい。予想信用損失モデルでは、先行きの見積りに測定結果が大きく左右されるが、そこでの経営者の主観的見積りを分析するに当たっては、投資家の反応を先読みすることによって経営者の行動が誘導されるという情報インダクタンスの考え方も有用となろう。会計基準にマクロ・プルーデンスの視点が入ると経営の操作余地から「いたちごっこ」のゲーム的状況を生みかねず（小林ほか [2013] 253-255 頁（冨山発言））、会計基準の変更により実体経済に影響を与えようとする試みは、そうした変更を織り込んだ市場とその反応を先読みする経済主体（経営者）の主観の介在により、覆されてしまう可能性がある点には留意が必要である。

予想信用損失モデルを採用した IFRS 第 9 号は相対的アプローチの下で、信用の質がステージ 1 からステージ 2 に悪化する際のメルクマールである「著しい信用リスクの増加」について定義しておらず、予想信用損失の見積り・算定方法も具体的に特定していない中で、各社が「合理的かつ裏付け可能な

---

[21] ただし、思い切って減損処理をしたことが結果的に市場に評価され、銀行の株価が上昇すれば、自己資本比率の制約が緩和され資産圧縮をする必要はないかもしれず、「資産圧縮→融資慎重化」といった行動は起こらないかもしれない。そうしたことを分析するには、市場の反応を予測した銀行の行動に対して、市場がさらにどう評価し、それに対して銀行経営者がどう行動するかといった、もう一段階先のゲーム的状況を考える必要があろう。

[22] こうした選択をするのは、(ii) のケースにおいて、市場が目先ばかりの決算に目を奪われていることによる面が大きい。そのため事後的に振り返ってみれば、客観的には健全性の観点からもっと減損損失を計上しておいた方が良い可能性もある。そして、そうしたことを監督当局が認識して、もっと減損損失を計上するように事前の段階で指導するかもしれず、そうなれば実際にはこうした形の均衡は存在しないかもしれない。

情報」を基に判断することになる。予想信用損失の見積りに向けて内部で生成したデータや仮定を利用し企業により異なるモデルないしシナリオを用いるので、マクロ経済指標の選定や倒産確率への反映方法を含め高い主観性が介在する[23]。こうした測定の不確実性の下で、投資家の行動を先読みする経営者の行き過ぎた裁量的調整行動が紛れ込まないようチェックし、規制目的に沿った運用を実現していくには、会計監査や当局検査の役割がクローズアップされようし、そうした牽制・監視機能の有効な作動に向け、後述するような基準・ガイドライン等検証枠組みの整備が非常に重要になろう。

4．IFRSにおけるボラティリティ問題への対応

(1) 銀行監督当局のオフサイトモニタリングへの影響

　資産・負債における価額等のボラティリティに伴う価値変動リスクは、金融機関ではALM（Asset Liability Management）や統合リスク管理を通じて均されるが、金融機関のみならず一般事業会社においても、自社のリスク管理活動により適合的なヘッジ会計が可能となれば、業績変動のリスクに一段と適切に対応することが可能になる。こうした観点から、より機動的かつ柔軟なヘッジ会計に向けてIAS第39号からIFRS第9号への見直しが行われたところであるが、ここでは、ボラティリティ問題の銀行監督への影響という利害調整の観点から、オフサイトモニタリング面での対応を中心に論ずることとしたい。

　銀行監督当局は、オフサイトモニタリングとして、単体及び連結ベースで健全性に関する報告書等を徴求のうえ調査・分析するとともに、オンサイトの検査または外部監査人も活用しながら独自に検証する（BCBS [2012] p.32）。その際、会計数値がそのままオフサイトモニタリングに活用可能であれば、追加的なコストはミニマイズされる。他方で、公正価値評価等の拡大の結果、例えば後述するように融資契約における財務制限条項の修正・調整に際し、

---

[23] 将来予測情報の反映に際し、複数シナリオに基づいて偏りのない確率加重金額の測定を行うにしても、そもそも発生確率の決定自体に決め手がなく、信用リスクの著しい増大の評価問題を含め同様の課題認識はEBA [2017] でも示されている。

検証のための会計情報の有用性が低下すると、監督当局にとってのモニタリング・コストが嵩み、これにつれて金融機関にとっての対応コストも増大する懸念がある（徳賀・太田［2014］41、43頁）。

　財務制限条項への影響については、ボラティリティの増大に対応すべく会計数値の一部修正や契約内容の変更が必要となり、会計情報の契約上の有用性が低減し、それを補塡するためにコストの増加をもたらす可能性（草野［2014］93、96頁）が指摘されている。その際、財務諸表本体情報の区分表示により情報の除外・修正・調整が容易である限り契約支援機能に大きな問題は生じない（徳賀・太田［2014］44頁）ともいえるが、ボラティリティによる会計の質の低下を補うため、代替的な指標が容易に作成・入手できない場合にはモニタリング・コストの増加を招くことになろう。こうした事情は、監督当局が会計数値を補うために代替的なモニタリング情報を入手する場合も同じで、追加的なコストを生む可能性がある。

　こうした状況は、先述したような公正価値測定ないし割引現在価値測定に限られたものではなく、IFRS の下で原則主義やマネジメントアプローチなどでも同様の問題を惹起する。原則主義に基づく会計処理が求められる場合には、企業の考える前提や将来に対する見通しが会計処理に強く反映される傾向があるので、会計処理を巡る判断や前提の違いが、同じ経済的事象に対して異なる会計処理を促すこともあり得る（加賀谷［2010］9頁）。金融危機に直面した2008年10月に IASB は「活発でなくなった市場における金融商品の公正価値測定と開示」を公表したが、その後に策定された IFRS 第13号でも、秩序ある取引ではない取引の識別を規定しており（B43-44項）、「活発な市場」がない中で、直近で同一商品の取引価格がなく、同種商品の市場価格も観察可能でない場合には、モデル計算など評価技法による公正価値測定を行うことが原則主義の下で許容されている。ただ、ここで「活発でない市場」とは、取引量が急減した場合や取引価格が市場参加者・時期によって大きく異なる場合などの市場を指すが、その判断は容易ではない。

　実際、秩序のない取引による「活発でない市場」の特定方法が明確でない中にあって、例えばフランスの銀行等が2011年1～6月期決算で計上したギリシャ国債の減損損失の会計処理を、IASB が問題視したことがあった（日本経済新聞［2011］）。そこでは、フランスの銀行等が取引量の極端な落ち込

みから市場価格は正当な価値ではないと判断した一方、IASB は市場取引量が落ち込んでも「活発な市場」は存在すると主張したのである。このように「活発な市場」の有無に関し、原則主義の下で同じ経済的実質を有していたとしても判断が分かれ、比較可能性を大きく損なう可能性が浮き彫りになっている。

こうしたギリシャ国債を巡って顕現化した「活発な市場」の有無に係る判断については、基本的に市場インフラ整備の問題であって、原則主義の下で経営者の裁量や監査人の実質判断に委ねたのでは監督目的に十分応えられない。関係者のコンセンサス醸成に向けて、可能な限り客観的なメルクマールの共有が望まれ、例えば市場から得られる指標（スプレッド観察を通じた流動性プレミアム等）でなるべく数値化するなどして、関係者の明確な合意形成を担保するものとしなければならない。この点は、会計・監査の視点のみならず市場監視・銀行監督の観点からも、株式の値幅制限あるいは先物でのサーキットブレーカー制度等にみられるような、市場インフラ・ルールの要否や対象範囲等も視野に入れた検討を行う必要があり、その意味では追加的なコストが必要となる。

(2) **銀行監督における比較可能性の確保**

IFRS 導入に伴う財務指標のボラティリティの高さは、第2節の後段で触れたオーストラリアの例（基礎的・恒常的利益の任意開示）などのように市場の混乱（コスト）を生むだけでなく、規制上の財務比率の設定や解釈に際し監督当局にとっても潜在的なコストとなり得る。仮にそうした情報が早期警戒アラームとしての役割を果たすのであれば監督目的にも有用である可能性があるが（弥永［2012a］7頁）、情報のボラティリティが常にリスク感応的な変動を示すとは必ずしも言えず、意味のないノイズについては除去しなければならない。とりわけ市場取引がない場合の未実現利益など信頼性に乏しくボラタイルな財務数値は、銀行監督における信用秩序維持の観点からのフィルター（prudential filters）を通さなければならない（CEBS［2004］pp.3-4）ので、その場合にはモニタリング・コストが追加的に発生することになる。

例えば、2005年からIFRSが各国で導入された欧州では、ボラタイルな会計数値に代えて欧州間で監督上の財務報告を調和化するため、2006年か

らIFRS適用の貸付金融機関を対象に共通のFINREP（FINancial REPorting）の徴求を開始している。そこでは、欧州銀行監督委員会（CEBS：2011年1月からEBA）にとって、市場性のない公正価値評価に対する信頼性問題など会計数値とプルーデンスの不整合拡大によって、会計リスクの高まりがデータアセスメントの必要性（コスト）を増大させることから、当初から銀行等に必要に応じた修正報告書を要求したのである。EU域内で規制報告上の調和を図るというEBAの目標を達成するため、FINREPは随時改訂を重ねてきているが、引き続きIFRSに基づき監督当局への申告書を作成する貸付金融機関に適用され、導入が義務付けられたコア・テンプレートと、各国当局が任意で導入する非コア・テンプレートなどが含まれている（KPMG [2011] 35頁）。

もとよりFINREPは欧州各国固有の規制項目の標準化も企図しており、財務数値の修正コストと同時に、標準化による各国横断的監視というEBAの監督上の便益も生む。ただ、IFRSの下での様々な経営者裁量によるバラツキの大きさが財務数値の比較可能性等を阻んでいる背景があり、欧州域内で統一された報告基準の策定を行うに際し、そうした裁量に伴うバラツキを制御し（CEBS [2006] pp.3-4）、比較可能性の確保を通じて規制当局にとっての情報の質的向上を図る必要に迫られたことは否定できない。各国規制当局は四半期毎、半期毎、または年1回の頻度で報告を要求することができ、EBAはXBRLタクソノミを使用することを強く推奨しているが、対象金融機関の情報作成・報告コストも少なくない。なお、FINREPは全EU加盟国に義務付けられているわけではないが、EBAは「従わない場合は説明が必要（comply or explain）」という条項を定めており、FINREPを使用しない規制当局は、使用しない理論的根拠を明確に説明しなければならない（KPMG [2011] 35頁）。

同様に測定実務のバラツキを抑制したい銀行監督当局の関心は、先述したIFRS第9号における予想信用損失の評価にも向けられている。バーゼル銀行監督委員会は、2015年2月に予想信用損失モデルの厳格な運用を奨励するガイダンスとなる市中協議文書（BCBS [2015b]）を公表しており、同モデルを採用する銀行における信用リスク評価の実務や引当水準のバラツキに一定の歯止めをかけることを企図している。そこでは、当初認識時からの信用

リスクの著しい増加の評価（相対的アプローチ）に関する具体的な判断の目線を提供するとともに、銀行監督上、より精緻な信用リスク評価を奨励する観点から、IFRS 第 9 号が容認する簡便的な取り扱いの濫用を制約する内容となっている(BCBS [2015b] pp.24-35)。また、国際監査・保証基準審議会(IAASB)によって予想信用損失モデルへの移行に伴う監査上の課題の検討も進められ (IAASB [2016])、2017 年 4 月には国際監査基準 (ISA) 540「会計上の見積りの監査」の改訂公開草案 (IAASB [2017]) が公表された後、現在、コメントを踏まえた検討が行われている。

この間、FSB（金融安定理事会）により設立された開示強化タスクフォース（EDTF）からは 2015 年 11 月に、銀行のリスク開示に対する予想信用損失アプローチの影響について記述した「銀行のリスク開示に対する予想信用損失アプローチの影響」が公表された。そこでは、信用損失の認識・測定及び特に将来情報に対するガバナンスを構築し強化するには、システム及びプロセスへの大幅な変更が必要になるとしたうえで、予想信用損失アプローチを原因として今後生じる変更について市場が理解するのに役立ち、整合性及び比較可能性の確保に資する開示に関する 28 の提案を行うとともに、開示において測定の透明性の向上に向けて説明すべき事項を列挙した。また、国際的な 6 大会計事務所ネットワークで構成されるグローバル・パブリック・ポリシー委員会 （GPPC）からは、2016 年 7 月に、予想信用損失の高水準な導入及び移行段階におけるガバナンス責任者による進捗評価の支援を目的として、IFRS 第 9 号における減損の要求事項に係るガイダンス (GPPC [2016]) が公表され、さらに 2017 年 7 月には、監査委員会が監査人の予想信用損失への対応手続の有効性を評価するのに役立てる目的で、IFRS 第 9 号における見積りの監査に関するガイダンス (GPPC [2017]) も公表された。

IFRS 第 9 号は 2018 年 1 月 1 日から適用が開始されたが、こうした官民挙げた一連の環境整備は、予想信用損失モデルの導入が銀行の財務報告に与える重要な影響に鑑み、経営者等による予想信用損失の偏りのない見積りと適切な監査等を支援し、堅牢で合理的な実務の定着を通じて、会計基準設定の目的達成と同時に銀行監督における比較可能な情報の確保にも資するものと評価できる。今後は、こうした施策の実効性とともに、予想信用損失モデルが政策目的（プロクシカリティの抑制）の達成に本当に役立っているのか、

会計基準策定（変更）の実体経済への影響やその有効性に対する事後検証が必要となろう。

5．おわりに

　一般に当局による銀行規制・監督はプルーデンス政策（prudential policy）と呼ばれる。prudence という用語は、会計上、「慎重性の原則」（あるいは「保守主義」）の考え方として用いられ、同じ用語でもプルーデンスの意義は銀行監督と会計で異なるが、監督当局の信用秩序維持政策の考え方の根底には、銀行経営におけるサウンドバンキング（sound banking）という考え方がある。第5章の末尾でも少し触れたように、それは銀行経営における健全性と安全性を重視する理念であり、本来「バンカー」とは、そうした理念が骨身にしみた職業専門家のはずであろう。サウンドバンキングには、自己資本の充実や危険分散のほか、流動性の確保、支払能力の確保などが要請され、それは不確実性への慎重な対処という文脈において、会計上の慎重性ないし保守主義とも重なり得る概念である。

　例えば、イングランド銀行（BOE）が、近年、より慎重な財務諸表の作成を銀行に求めているのは、ゾンビ会社と呼ばれている会社に対する貸付に関して、債務不履行の可能性が高いにもかかわらず、銀行が損失を認識しないことにより、貸出ひいては経済成長が抑制されることを懸念してのことである（Levenstein and Talbut [2012] p.1）。慎重性の原則については、IASB [2010] によって中立性と不整合として削除された後、IASB [2018] で「注意深さとしての慎重性」として復活したが、利益操作目的の下に行われる経営政策としての「過度の保守主義」が真実性の原則に反するとしても、バッドニュース・ファーストを促す非対称的な適時性（Basu [1997] p.5）という意味での慎重な保守主義は美徳であり、利害調整のうえでも有用な属性であろう。慎重性としての保守主義は、企業の状況につきまとう不確実性及び危険が十分に考慮されることを確保すべく、不確実性に対し慎重に対処することであり、中世イタリア時代の古くからの商人の慣習である低価主義に端を発し、善良な商人の慣習として EU 理事会第4号指令、フランス商法、ドイツ商法、

イギリス会社法などにも規定されてきた[24] (安藤 [2001] 101-119 頁)。

IASB [2015] において非対称的な慎重性まで視野に入れた議論が展開されていたものの、最終的に IASB [2018] では、財務報告の利用者にとっての有用性を損なうおそれもあるとして、非対称性的な慎重性は概念フレームワークの質的特性に含めないこととされた (IASB [2018] 2.17 項)。保守的な見積りを財務諸表に慎重に反映することは、保守的な偏向として言及される場合もあるが、過度に楽観的な経営者の見積りの影響に対抗するためには望ましい場合があり (EFRAG [2013a] pp.4-6)、欧州のように会計の起源と目的が受託責任等に重きを置くガバナンス制度に根付いている場合には、保守的に慎重な会計は、受託責任の履行の基礎を提供すると同時に、長期投資家にとっても有用な属性であり、ひいては経済の安定にも資する (Levenstein and Talbut [2012] p.1)。

なお、非対称的な慎重性を含む保守主義が利害調整に向けて有効に機能するうえでも、検証可能性は鍵となる情報特性である (Watts [2003] p.208, Kothari et al. [2010] pp.255-256)。IASB [2010] で「信頼性」の概念が「検証可能性」を構成要素としない「忠実な表現」に置き換えられた後、EFRAG [2013b] の問題提起[25]などもあって信頼性に関する議論も再度行われたが (IASB [2018] BC2.28 項)、IASB [2018] では現状維持のスタンスにある。しかし、「信頼性」は「忠実な表現」のみならず「検証可能性」を含む概念として会計情報の基本的な質的特性と考えられ、意思決定有用性のみならず頑健な金融経済システムを支える基礎としても重要であることは、補章 1 において詳論した通りである。

---

24 わが国の企業会計原則においても「保守主義の原則」が規定され、「企業の財政に不利な影響を及ぼす可能性がある場合には、これに備えて適当に健全な会計処理をしなければならない」とされてきた。このように各国においては、利益の過大表示の弊害が過少表示のそれよりも大きいとの経験を踏まえ、「健全な保守主義」は是認されてきたのである。

25 EFRAG [2013b] p.9 では、信頼性は目的適合性と等しく重要であり、信頼性の考え方 (検証可能性を含む) を財務諸表の情報の基本的な質的特性として改めて記述すべきとしたうえで、信頼性をどのように評価すべきか、情報を有用とするためにどの程度の信頼性が必要か、必要と考えられる検証可能性の程度を含めて議論が必要としていた。その際、見積りに関するプロセスやインプットの開示は測定の不確実性を必ず補うものではないという学術研究にも言及していた。

補遺：ケース(i)及び(ii)における均衡の導出

　経営者の発する財務情報に対する市場の反応予想が、予め経営者の情報発信や企業行動を規定する情報インダクタンスの視点から、減損の主観的見積りを巡る経営者と市場の行動に関してゲーム理論による分析・論証を行ったが、その際の完全ベイジアン均衡の求め方を含めゲーム均衡の導出過程の詳細は、以下の通りである。

1. ケース(i)における均衡の導出

　展開型ゲームの均衡は最終手番（この場合、投資家）から考えるため、まず、投資家の信念と行動の関係をみる。
　投資家が減損多を観測したときには、投資家の期待利得は、

　　投資実行の期待利得：$4p+(-3)(1-p)=7p-3$
　　投資断念の期待利得：$0p+0(1-p)=0$

となるため、①投資家は、$p>3/7$ であれば投資を実行、$p\leq 3/7$ であれば投資を断念する。
　また、投資家が減損少を観測したときには、投資家の期待利得は、

　　投資実行の期待利得：$3q+(-4)(1-q)=7q-4$
　　投資断念の期待利得：$0q+0(1-q)=0$

となるため、②投資家は、$q>4/7$ であれば投資を実行、$q\leq 4/7$ であれば投資を断念する。
　次に、このような投資家行動を見越しての銀行の行動（最適応答）を考える。まず、財務体力が強固である場合の銀行の行動は以下の通りとなる。

(A)もし p > 3/7 かつ q > 4/7 ならば、銀行は、減損多を選択
　(B)もし p ≤ 3/7 かつ q > 4/7 ならば、銀行は、減損少を選択
　(C)もし p > 3/7 かつ q ≤ 4/7 ならば、銀行は、減損多を選択
　(D)もし p ≤ 3/7 かつ q ≤ 4/7 ならば、銀行は、減損多を選択

例えば、(A)の意味は、もし投資家の信念が p > 3/7 かつ q > 4/7 であれば、①と②より、投資家は減損多・減損少のいずれを観測しても投資を実行するため、銀行は利得5の減損多を選択するということである（減損少を選ぶと利得4）。さらに、財務体力が脆弱である場合の銀行の行動は以下の通りとなる。

　(A')もし p > 3/7 かつ q > 4/7 ならば、銀行は、減損少を選択
　(B')もし p ≤ 3/7 かつ q > 4/7 ならば、銀行は、減損少を選択
　(C')もし p > 3/7 かつ q ≤ 4/7 ならば、銀行は、減損多を選択
　(D')もし p ≤ 3/7 かつ q ≤ 4/7 ならば、銀行は、減損少を選択

例えば、(C')の意味は、もし投資家の信念が p > 3/7 かつ q ≤ 4/7 であれば、①より、投資家は減損多を観測すれば投資を実行、②より、減損少を観測すれば投資を断念するため、銀行は利得2の減損多を選択するということである（減損少を選ぶと利得0）。

　以上が、信念で場合分けした時の銀行と投資家の行動である。以下では、各場合が、均衡（完全ベイジアン均衡）となるかを考えていく。その際には、信念と行動が互いに整合的になっている必要がある。すなわち、(A)〜(D)と(A')〜(D')は、信念の場合分けから、銀行の行動と投資家の行動が導き出されているが、両者の行動から信念を求め、その信念が場合分けの範囲に当てはまっているかどうかを確認しなければならない。

　(A)と(A')の場合の銀行の判断を、投資家の立場からみると、銀行が減損多を選択したことさえ分かれば、それは財務体力が強固である時しかないため、p = 1 が確定する。逆に減損少を選択したことさえ分かれば財務体

力は脆弱であることが分かるため、q=0となる。しかし、この信念は、(A)と(A')におけるq＞4/7と整合的ではないため、(A)と(A')の場合は均衡とならない。同様に、(D)と(D')の場合も均衡とならないことが分かる。

(B)と(B')の場合、銀行が財務体力にかかわらず減損少を選択するため、投資家は減損少しか観測できず、0.5で強固、0.5で脆弱と判断する。したがって、q=0.5である。しかし、この信念は、(B)と(B')におけるq＞4/7と整合的ではないため、(B)と(B')の場合は均衡とならない。

(C)と(C')の場合、銀行が財務体力によらず減損多を選択するため、投資家は、減損多しか観測できず、0.5で強固、0.5で脆弱と判断する。したがって、p=0.5であり、p＞3/7を満たす。他方で、銀行は財務体力によらず減損少を選択することがなく、投資家は減損少を観測することがないため、qについての条件は出ない。しかし、qが、0≦q≦4/7を満たす数字であれば、この信念は行動と整合的である。このため、(C)と(C')の場合は均衡となり得る。

以上より、投資家の信念がp=0.5かつ0≦q≦4/7であって、銀行が財務体力に関係なく多めの減損を選び、投資家が減損多を観測すれば投資実行を、減損少を観測すれば投資断念を選ぶという行動のときに均衡となる。

2．ケース(ⅱ)における均衡の導出

ケース(ⅱ)の均衡は、ケース(ⅰ)の結果を用いて、導くことができる。まず、図表補2-3における銀行の手番以降を、財務体力が強固な場合と脆弱な場合で、それぞれ上下を入れ替える。すると、図表補2-4のようになり、利得は、図表補2-2と同じ並びであるが、信念を表すパラメータと、減損の多寡が入れ替わっている。このことを用いて、ケース(ⅰ)における、pをqに、qをpに、減損多を減損少（高利益）に、減損少を減損多（低利益）に読み替えれば、ケース(ⅱ)の均衡は次のようになることが分かる。投資家の信念がq=0.5かつ0≦p≦4/7であって、銀行が財務体力に関係なく少なめの減損（高利益）を選び、投資家が減損少を観測すれば投資実行を、減損多を観測すれば投資断念を選ぶという行動のときに均衡となる。

図表 補2-4 ケース(ii) の展開形ゲームの別表示

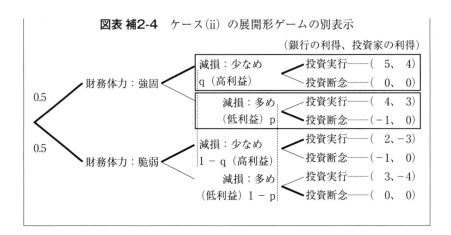

終章

総括と今後の課題

1. 本書の総括

　本書では、人間の幸福（well-being）に資する社会的共通資本の外部性制御に向け、非財務情報開示を軸にした制度設計を通じて、情報の非対称性や契約の不完備性に伴う非効率を改善する方策を考察した。社会的共通資本には所有権を割り当てられない中にあって、例えば地球温暖化問題にはカーボンプライシングによる市場的解決を究極的に目指すとしても、そこまで至らない段階で現実的に重要な役割を果たすのは、表面的な価格・財務の裏にある外部性を推認可能な非財務情報である。すなわち、環境負荷やリスクテイクあるいは監査品質等を巡る経済主体の特性・行動に関し、他社比較可能なシグナルとして情報生産を引き出せれば、市場に広く伝わる評判に影響を与え、正負のインタンジブルズという形で企業価値等にも循環し得るのである。
　情報の比較可能性には、同一企業内での時系列比較（縦の比較可能性）とともに、企業間・業種間での比較可能性（横の比較可能性）が存在するが、横の比較可能性が担保されることで、外部性問題を含めた真の質に関して他

社比較を通じた評判が生じる。そのために経済主体（消費者、投資家等）の選択行動に影響を及ぼすような比較可能な非財務情報が必要であり、外部性問題の原因者自らが自分のことは自分が一番よく知っているので、外部性依存度の低減に向けた努力を開示するインセンティブを生む制度設計が求められるのである。

そうした観点から、第Ⅰ部では社会的共通資本のうち自然資本を対象に、シグナリング理論が正当性理論を包摂して拡張するための開示インセンティブ付与方策について考察した。そこでは、外部性制御に向けた事業機会に企業価値創造につなげるリアルオプション価値を見出し、そうしたESG戦略を統合報告等でシグナリングしていく必要性を論じるとともに、任意開示のシグナリングを補完する開示規制において、同業他社比較が可能な開示クライテリアの導入により投資家の参画を促すことの重要性を指摘した。非財務情報の開示に一定の規律をもたせて同業種間の比較可能性を向上させることは、原則主義的な忠実な表現とも併存し得るのであり、投資家にとっての情報の非対称性緩和や、これに伴う開示主体への「解きほぐし」にも有効と考えられる。

次いで第Ⅱ部では、社会関係資本を巡り企業ないしコミュニティの関係性を採り上げ、当該資本のダークサイドが外部性（企業不祥事）をもたらす企業文化として「負のインタンジブルズ」を形成しないよう、正の効果につなげる資本（資源）マネジメントのシグナリングとともに、組織内における行動規範の可視化や価値認識の共有化にとっても統合報告が有用となる側面を強調した。他方で、暮らし易さ（well-being）に向けて、地域の潜在的に豊かな社会関係資本を糾合する社会的事業体に対し、「地域社会益法人」認証という制度インフラの創設を提言した。ここでの「認証」は、税制優遇等と結び付いた要件確認制度とは異なり、広く社会的事業体の活動を利用者目線で水平的に認知・評価する制度インフラであって、むしろ情報の非対称性を緩和する意味でのシグナリングによるブランドイメージ創出が主眼であった。

さらに第Ⅲ部では、制度資本として金融制度と監査制度の外部性問題を採り上げ、銀行業におけるバーゼル開示規制（第3の柱）の開示クライテリアについて、信用外部性への市場規律に資する比較可能性向上の観点から積極的な意義付けを行うとともに、金融機関の個別的なリスクマネジメント情報

のシグナルとなる RAF を統合報告する意義や、それを実効化するリスクカルチャー蓄積の重要性にも論及した。また、監査の失敗という外部性に対する開示規律の活用という視点で、KAM 等が比較可能な差別化情報としてシグナリングされることを起点に、会社への事前的牽制機能を発揮し得ることを論じたほか、不完備契約によるホールドアップ問題の知見を援用し、変動報酬契約の必要性や金融商品取引法 193 条の 3 に係る法令要件の明確化、セーフハーバー・ルール導入など、誘因両立的な制度改革のあり方についても考察した。

　加えて、金融・監査制度の外部性制御と密接に関係する会計インフラ問題として、第Ⅲ部補章では IFRS の留意点について敷衍した。まず測定の不確実性に関し、検証不能な情報では忠実な表現であることの保証が得られないばかりか、過剰リスクテイクや不正の温床ともなりかねないことから、レベル 3 公正価値測定のうち「レベル 4」領域の公正価値測定が行き過ぎ（不適当）であることを、「合理的検証可能性」の概念を用いて論証した。次にボラティリティ問題への対応として利害調整の視点を中心に、IFRS 第 9 号の予想信用損失の見積りを巡り情報インダクタンスによる経営者裁量の介在が、プロシクリカリティの抑制という政策目的の阻害要因になり得るゲーム的状況について論じるとともに、IFRS の下で情報の比較可能性や検証可能性の向上に向けた政策当局・基準設定主体等の取り組みが重要となることにも論及した。

　以上の通り、本書では広い意味での情報開示に関し、意思決定有用性と同時に外部性制御という政策目的も追求する観点から考察を進めた。環境経済学では、資源配分の最適化の観点から経済と環境の 2 つの問題領域を統合化するうえで、環境費用（外部不経済）の内部化論の応用分野として情報開示も有力な政策手段となるが、情報の非対称性緩和等を軸にしたディスクロージャー論（「開示の会計学」）としても、外部性制御に向けた開示規律の向上策は重要な考察対象となる。本書で考察した開示の論理は、幅広い社会的共通資本の外部性制御に向けて、グローバルな SDGs を巡る議論にも貢献可能と思慮している。SDGs は分野毎に整理された世界共通の課題であり、ともすれば広範・漠然としがちな外部性問題への対応をグローバルに比較可能な形で各国・各経済主体の開示に取り込めれば、国際金融資本の市場評価機能

をドライビング・フォースとして活用する道も拓けよう。

2. 今後の課題

　本書で中心的に採り上げた非財務情報においては特に、各種市場での利害関係者の判断に資する比較可能性の現代的役割が積極的に再評価されて然るべきと考えているが、財務情報の比較可能性を巡っては、わが国でも古くから議論があり、近年ではIFRSの下で新たな視点からの議論もみられる。こうした中にあって、そもそも財務情報の有用性に対しては補強的な質的特性とされる比較可能性の役割に関し、それは認識・測定・表示・開示のフェーズ毎や開示目的あるいは財務・非財務の別によっても変化し得るのか、あるいは公正価値等見積りや原則主義の下での柔軟性（による適合性、重要性）と投資家評価に資する比較可能性（による規範性、整合性）のバランスをどのように線引きするかなど、今後の研究で理論的・実証的に解明していくべき課題が残されている。

　その際、未だ予断の段階ながら、比較可能性を担保するためにも情報の検証可能性が密接に関連してくると考えている。利益計算に収斂する財務諸表本体情報において、目的適合性が優先され実質的な意味でも（貨幣的な）比較可能性を達成できない状況というのは、そもそも忠実な表現であることに重要な不確実性を内包しているとみられ、逆に忠実な表現が保証されていれば、貨幣測定値である限り実質的な意味での比較可能性は自ずと達成されるはずではなかろうか。会計情報において忠実な表現であることが直接的ないし合理的に検証できないと、同一の経済的実質に対する測定に重要な不確実性（差異）を放置することになってしまい、単なる測定上のノイズが各社の個性とみなされたり、恣意的会計操作への悪用を黙認するといった弊害を生みかねず、実質的な意味でも情報の比較可能性が損なわれてしまいかねない。

　他方で、注記やその他非財務情報の場合には、情報比較の目的として、個別取引・事象の認識・測定値というよりも、企業価値ないし企業全体の評価材料の側面（企業比較）がより重視されるのではなかろうか。注記やその他非財務情報は、財務諸表本体の計算構造には直接影響を及ぼさない補足・補

完情報として、比較対象の属性も非貨幣情報あるいは定性情報にとどまることも多く、企業価値の推認に役立てれば目的適合的であるため、企業価値評価を行う投資家の目線から比較属性をより柔軟に捉えることが可能となろう。その際、投資家にとって有用な情報属性には、個別企業のファンダメンタル分析に役立つ企業固有情報のほか、同業他社比較等が可能な目線を揃えた情報も含まれ得るのである。

そこでは、注記情報におけるマネジメントアプローチについて、比較可能性に与える実証研究結果を踏まえつつ、比較可能性を高める「関連情報」の拡充を検討する余地がある。また、ESG等その他非財務情報の分野においても、自由裁量による開示とともに同様のビジネスモデルを持つ同業種毎に比較可能な情報開示を併用していく観点から、とりわけ個人（投資家）の検証コストを代替し明確な指標として情報生産するESG評価・格付機関活用のメカニズムデザイン（分類カテゴリー、方法論、透明性の推進、制度化の可能性等）、そのサステナブルファイナンスへの貢献可能性（信用格付への統合、健全性規制への反映等）についても、先述した比較可能性に関する理論的・実証的研究と併せて、今後の制度研究の深化に盛り込んでいければと考えている。

この間、研究方法に関し本書では、現実の問題解決に資する処方箋を考察する観点から、企業事例等の観察に基づいた「規範帰納的研究」を志向する中で、インセンティブ分析の本質的な考え方を参考にすることにより制度設計の規範的考察に役立てた一方、そこで提示した方策に関する実証力を高めていくうえで、数理モデルを用いた開示コスト・ベネフィット分析や実験的アプローチによる「規範演繹的研究」の活用可能性の検討は、今後の課題に残されている。同時に、外部性問題に係る現実の意思決定者の行動には数式で定式化して表現し切れない要素も少なくないだけに、開示と行動変容に係る実際の企業事例の蓄積と併行してインタビューによる事実確認も交えた多面的な分析など、今後とも実態解明の必要に応じ多様な研究方法にチャレンジしていく必要があると考えている。

参考文献

［邦語文献］

IGES（地球環境戦略研究機関）［2017］「米国のパリ協定離脱表明に関する IGES コメント―世界の脱炭素化は止まらない」。
　　〈http://www.iges.or.jp/files/announcement/20170602/iges_20170602.pdf〉
――――・GCNJ（グルーバル・コンパクト・ネットワーク・ジャパン）［2018］「未来につなげる SDGs とビジネス―日本における企業の取組み現場から」。
青木克生［2003］「組織文化と学習組織」大月博司・高橋正泰編著『経営組織』学文社、165-183 頁。
青木幹喜［2003］「日本企業の組織能力と財務的業績―日本の製造企業を対象にした実証分析」『大東文化大学経営論集』5 号、25-45 頁。
秋田将知［2002］「市場規律と情報開示―展望」『大阪大学経済学』52 巻 3 号、70-81 頁。
秋葉賢一［2015a］「公正価値による測定」『企業会計』67 巻 7 号、86-87 頁。
――――［2015b］「IASB 概念フレームワークの公開草案(5)―慎重性と信頼性」『週刊経営財務』3224 号、28-31 頁。
朝岡大輔［2012］『企業成長と制度進化―戦前電力産業の形成』NTT 出版。
浅野敬志［2016］「マネジメント・アプローチの有効性―『経営者の恣意性』と『比較可能性』の視点から」『會計』190 巻 5 号、525-539 頁。
――――［2017］「セグメント情報の比較可能性―マネジメント・アプローチの影響」『會計』192 巻 4 号、65-79 頁。
――――［2018］『会計情報と資本市場―変容の分析と影響』中央経済社。
足立直樹［2014］「自然資本『超』入門」レスポンスアビリティ社（同社ホームページに掲載）。
天野明弘［2001］「持続可能な発展の条件」環境経済・政策学会編『経済発展と環境保全』東洋経済新報社、243-257 頁。
新井富雄・高橋文郎・芹田敏夫［2016］『コーポレート・ファイナンス―基礎と応用』中央経済社。
淡路剛久・植田和弘・長谷川公一編［2001］『環境政策研究のフロンティア』東洋経済新報社。
安藤英義［2001］『簿記会計の研究』中央経済社。
――――［2016］「会計責任と説明責任」『産業経理』76 巻 1 号、3 頁。
五十嵐則夫・浦崎直浩・町田祥弘［2011］「IFRS 導入と監査のあり方」『RIETI Discussion Paper Series』11-J-016、1-32 頁。
池尾和人［2013］「金融危機と銀行規制」日本金融学会編『なぜ金融危機は起こるのか―金融経済研究のフロンティア』（金融経済研究特別号）東洋経済新報社。
池田唯一［2014］「『修正国際基準』（公開草案）公表の意義と今後の課題」『週刊経営財務』3181 号、12-15 頁。
石村耕治［2015］「チャリティと非営利団体制度の改革法制」公益法人協会編『英国チャリティ―その変容と日本への示唆』弘文堂、32-113 頁。
井尻雄士［1968］『会計測定の基礎―数学的・経済学的・行動学的探究』東洋経済新報社。

伊坪徳宏［2005］「環境影響の統合化」伊坪徳宏・稲葉敦編著『ライフサイクル環境影響評価手法— LIME‐LCA 環境会計、環境効率のための評価手法・データベース』産業環境管理協会、324-358 頁。

伊藤邦雄［2010］「ディスクロージャー学の展望と課題—会計基準のコンバージェンス問題を超えて」『企業会計』62 巻 10 号、4-13 頁。

伊藤秀史［2003］『契約の経済理論』有斐閣。

─── ［2007］「契約理論—ミクロ経済学第 3 の理論への道程」『経済学史研究』49 巻 2 号、52-62 頁。

─── ［2012］「情報収集と情報開示のインセンティブ・トレードオフ」『オペレーションズ・リサーチ』57 巻 10 号、24-31 頁。

───・小佐野広編著［2003］『インセンティブ設計の経済学』勁草書房。

伊藤嘉博（主査）［2017］「『統合報告』が企業会計に及ぼす影響に関する考察」(日本会計研究学会スタディグループ最終報告書)。

稲葉陽二［2005］「ソーシャル・キャピタル研究の潮流と課題」シンポジウム報告書『NPI（非営利団体）サテライト勘定による非営利活動の統計的把握—ソーシャル・キャピタルの経済的評価をめざして』統計研究会、86-103 頁。

─── ［2007］『ソーシャル・キャピタル—「信頼の絆」で解く現代経済・社会の諸課題』生産性出版。

─── ［2017］『企業不祥事はなぜ起きるのか—ソーシャル・キャピタルから読み解く組織風土』中公新書。

井端和男［2016］「東芝の不適切会計処理—その実態と分析」『税経通信』71 巻 1 号、8-16 頁。

今村肇［2016］「日本の市民社会・企業社会双方を巻き込んだ公民連携のためのイノベーション人材の研究」(日本 NPO 学会第 18 回年次大会「企業との連携」セッション討論用論文)。

伊豫田隆俊・後藤潤・関根愛子・宮本照雄・脇田良一［2013］「座談会　不正リスク対応基準（案）をめぐって」『企業会計』65 巻 4 号、50-72 頁。

入山章栄［2015］「リアル・オプション理論」『DIAMOND ハーバード・ビジネスレビュー』8 月号、124-135 頁。

岩原紳作［2016］「コーポレートガバナンス」『月刊資本市場』375 号、46-58 頁。

インターリスク総研［2014a］「『自然資本』の概念と企業の取組みのあり方」『新エターナル』33 号、No.13-081。

─── ［2014b］「原材料調達における生物多様性への影響と事業リスク」『新エターナル』34 号、No.14-039。

上枝正幸［2004］「企業による情報開示の経済的影響についての予備的考察」『名古屋商科大学論集』49 巻 1 号、59-78 頁。

上田和勇［2008］「組織資産のリスクマネジメントによる企業価値最適化」『専修ビジネス・レビュー』3 巻 1 号、1-15 頁。

─── ［2010］「現代企業経営におけるソーシャル・キャピタルの重要性」『社会関係資本研究論集』1 号、13-29 頁。

植田和弘［2015］「持続可能な発展論」亀山康子・森晶寿編『グローバル社会は持続可能か』岩波書店、11-32 頁。

宇澤亜弓［2012］『不正会計—早期発見の視点と実務対応』清文社。

宇沢弘文［1994］『宇沢弘文著作集 第1巻—新しい経済学を求めて』岩波書店。
―――［2000］『社会的共通資本』岩波書店。
―――・花崎正晴編［2000］『金融システムの経済学—社会的共通資本の視点から』東京大学出版会。
内田純一［2008］「石屋製菓のクライシス・マネジメント考—地域貢献型レピュテーションを信頼回復に生かす」『国際広報メディア・観光学ジャーナル』7号、45-68頁。
内田千秋［2009］「会社法としての一般社団（財団）法人法」藤岡康宏編著『民法理論と企業法制』日本評論社、59-79頁。
内山哲朗［2008］「社会的混合システムと〈生の充足〉」中川雄一郎・柳沢敏勝・内山哲朗編著『非営利・協同システムの展開』日本経済評論社、3-41頁。
梅澤俊浩［2016］「地方銀行の貸倒引当金繰入額に係る裁量的調整行動」『現代ディスクロージャー研究』15号、41-84頁。
ASBJ［2006］「討議資料 財務会計の概念フレームワーク」。
―――［2008］「公開草案『財務報告の概念フレームワーク改訂案 第1章 財務報告の目的及び第2章 意思決定に有用な財務報告情報の質的特性及び制約条件』に対するコメント」。
―――［2013］「第273回企業会計基準委員会資料—審議事項(1) AF 2013-13」。
―――［2014］「『修正国際基準（国際会計基準と企業会計基準委員会による修正会計基準によって構成される会計基準)』の公開草案の公表にあたって」。
―――［2015a］「会計基準の設定における『企業の事業活動の性質』の役割」。
―――［2015b］「のれんの償却に関するリサーチ」（リサーチ・ペーパー第1号）。
―――［2015c］「公開草案『財務報告に関する概念フレームワーク』に対するコメント」。
―――［2018］「現在開発中の会計基準に関する今後の計画」。
大浦真衣［2011］「企業内ソーシャル・キャピタルの規定要因」山内直人・田中敬文・奥山尚子編『ソーシャル・キャピタルの実証分析』大阪大学大学院国際公共政策研究科NPO研究情報センター、53-62頁。
大木裕子［2011］「シリコンバレーの歴史—進化するクラスターのソーシャル・キャピタルに関する一考察」『京都マネジメント・レビュー』18号、39-59頁。
太田康広編著［2010］『分析的会計研究—企業会計のモデル分析』中央経済社。
大塚直［2010］「環境訴訟における保護法益の主観性と公共性・序説」『法律時報』82巻11号、116-126頁。
大西清彦［2002］「産業転換政策と環境会計機能—ヴェブレンの『産業過程』論を基礎にして」小口好昭編著『ミクロ環境会計とマクロ環境会計』中央大学出版部、183-202頁。
大守隆［2004］「ソーシャル・キャピタルの経済的影響」宮川公男・大守隆編『ソーシャル・キャピタル』東洋経済新報社、77-122頁。
岡﨑昌之［2014］『地域は消えない—コミュニティ再生の現場から』日本経済評論社。
岡田讓治［2017］「不正に対応する監査のあり方—監査役監査の立場から」『現代監査』27号、40-45頁。
奥田真也［2001］「銀行の貸倒引当金設定をめぐる会計政策—税務政策・自己資本比率規制への対応の観点から」『一橋論叢』126巻5号、553-565頁。
〈以下のうち、本書所収の章別初出一覧は267頁参照〉
越智信仁［2008］『銀行監督と外部監査の連携—我が国金融環境の変化、各国制度の比較等

を踏まえて』日本評論社.

――――［2012］『IFRS 公正価値情報の測定と監査―見積り・予測・リスク情報拡大への対応』国元書房.

――――［2013］「監査の視点から見た IFRS 金融商品会計の留意点」『監査研究』39 巻 9 号、13-19 頁.

――――［2014a］「国際的な金融商品会計見直しの動向と留意点―IFRS9 号のエンドースメントを中心に」『企業研究』25 号、109-136 頁.

――――［2014b］「公正価値測定を巡る IFRS とバーゼル III の交錯」『金融財政事情』65 巻 22 号、36-40 頁.

――――［2014c］「金融資産会計」菊谷正人編著『IFRS における資産会計の総合的検討』税務経理協会、123-141 頁.

――――［2015a］『持続可能性とイノベーションの統合報告―非財務情報開示のダイナミクスと信頼性』日本評論社.

――――［2015b］「公正価値情報の特質と銀行規制・監督への影響」『税経通信』70 巻 5 号、133-141 頁.

――――［2015c］「統合報告書による外部不経済の内部化―自然資本等のマネジメント」『尚美学園大学総合政策研究紀要』26 号、21-39 頁.

――――［2016a］「金融機関における『統合報告』導入の意義と課題」『金融財政事情』67 巻 8 号、39-42 頁.

――――［2016b］「ソーシャル・キャピタル論の統合報告への含意―インタンジブルズの視点から」『尚美学園大学総合政策研究紀要』27 号、53-69 頁.

――――［2016c］「社会関係資本のダークサイドと『負のインタンジブルズ』―価値創造資本の統合報告に向けて」『産業経理』76 巻 1 号、47-56 頁.

――――［2016d］「公正価値等監査における監査人のアカウンタビリティ―近年の不正会計事例を踏まえて」『尚美学園大学総合政策論集』22 号、43-56 頁.

――――［2016e］「統合報告の拡張可能性と信頼性―外部性のリスクマネジメント」『企業研究』29 号、41-62 頁.

――――［2016f］「統合報告書による自然資本会計の主流化」『環境経済・政策研究』9 巻 2 号、40-44 頁.

――――［2016g］「インタンジブルズの財務報告と信頼性」『日本知的資産経営学会誌』2 号、17-29 頁.

――――［2016h］「公正価値測定の選択における売却可能性と信頼性」『ディスクロージャーニュース』34 号、150-156 頁.

――――［2017a］「新しいミクロ社会会計と統合報告の接合―過去の教訓を踏まえて」『税経通信』72 巻 1 号、131-138 頁.

――――［2017b］「公正価値測定の適用領域を巡る考察―概念フレームワーク見直しを踏まえて」『企業研究』31 号、293-312 頁.

――――［2017c］「レベル 3 公正価値測定の重要な不確実性を巡る概念的考察―『合理的検証可能性』による基礎付け」『会計プログレス』18 号、1-15 頁.

――――［2018a］「統合報告と自然資本」古庄修編著『国際統合報告論』同文舘出版、181-194 頁.

――――［2018b］「経営者不正への深度ある監査を支える制度改善の視点―監査人のイン

センティブ分析に着目して」『現代監査』28号、21-29頁。
─── [2018c]「ESG開示のインセンティブ付与を巡る考察―市場メカニズムを補完する視点から」『産業経理』78巻2号、35-46頁。
─── [2018d]「会計上の見積りと監査人の説明責任」吉見宏編著『会計不正事例と監査』同文舘出版、117-138頁。
─── [2018e]「地方創生に資する『地域社会益法人』認証を巡る考察―情報の非対称性を緩和する視点から」『非営利法人研究学会誌』20号、57-66頁。
───・諸田崇義・米谷達哉 [2010]「予想損失モデルに対する情報インダクタンスからの一考察―IASB公開草案（金融資産の減損処理）を踏まえて」日本銀行金融研究所ディスカッション・ペーパー・シリーズ J-15。
───・───・─── [2011]「予想損失モデルに対する情報インダクタンスからの一考察―金融資産の減損見積りにおける主観性の分析」『産業経理』70巻4号、109-119頁。
小野寺倫子 [2015]「環境に対する侵害と民事責任―フランス法における純粋環境損害の賠償を手がかりに」『私法』77号、213-219頁。
大日方隆 [1998]「邦銀大手の債権償却―利益平準化仮説の検証」『横浜経営研究』18巻4号、300-320頁。
───編著 [2012]『金融危機と会計規制―公正価値測定の誤謬』中央経済社。
オリンパス第三者委員会 [2011]「調査報告書」（12月6日）。
オリンパス監査役等責任調査委員会 [2012]「調査報告書」（1月16日）。
加井久雄 [2012]「比較可能性の分析枠組み」『會計』182巻2号、211-222頁。
加賀谷哲之 [2009]「研究開発ディスクロージャーと組織資本」日本インベスター・リレーションズ学会研究分科会成果報告書『新たな情報開示モデルとIR』、79-98頁。
─── [2010]「IFRS導入が日本企業に与える経済的影響」『国際会計研究学会年報』臨時増刊号（2010年度）。
〈http://jaias.org/2010bulletin_rinji/01.pdf〉
─── [2017a]「新たな時代における日本企業のコーポレートガバナンス」『月刊監査役』667号、8-21頁。
─── [2017b]「非財務情報研究のフロンティア」『Disclosure & IR』2号、158-165頁。
鹿毛利枝子 [2002]「『ソーシャル・キャピタル』をめぐる研究動向(1)―アメリカ社会科学における三つの『ソーシャル・キャピタル』」『法学論叢』151巻3号、101-119頁。
霞晴久 [2016]「東芝事件―粉飾新時代の幕開け」『企業会計』66巻2号、88-89頁。
片木晴彦 [2017]「法律上の『監査の失敗』」『企業会計』69巻2号、34-40頁。
加藤千雄 [2004]「邦銀の不良債権処理行動について」『産業経理』64巻1号、61-70頁。
加藤浩嗣 [2017]「丸井グループの共創IR活動」（日本IR学会第15回年次大会パネルディスカッション配布資料）。
加藤涼 [2012]「危機解明の糸口になる『信用外部性』―金融危機の経済学（下）」『日経ビジネスオンライン』2月7日号、1-5頁。
〈http://business.nikkeibp.co.jp/article/manage/20120130/226664/〉
───・敦賀貴之 [2012]「銀行理論と金融危機―マクロ経済学の視点から」『金融研究』31巻4号、95-134頁。
金子郁容 [2009]「新しい発想で社会発展の道を探る」金子郁容・玉村雅敏・宮垣元編著『コミュニティ科学―技術と社会のイノベーション』勁草書房、i - viii頁。

金光淳［2003］『社会ネットワーク分析の基礎―社会的関係資本論にむけて』勁草書房。
─────［2011］「経営・ネットワーク理論とソーシャル・キャピタル」稲葉陽二・大守隆・近藤克則・宮田加久子・矢野聡・吉野諒三編『ソーシャル・キャピタルのフロンティア―その到達点と可能性』ミネルヴァ書房、81-108頁。
─────［2014］「ソーシャル・キャピタルと経営」稲葉陽二・大守隆・金光淳・近藤克則・辻中豊・露口健司・山内直人・吉野諒三『ソーシャル・キャピタル―「きずな」の科学とは何か』ミネルヴァ書房、127-152頁。
─────・稲葉陽二［2013］「企業ソーシャル・キャピタルの企業業績への効果―役員内部構造と企業間役員派遣ネットワーク構造分析アプローチ」『京都マネジメント・レビュー』22号、133-155頁。
亀川雅人［2004］「企業評価と契約理論―会計情報から契約情報へ」『年報 経営ディスクロージャー研究』3号、3-10頁。
刈屋武昭（監修）・山本大輔［2001］『入門 リアルオプション』東洋経済新報社。
河井治彦・武藤知樹［2010］「IASB公開草案『金融資産の減損』について―専門家諮問パネル（EAP）の議論を踏まえて」『金融』762号、30-39頁。
川口有一郎［2004］『リアルオプションの思考と技術』ダイヤモンド社。
河田幸視［2009］「自然資本の過少利用問題」浅野耕太編著『自然資本の保全と評価』ミネルヴァ書房。
川橋仁美［2017］「実効性のあるリスク・アペタイト・フレームワーク構築に向けて」『金融ITフォーカス』特別号（野村総合研究所）。
環境省［2016］「『平成27年度環境会計・自然資本会計のあり方に関する課題等調査検討業務』に対する結果報告書（KPMGあずさサステナビリティ株式会社）」。
─────［2017］「環境報告ガイドライン及び環境会計ガイドライン改定に向けた論点整理」。
北見幸一［2010］『企業社会関係資本と市場評価―企業不祥事分析アプローチ』学文社。
金鉉玉［2007］「リスク情報の事前開示が投資家の意思決定に与える影響―情報流出リスクの顕在化ケースを用いて」『一橋商学論叢』2巻2号、102-113頁。
木村太一［2015］「組織文化概念を援用した経験的な管理会計研究のレビュー―組織文化観を軸として」『企業会計』67巻8号、123-129頁。
京都大学［2013］「幸福度指標の持続可能性面での指標の在り方に関する調査研究報告書」（平成24年度内閣府経済社会総合研究所委託調査）。
金融庁［2012］「資料2 監査契約書のあり方」（企業会計審議会第31回監査部会配付資料）。
─────［2016］「会計監査の信頼性確保のために」（「会計監査の在り方に関する懇談会」提言）。
─────［2017a］「金融検査マニュアル（預金等受入金融機関に係る検査マニュアル）」。
─────［2017b］「金融検査・監督の考え方と進め方（検査・監督基本方針）」。
草野真樹［2014］「公正価値評価の拡大と会計の契約支援機能」『金融研究』33巻1号、61-110頁。
栗濱竜一郎［2011］『社会的存在としての財務諸表監査』中央経済社。
栗本昭［2016］「日本のサードセクターにおける協同組合の課題―ビジビリティの観点から」『RIETI Discussion Paper Series』16-j-038。
桑原和典［2004］「契約理論の視点からの経営者インセンティブ―完備契約と不完備契約」『商学志集』日本大学商学部創設100周年記念号、403-420頁。

経済産業省［2015］「海外における社会的企業についての制度等に関する調査報告書」。
―――［2016a］「地域を支えるサービス事業主体のあり方について」（地域を支えるサービス事業主体のあり方に関する研究会報告書）。
―――［2016b］「地域を支えるサービス事業主体のあり方に関する研究会報告書について」（地域の課題解決のための地域運営組織に関する有識者会議第3回参考資料2）。
―――［2017］「参考資料1　長期地球温暖化対策プラットフォーム『国内投資拡大タスクフォース』最終整理（案）」（3月17日）。
経済同友会［2017］「資本効率最適化経営の実践―財務・非財務資本を最適活用した価値創造経営」。
KPMG［2011］「銀行規制の進化（2011年版）」。
―――［2018］「日本企業の統合報告書に関する調査2017」。
公認会計士・監査審査会［2015］「新日本有限責任監査法人に対する検査結果に基づく勧告について」。
小門裕幸［2004］「シリコンバレーのソーシャルキャピタルに関する一考察」『イノベーション・マネジメント』1号、77-108頁。
小口好昭［2002］「オランダのNAMEA」小口好昭編著『ミクロ環境会計とマクロ環境会計』中央大学出版部、225-238頁。
國部克彦［2005］「サステナビリティ会計の体系」ディスカッション・ペーパー・シリーズ（神戸大学）、1-25頁。
小林慶一郎・冨山和彦・鈴木豊・加藤厚・八田進二［2013］「低迷する経済環境下における会計の役割と課題（「会計サミット」特集）」『会計プロフェッション』8号臨時増刊。
近藤克則［2014］「ソーシャル・キャピタルと健康」稲葉陽二・大守隆・金光淳・近藤克則・辻中豊・露口健司・山内直人・吉野諒三『ソーシャル・キャピタル―「きずな」の科学とは何か』ミネルヴァ書房、66-96頁。
近藤大輔［2013］「組織文化と管理会計の研究―定量的調査を行った先行研究のレビュー」『企業会計』65巻2号、119-125頁。
齋藤真哉［2005］「財務情報の質的変化と監査への影響」『現代監査』15号、23-30頁。
齋藤英亜［2016］「非財務情報の開示及び信頼性に関する施策について」（サステナビリティ情報審査協会コラム第5回）。
阪口功［2013］「市民社会―プライベート・ソーシャル・レジームにおけるNGOと企業の協働」大矢根聡編『コンストラクティヴィズムの国際関係論』有斐閣、147-172頁。
櫻井通晴［2005］『コーポレート・レピュテーション―「会社の評判」をマネジメントする』中央経済社。
―――［2016］「管理会計からみる東芝事件」『企業会計』68巻5号、113-118頁。
佐々木清隆［2012］「公認会計士・監査審査会の活動と今後の課題―監査法人検査を通じてみた監査法人及び上場企業の課題」（日本ディスクロージャー研究学会第5回研究大会特別講演配布資料）。
―――［2016］「会計監査への期待と監督当局の今後のあり方」『青山アカウンティング・レビュー』6号、107-110頁。
佐藤明［2013］「投資に生かすROE②―投資指標と合わせて比較」日本経済新聞8月28日付夕刊。
佐藤郁哉・山田真茂留［2004］『制度と文化―組織を動かす見えない力』日本経済新聞社。

佐藤紘光編著［2009］『契約理論による会計研究』中央経済社。
佐藤誠［2003］「社会資本とソーシャル・キャピタル」」『立命館国際研究』16巻1号、1-30頁。
佐藤真久［2016］「SDGs 達成にむけたパートナーシップの役割―座談会リレートークの論点整理と日本の経験から」（GECO20周年特別企画―持続可能な開発目標（SDGs）と地域のパートナーシップ、3月31日、国連大学）、講演時配布資料1-6頁。
佐藤正弘・佐藤峻・和氣未奈［2014］「日本の包括的富の推計」KIER Discussion Paper 1404。
澤田眞史［2007］「公認会計士法の改正を受けて」『ジュリスト』1344号、9-17頁。
産業構造審議会［2005］「新成長政策部会　経営・知的資産小委員会　中間報告書」。
椎葉淳［2011］「比較会計制度分析―コントロール機能の一つの分析視角」『管理会計学』19巻2号、53-74頁。
―――・小倉昇［2010］「業績管理会計の経済学的分析」谷武幸・小林啓孝・小倉昇責任編集『業績管理会計（体系現代会計学第10巻）』中央経済社、87-124頁。
―――・高尾裕二・上枝正幸［2002］「経営者の戦略的情報開示―基本モデルのレヴュー」『大阪大学経済学』51巻4号、42-79頁。
―――・―――・―――［2010］『会計ディスクロージャーの経済分析』同文舘出版。
G8社会的インパクト投資タスクフォース国内諮問委員会［2015］「社会的インパクト投資の拡大に向けた提言書」。
JSR［2016］「JSRグループCSR Report 2016」。
滋賀大学・内閣府［2016］「ソーシャル・キャピタルの豊かさを生かした地域活性化」（研究会報告書等No.75）。
柴健次・須田一幸・薄井彰編［2008］『現代のディスクロージャー―市場と経営を革新する』中央経済社。
清水克俊・堀内昭義［2003］『インセンティブの経済学』有斐閣。
証券取引等監視委員会［2015］「金融商品取引法における課徴金事例集―開示規制違反編」。
新日本監査法人［2016］「持続可能な開発目標（SDGs）、先進企業の取り組み」『CCaSSニュースレター』11月号。
鈴木豊［2016］『完全理解　ゲーム理論・契約理論』勁草書房。
鈴木竜太［2013］『関わり合う職場のマネジメント』有斐閣。
白石喜春［2015］「統計からみたチャリティの動向」公益法人協会編『英国チャリティ―その変容と日本への示唆』弘文堂、137-156頁。
新谷幸平・山田哲也・吉羽要直［2010］「金融危機時における資産価格変動の相互依存関係―コピュラに基づく評価」『金融研究』29巻3号、89-122頁。
神野直彦［2002］『地域再生の経済学』中公新書。
―――［2003］「地方分権と都市再生」宇沢弘文・國則守生・内山勝久編『21世紀の都市を考える―社会的共通資本としての都市2』東京大学出版会、73-95頁。
杉田浩治［2010］「システミックリスクの発生を如何にして防ぐか」『日本証券経済研究所トピックス』9月17日号。
杉本徳栄［2014］「『単一の高品質でグローバルに認められた会計基準』の存立基盤―基準設定と会計研究」『国際会計研究学会年報』2013年度1号、21-31頁。
―――［2017］『国際会計の実像―会計基準のコンバージェンスとIFRSsアドプション』同文舘出版。

須田一幸［2000］『財務会計の機能―理論と実証』白桃書房。
―――［2004］『ディスクロージャーの戦略と効果』森山書店。
住田清芽［2017］「「重要な虚偽表示」とは何か」『企業会計』69 巻 2 号、57-63 頁。
税務研究会［2012］「セラーテムテクノロジーに金商法 193 条の 3 ①発動」『週刊経営財務』3063 号、4 頁。
関哲夫・山浦久司・池田唯一・藤沼亜起・増田宏一［2007］「緊急企画 公認会計士法改正をめぐって」『会計・監査ジャーナル』626 号、11-26 頁。
積水化学工業［2016］「統合報告書 2016」。
高橋真弓［2016a］「営利法人形態による社会的企業の法的課題(1)―英米におけるハイブリッド型法人の検討と日本法への示唆」『一橋法学』15 巻 2 号、237-288 頁。
―――［2016b］「営利法人形態による社会的企業の法的課題（2・完）―英米におけるハイブリッド型法人の検討と日本法への示唆」『一橋法学』15 巻 3 号、19-73 頁。
田中敬文［2011］「ソーシャル・キャピタル総説」山内直人・田中敬文・奥山尚子編『ソーシャル・キャピタルの実証分析』大阪大学大学院国際公共政策研究科 NPO 研究情報センター、5-15 頁。
田村威文［1998］「企業会計における情報インダクタンス―ゲーム論的考察」『會計』154 巻 4 号、91-104 頁。
ちゅうごく産業創造センター［2012］「市民協働によるソーシャルビジネス展開を通じた産業振興可能性調査」。
塚本一郎［2007］「福祉国家再編と労働党政権のパートナーシップ政策―多元主義と制度化のジレンマ」塚本一郎・柳澤敏勝・山岸秀雄編著『イギリス非営利セクターの挑戦―NPO・政府の戦略的パートナーシップ』ミネルヴァ書房、1-23 頁。
辻山栄子［2015］「国際財務報告基準 (IFRS) をめぐる理論的課題と展望」辻山栄子編著『IFRS の会計思考―過去・現在そして未来への展望』中央経済社、1-34 頁。
土屋大輔［2017］「投資家との対話における ESG の論点」日本価値創造 ERM 学会 2017 年度第 1 回セミナー『ESG 投資と企業価値』配布資料、1-17 頁。
出口正之［2015］「制度統合の可能性と問題―ガラパゴス化とグローバル化」岡本仁宏編著『市民社会セクターの可能性―110 年ぶりの大改革の成果と課題』関西学院大学出版会、157-183 頁。
東芝第三者委員会［2015］「調査報告書」(7 月 20 日)。
徳賀芳弘［1998］「会計測定値の比較可能性」『国民経済雑誌』178 巻 1 号、49-61 頁。
―――［2008］「『信頼性』から『忠実な表現』へ変化の意味」友杉芳正・田中弘・佐藤倫正編著『財務情報の信頼性―会計と監査の挑戦』税務経理協会、22-30 頁。
―――［2012］「会計基準における混合会計モデルの検討」『金融研究』31 巻 3 号、141-203 頁。
―――［2013］「規範的研究の試み」徳賀芳弘・大日方隆編著『財務会計研究の回顧と展望』中央経済社、385-411 頁。
―――［2016］「IASB の会計基準設定姿勢の変化とその意味―原則主義アプローチの位置付けの変化」『商学論究』63 巻 3 号、111-131 頁。
―――・太田陽子［2014］「会計の契約支援機能を踏まえた情報提供のあり方について―公正価値評価の拡大の影響を中心に」『金融研究』33 巻 1 号、29-59 頁。
―――編著・小川淳平・掛谷純子・亀井博史・酒井絢美・佐久間隆大・真田正次・宮宇地

俊岳・本川勝啓・山下知晃［2016］『京都企業―歴史と空間の産物』中央経済社。
徳谷昌勇［1977］『企業社会会計論―その基礎構造に関する理論的および実証的研究』白桃書房。
鳥羽至英［2009］『財務諸表監査―理論と制度（基礎篇）』国元書房。
富沢賢治［2008］「市場統合と社会統合―社会的経済論を中心に」中川雄一郎・柳沢敏勝・内山哲朗編著『非営利・協同システムの展開』日本経済評論社、42-63 頁。
富田瀬子［2015］「会計評論家・細田祐二氏に聞く：東芝は減損を隠すな―失敗だった WH 買収」『週刊東洋経済』12 月 5 日号、28 頁。
冨塚嘉一［2017］「非財務資本は企業価値に結びつくか？―医薬品企業の統合報告書に基づく実証分析」『企業会計』69 巻 7 号、116-122 頁。
冨増和彦［2005］「環境会計とライフサイクル思考―外部性評価に関する一考察」山上達人・向山敦夫・國部克彦編『環境会計の新しい展開』白桃書房、184-199 頁。
友杉芳正［2000］「会計判断と監査判断」『會計』158 巻 3 号、321-332 頁。
内閣府［2003］「ソーシャル・キャピタル―豊かな人間関係と市民活動の好循環を求めて」。
─────［2007］「『地域における環境経済統合勘定の推計作業』地域版ハイブリッド型統合勘定作成マニュアル」『季刊国民経済計算』133 号、7-18 頁。
内藤文雄［1998］「会計情報の拡大と監査対象能力」『會計』153 巻 5 号、110-123 頁。
中泉拓也［2004］「近年の環境政策の契約理論的考察」『関東学院大学経済系』218 集、53-75 頁。
中川雄一郎［2005］『社会的企業とコミュニティの再生―イギリスでの試みに学ぶ』大月書店。
─────［2008］「社会的企業のダイナミズム―イギリス労働党政府の戦略と社会的企業サンダーランド」中川雄一郎・柳沢敏勝・内山哲朗編著『非営利・協同システムの展開』日本経済評論社、122-172 頁。
中久木雅之［2002］「会計情報と経営者のインセンティブに関する実証研究のサーベイ」『IMES Discussion Paper Series』No.2002-J-36。
中島智人［2015］「社会的企業とチャリティ」公益法人協会編『英国チャリティ―その変容と日本への示唆』弘文堂、204-218 頁。
中野誠［2017］『マクロとミクロの実証会計』中央経済社。
中野雅史［2004］「会計基準の国際的統一の基礎概念―不完備契約理論の視座から」『明治大学社会科学研究所紀要』42 巻 2 号、365-379 頁。
中林真幸・石黒真吾編［2010］『比較制度分析・入門』有斐閣。
永見尊［2012］「公正価値測定に対する監査の欠陥と監査証拠」『會計』182 巻 4 号、530-541 頁。
─────［2014］「公正価値監査における確証バイアス」『會計』185 巻 4 号、59-71 頁。
名和高司［2015］『CSV 経営戦略』東洋経済新報社。
日経 BP［2013］「特集　環境経営の新機軸　ゼロから学ぶ自然資本」『日経エコロジー』9 月号、22-35 頁。
─────［2017］「トレンド&ニュース」『日経エコロジー』1 月号、12-18 頁。
─────［2018］「『関連付け』で終わらせない（特集『SDGs』の真価）」『日経エコロジー』1 月号、24-25 頁。
西村万里子［2007］「地域再生政策とローカル・パートナーシップ」塚本一郎・柳澤敏勝・山岸秀雄編著『イギリス非営利セクターの挑戦― NPO・政府の戦略的パートナーシップ』

ミネルヴァ書房、45-68 頁。

日本銀行［2014］「ワークショップ『公正価値評価の拡大が会計の契約支援機能に与える影響について』の模様」『金融研究』33 巻 1 号、1-28 頁。

─────［2017］「ワークショップ『多国籍企業の財務報告と会計基準の国際的調和』の模様」『金融研究』36 巻 1 号、1-36 頁。

日本経済新聞［2011］「仏銀に損失拡大懸念」9 月 15 日付朝刊。

─────［2016］「温暖化対策 日本に商機」11 月 20 日付朝刊。

日本経済調査協議会［2014］「日本の再設計を先導するリーダーの育成」。

日本公認会計士協会［2003］「銀行等金融機関において貸倒引当金の計上方法としてキャッシュ・フロー見積法（DCF 法）が採用されている場合の監査上の留意事項」。

─────［2008］「IASB 公開草案『財務報告に関する改善された概念フレームワーク』に対する意見」。

─────［2015］「統合報告の国際事例研究」（経営研究調査会研究報告第 55 号）。

─────［2016］「不正な財務報告及び監査の過程における被監査会社との意見の相違に関する実態調査」。

─────［2017a］「品質管理レビューの概要（平成 28 年度）」。

─────［2017b］「監査及びレビュー等の契約書の作成について」（法規委員会研究報告第 14 号）。

─────［2018］「監査品質の指標（AQI）に関する研究報告」（公開草案）。

日本公認会計士協会近畿会［2017］「提言書―監査の諸問題に関するアンケート結果から」。

日本政策金融公庫総合研究所編［2015］『日本のソーシャルビジネス』同友館。

日本総合研究所［2008］「日本のソーシャル・キャピタルと政策―日本総研 2007 年全国アンケート調査結果報告書」。

日本創生会議人口減少問題検討分科会［2014］「ストップ少子化・地方元気戦略」。

日本リアルオプション学会編［2006］『リアルオプションと経営戦略』シグマベイスキャピタル。

野﨑浩成［2011］「グローバル規制が変えるわが国銀行の経営戦略」『金融財政事情』2 月 7 日号、22-29 頁。

長谷毅・宗國修治［2008］「サブプライム問題と証券化商品の理論時価評価」『証券アナリストジャーナル』46 巻 3 号、47-59 頁。

長谷川勉［2007］「協同組織金融における社会関係資本へのアプローチ」信金中央金庫総合研究所、55-91 頁。
〈http://www.scbri.jp/PDFkinyuukenkyuukai/06ronbunhasesgawa.pdf〉

八田進二編著［2017］『開示不正―その実態と防止策』白桃書房。

初谷勇［2015］「論点の再整理―よりよい非営利法人法体系に向けて」岡本仁宏編著『市民社会セクターの可能性― 110 年ぶりの大改革の成果と課題』関西学院大学出版会、185-210 頁。

馬場英朗［2013］『非営利組織のソーシャル・アカウンティング―社会価値会計・社会性評価のフレームワーク構築に向けて』日本評論社。

浜中裕徳［2016］「パリ協定採択の意義とわが国の進むべき方向」『IGES クライメート・エッジ』24 号、1-3 頁。

林岳［2002］「地域における環境経済統合勘定の理論と実証に関する研究」『北海道大学大学

院農学研究科邦文紀要』24 巻 3・4 号、225-301 頁。
原田泰［2010］「銀行自己資本規制のマクロ経済に対する影響」『金融財政事情』10 月 11 日号、24-28 頁。
原吉宏［2012］「近年の企業不祥事における役員の法的責任」『月刊監査役』606 号、46-54 頁。
張替一彰［2017］「エンゲージメントと ERM の視点から見た ESG のあり方―ROIC/WACC 経営と持続的成長をキーワードとして」（日本価値創造 ERM 学会 2017 年度第 3 回セミナー配布資料）。
平光聡［2007］「銀行業における税効果会計と財務諸表の比較可能性について」村瀬儀祐・志賀理編著『加藤盛弘教授古稀記念論文集』森山書店、193-206 頁。
藤井敦史［2013］「ハイブリッド組織としての社会的企業」藤井敦史・原田晃樹・大高研道編著『闘う社会的企業―コミュニティ・エンパワーメントの担い手』勁草書房、1-19 頁。
藤井良広［2016］「非財務情報開示の実効性―SASB のアプローチを踏まえ」サステナビリティ情報審査協会コラム第 6 回。
淵田康之［2010］「システミック・リスクと金融規制・監督」『野村資本市場クォータリー』夏号、47-75 頁。
星野崇宏・荒井一博・平野茂実・柳澤秀吉［2008］「組織風土と不祥事に関する実証分析」『一橋経済学』2 巻 2 号、157-177 頁。
細野祐二［2015a］「東芝粉飾決算事件の真相と全容」『世界』873 号、228-240 頁。
――――［2015b］「東芝『粉飾決算』の動かぬ証拠」『ZAITEN』11 月号、14-17 頁。
本合暁詩［2012］『ビジネスファイナンス（第 2 版）』中央経済社。
マイヤーズ, スチュワート［2002］「アメリカ型コーポレート・ガバナンスもいまだ不完全である」（来日時インタビュー録）『DIAMOND ハーバード・ビジネスレビュー』4 月号、84-85 頁。
正岡幸伸［2001］「リアルオプション経営の時代へ」『知的資産創造』3 月号、46-55 頁。
増田寛也・冨山和彦［2015］『地方消滅―創生戦略篇』中公新書。
町田祥弘［2011a］「IFRS の下での監査の課題―原則主義の下での監査上の対応」『国際会計研究学会年報』2010 年度臨時増刊号、53-66 頁。
――――［2011b］「不正な財務報告に関する監査上の課題―オリンパス社第三者委員会調査報告書を読んで」『週刊経営財務』3046 号、45-59 頁。
――――［2015］「不正リスク対応基準の適用状況とそれに伴う課題」『會計』188 巻 3 号、59-73 頁。
――――編著［2017］『監査品質の指標 AQI』同文舘出版。
松尾雄介［2016］「COP21 におけるビジネスの動きと、その背景についての洞察」『IGES クライメート・エッジ』24 号、8-10 頁。
松尾祐太郎［2011］「企業パフォーマンスへの影響」山内直人・田中敬文・奥山尚子編『ソーシャル・キャピタルの実証分析』大阪大学大学院国際公共政策研究科 NPO 研究情報センター、63-71 頁。
松谷明彦・藤正巌［2002］『人口減少社会の設計』中公新書。
松永幸廣［2012］「監査人の新しい期待 GAP―不正発見の期待に応えて」『青山アカウンティング・レビュー』2 号、49-56 頁。
松葉博雄［2008］「経営理念の浸透が顧客と従業員の満足へ及ぼす効果―事例企業調査研究から」『経営行動科学』21 巻 2 号、89-103 頁。

松本祥尚［2011］「職業的懐疑心の発現とその規制」『會計』179巻3号、1-15頁。
萬澤陽子［2015］「スチュワードシップ責任と受託者責任—英米における考え方の比較の試み」『旬刊商事法務』2070号、23-33頁。
水谷覚［2006］「会計の実験的研究に関する先行研究—エイジェンシー関係の実験に関する研究を中心に」『京都マネジメント・レビュー』9号、77-98頁。
みずほ総合研究所［2014］『ポスト金融危機の銀行経営—「精査」と「組み合わせ」による勝ち組戦略』金融財政事情研究会。
三隅一人［2013］『社会関係資本—理論統合の挑戦』ミネルヴァ書房。
三井住友トラストホールディングス・三井住友信託銀行［2013］「『自然資本評価型環境格付融資』の実施」。
三井物産［2013］「国際会計基準（IFRS）の導入について」（12月13日）。
三菱総合研究所［2012］「ユニリーバ社のサステナビリティ経営とその効果」。
〈http://www.mri.co.jp/opinion/column/backnumber/business/2012/0626.html〉
三菱UFJリサーチ＆コンサルティング［2010］「平成21年度地域経済産業活性化対策調査（ソーシャルビジネスの統計と制度的検討のための調査事業）報告書」。
宮垣元［2016］「社会学からみるコミュニティ論」丸尾直美・宮垣元・矢口和宏編著『コミュニティの再生—経済と社会の潜在力を活かす』中央経済社、36-54頁。
宮川公男［2004］「ソーシャル・キャピタル論—歴史的背景、理論および政策的含意」宮川公男・大守隆編『ソーシャル・キャピタル』東洋経済新報社、3-53頁。
宮木由貴子［2016］「企業と消費者のコミュニケーション」『Life Design Report』Spring, 11-24頁。
宮崎正浩［2015］「統合報告における自然資本会計に関する考察」『跡見学園女子大学マネジメント学部紀要』19号、98-117頁。
宮永雅好［2017］「CGコード第2章の趣旨に添った経営と情報開示のあり方について—CSRと経営戦略、IRの融合をいかに進めるべきか？」（日本IR学会第15回年次大会自由論題報告配布資料）。
宮澤健一［1988］『制度と情報の経済学』有斐閣。
向伊知郎［2003］『連結財務諸表の比較可能性—会計基準の国際的統一に向けて』中央経済社。
―――［2016］「IFRSの任意適用と財務諸表の比較可能性—会計制度比較アプローチ」『愛知学院大学論叢経営学研究』25巻1・2号、79-96頁。
―――［2017］「IFRS適用は財務情報の比較可能性を高めるか？」『国際会計研究学会年報』2016年度1・2合併号、155-170頁。
村井秀樹［2015］「自然資本概念と自然資本会計の構造と課題」『商学集志』84巻3・4号、147-160頁。
村瀬儀祐［2008］「会計概念としての公正価値」『會計』174巻4号、480-491頁。
姚俊［2013］『グローバル化時代におけるリスク会計の探求』千倉書房。
八木裕之［1989］「企業社会会計における社会指標の問題」『福井工業大学研究紀要』19号、301-311頁。
―――［1990］「企業社会会計と会計測定」『福井工業大学研究紀要』20号、25-32頁。
矢口和宏［2016］「地域・都市政策におけるコミュニティ論」丸尾直美・宮垣元・矢口和宏編著『コミュニティの再生—経済と社会の潜在力を活かす』中央経済社、55-72頁。
安井肇［2013］「フィナンシャル・イノベーションと会計・開示」『国際会計研究学会年報』

2012 年度 2 号、23-36 頁。
矢瀬敏彦［2008］「日本の銀行における裁量的会計行動の分析—BIS 規制導入以降の銀行の行動」『オイコノミカ』45 巻 2 号、65-88 頁。
弥永真生［2007］「公認会計士法等の改正—研究者の立場から」『ジュリスト』1344 号、2-8 頁。
——— ［2012a］「金融規制・監督への影響と対応の方向性の考察」。
〈http://www.imes.boj.or.jp/japanese/kaikei/yanaga.pdf〉
——— ［2012b］「制度監査の基盤としての法制—現状と今後の課題」『会計・監査ジャーナル』689 号、9-14 頁。
柳川範之［2000］『契約と組織の経済学』東洋経済新報社。
柳良平［2017］「『見えない価値』の見える化をめざす高付加価値モデルの提案」柳良平・兵庫真一郎・本多克行『ROE 経営と見えない価値』中央経済社、1-31 頁。
山上達人［2000］「環境会計の測定視点を考える—個別の観点と社会の観点について」『産業と経済』15 巻 3 号、55-70 頁。
山口利昭［2012］「監査役の責任と有事対応のあり方—監査見逃し責任を認めた判例の検討」『旬刊商事法務』1973 号、96-108 頁。
——— ［2013］『法の世界からみた「会計監査」—弁護士と会計士のわかりあえないミゾを考える』同文舘出版。
山口浩［2002］『リアルオプションと企業経営』エコノミスト社。
山崎彰三［2012］「監査実務と企業不正」『証券アナリストジャーナル』50 巻 11 号、85-88 頁。
山下祐介［2014］『地方消滅の罠—「増田レポート」と人口減少社会の正体』筑摩書房。
山本卓［2013］『不動産会計と経営行動—公正価値と環境リスクを背景に』創成社。
山本貴啓［2017］「『会計士の公務員化』を考える—大手監査法人での名門企業における監査機能の強化に向けて」『産業経理』77 巻 3 号、122-132 頁。
吉田謙太郎・井元智子・柘植隆宏・大床太郎［2016］「環境評価研究の動向と今後の展開」『環境経済・政策研究』9 巻 1 号、38-50 頁。
葭田英人［2013］「『監査・監督委員会設置会社』制度導入の課題」『税経通信』68 巻 7 号、17-22 頁。
吉田康英［2016］『IFRS9「金融商品」の構図—IAS39 置換プロジェクトの評価』同文舘出版。
吉見宏［2014］「公正価値の監査における意義と課題—会計上の見積りの監査を中心として」北村敬子編著『財務報告における公正価値測定』中央経済社、263-276 頁。
米澤勝［2016］「会計クライシス—東芝事件はなぜ防げなかったか」『企業会計』68 巻 4 号、105-112 頁。
米山正樹［2010］「SFAS 第 157 号にもとづく公正価値情報の価値関連性—レベル 3 公正価値情報の価値関連性をめぐる解釈を中心として」『會計』178 巻 5 号、14-27 頁。
若林直樹［2009］『ネットワーク組織—社会ネットワーク論からの新たな組織像』有斐閣。
若林公美［2013］「財務情報の比較可能性に関する研究」『KONAN BI Monograph Series』No.2013-001。
——— ［2016］「財務情報の比較可能性の尺度に関する研究」『甲南経営研究』57 巻 3 号、77-103 頁。
鷲津泉［2012］「IFRS 導入の方法と財務情報の比較可能性」『経営情報学部論集』26 巻 1・2 号、49-64 頁。
——— ［2013］「IFRS 導入による財務情報の比較可能性」『會計』183 巻 4 号,493-507

【外国語文献】

AAA: American Accounting Association [2007] The FASB's Conceptual Framework for Financial Reporting: A Critical Analysis, *Accounting Horizons*, vol.21, no.2, pp.229-238.

Akerlof, Gorge [1970] The Market for "Lemons": Quality Uncertainty and the Market Mechanism, *Quarterly Journal of Economics*, vol.84, no.3, pp.488-500.

Albuquerque, Rui, Artyom Durnev, and Yrjö Koskinen [2014] Corporate Social Responsibility and Firm Risk: Theory and Empirical Evidence, Discussion Paper No.9533, Center for Economic Policy Recearch.

Amram, Martha and Nalin Kulatilaka [1999] *Real Option: Managing Strategic Investment in an Uncertain World*, Harvard Business School Press. (石原雅行・中村康治・吉田二郎・脇保修司訳 [2001]『リアル・オプション――経営戦略の新しいアプローチ』東洋経済新報社)。

ASIC: Australian Securities and Investment Commission [2011] *Consultation Paper 150: Disclosing Financial Information other than in accordance with Accounting Standards*.

ASSC: Accounting Standards Steering Committee [1975] *The Corporate Report*.

Baker, Wayne [1992] "The Network Organization in Theory and Practice," in: Nitin Nohria and Robert Eccles (eds.), *Networks and Organizations: Structure, Form, and Action*, Harvard Business School Press, pp.397-429.

―――― [2000] *Achieving Success Through Social Capital*, Jossey-Bass. (中島豊訳 [2001]『ソーシャル・キャピタル――人と組織の間にある「見えざる資産」を活用する』ダイヤモンド社)。

Ball, Ray [2006] International Financial Reporting Standards (IFRS): Pros and Cons for Investors, *Accounting and Business Research*, International Accounting Policy Forum, pp.5-27

――――, Xi Li, Lakshmanan Shivakumar [2015] Contractibility and Transparency of Financial Statement Information Prepared Under IFRS: Evidence from Debt Contracts Around IFRS Adoption, *Journal of Accounting Research*, vol.53, no.5, pp.915-963.

Basu, Sudipta [1997] The Conservatism Principle and the Asymmetric Timeliness of Earnings, *Journal of Accounting and Economics*, vol.24, no.1, pp.3-37.

Bauer, Rob, Piet Eichholtz, Nils Kok, and John Quigley [2011] How Green is Your Property Portfolio? : The Global Real Estate Sustainability Benchmark, *Rotman International Journal of Pension Management*, vol.4, no.1, pp.34-43.

Bazerman, Max, George Loewenstein, and Done Moore [2002] Why Good Accountants Do Bad Audits, *Harvard Business Review*, November, pp.97-102.

BCBS: Basel Committee on Banking Supervision [2011] *Basel III: A Global Regulatory Framework for More Resilient Banks and Banking Systems (revised version)*.

―――― [2012] *Core Principles for Effective Banking Supervision*.

―――― [2013] *Regulatory Consistency Assessment Programme (RCAP) : Analysis of Risk-weighted Assets for the Banking Book*.

―――― [2014] *Consultative Document, Standards, Review of the Pillar 3 Disclosure Requirements*.

[2015a] *Standards, Review of the Pillar 3 Disclosure Requirements.*
　　　　　　[2015b] *Consultative Document, Guidance on Accounting for Expected Credit Losses.*
　　　　　　[2015c] *Guidelines, Corporate Governance Principles for Banks.*
　　　　　　[2017a] *Standards, Pillar 3 Disclosure Requirements: Consolidated and Enhanced Framework.*
　　　　　　[2017b] *Basel III: Finalising Post-Crisis Reforms.*
Beasley, Marks, Joseph Carcello, and Dana Hermanson [2001] Top 10 Audit Deficiencies: Lessons from Fraud-related SEC Cases, *Journal of Accountancy*, vol.191, no.4, pp.63-69.
Beaver, William [1998] *Financial Reporting: An Accounting Revolution, 3rd ed*, Prentice Hall.
Besley, Timothy and Maitreesh Ghatak [2007] Retailing Public Goods: The Economics of Corporate Social Responsibility, *Journal of Public Economics*, vol.91, no.9, pp.1645-1663.
Brandeis, Louis [1914] *Other People's Money and How the Bankers Use It*, F.A. Stokes.
Bratten, Brian, Lisa Gaynor, Linda McDaniel, Norma Montague, and Gregory Sierra [2013] The Audit of Fair Values and Other Estimates: The Effects of Underlying Environmental, Task, and Auditor-Specific Factors, *Auditing: A Journal of Practice & Theory*, vol.32, Supplement.1, pp.7-44.
British American Tobacco [2017] *Annual Repor 2016.*
Burck, Jan, Franziska Marten, and Christoph Bals [2016] Climate Change Performance Index 2017, Germanwatch. ⟨https://germanwatch.org/en/13042⟩
Burt, Ronald [1992] *Structural Holes: The Social Structure of Competition*, Harvard University Press.（安田雪訳 [2006]『競争の社会的構造―構造的空隙の理論』新曜社）。
Caddy, Ian [2000] Intellectual Capital: Recognizing both Assets and Liabilities, *Journal of Intellectual Capital*, vol.1, no.2, pp.129-146.
CDP [2017] *Guidance for Companies Reporting on Climate Change on Behalf of Investors & Supply Chain Members 2017.*
CEBS: Committee of European Banking Supervisors [2004] *Guidelines on Prudential Filters for Regulatory Capital.*
　　　　　　[2006] *Guidelines for the Implementation of the Framework for Consolidated Financial Reporting (FINREP).*
Christensen, Brant, Steven Glover, and David Wood [2012] Extreme Estimation Uncertainty in Fair Value Estimates: Implications for Audit Assurance, *Auditing: A Journal of Practice & Theory*, vol.31, no.1, pp.127-146.
Chung, Sung, Beng Goh, Jeffrey Ng, and Kevin Yong [2015] Voluntary Fair Value Disclosures Beyond SFAS 157's Three-level Estimates, Working Paper, Research Collection School Of Accountancy.
Clark, Gordon, Andreas Feiner, and Michael Viehs [2015] From the Stockholder to the Stakeholder: How Sustainability Can Drive Financial Outperformance. ⟨https://arabesque.com/research/From_the_stockholder_to_the_stakeholder_web.pdf⟩

Cohen, Don and Laurence Prusak [2001] *In Good Company: How Social Capital Makes Organizations Work*, Harvard Business School Press. (沢崎冬日訳 [2003] 『人と人の「つながり」に投資する企業―ソーシャル・キャピタルが信頼を育む』ダイヤモンド社)。

Coleman, James [1990] *Foundations of Social Theory*, Belknap Press of Harvard University Press. (久慈利武監訳 [2004][2006] 『社会理論の基礎（上）（下）』青木書店)。

Collins, Julie, Douglas Shackelford, and James Wahlen [1995] Bank Differences in the Coordination of Regulatory Capital, Earnings, and Taxes, *Journal of Accounting Research*, vol.33, no.2, pp.263-291.

CRD: Corporate Reporting Dialogue [2016] *Statement of Common Principles of Materiality of the Corporate Reporting Dialogue.*

Dasgupta, Partha [2001] *Human Well-Being and the Natural Environment*, Oxford University Press. (植田和弘監訳 [2007] 『サステナビリティの経済学―人間の福祉と自然環境』岩波書店)。

Demerjian, Peter [2011] Accounting Standards and Debt Covenants: Has the "Balance Sheet Approach" Led to a Decline in the Use of Balance Sheet Covenants?, *Journal of Accounting and Economics*, vol.52, nos.2-3, pp.178-202.

Dewatripont, Mathias and Jean Tirole [1994] *The Prudential Regulation of Banks*, MIT Press. (北村行伸・渡辺努訳 [1996] 『銀行規制の新潮流』東洋経済新報社)。

Dhaliwal, Dan, Oliver Li, Albert Tsang, and Yong Yang [2011] Voluntary Nonfinancial Disclosure and the Cost of Equity Capital: The Initiation of Corporate Social Responsibility Reporting, *Accounting Review*, vol.86, no.1, pp.59-100.

Dixit, Avinash and Robert Pindyck [1995] The Options Approach to Capital Investment, *Harvard Business Review*, vol.73, no.3, pp.105-115.

DSM [2016] *Integrated Annual Report 2015.*

――― [2017] *Integrated Annual Report 2016.*

Duraiappah, Anantha and Pablo Fuentenebro [2012] "Lessons, Findings, and Recommendations," in: UNEP and UNU-IHDP, *Inclusive Wealth Report*, Cambridge University Press, pp.267-278.

EBA: European Banking Authority [2017] EBA Report on Results from the Second EBA Impact Assessment of IFRS 9.

EDTF: Enhanced Disclosure Task Force [2012] *Enhancing the Risk Disclosures of Banks.*

Edvinsson, Leif and Michael Malone [1997] *Intellectual Capital: Realizing Your Company's True Value by Finding Its Hidden Brainpower*, Harper Business. (高橋透訳 [1999] 『インテレクチュアル・キャピタル―企業の知力を測るナレッジ・マネジメントの新財務指標』日本能率協会マネジメントセンター)。

EFRAG: European Financial Reporting Advisory Group [2013a] *Getting a Better Framework, Prudence, Bulletin.*

――― [2013b] *Getting a Better Framework, Reliability of Financial Information, Bulletin.*

――― [2015] *Getting a Better Framework, Profit or Loss versus OCI.*

――― [2016] *Measurement and the Conceptual Framework.*

El Ghoul, Sadok, Omrane Guedhami, Chuck Kwok, and Dev Mishra [2011] Does Corporate

Social Responsibility Affect the Cost of Capital?, *Journal of Banking & Finance*, vol.35, no.9, pp.2388-2406.

Estes, Ralph [1976] *Corporate Social Accounting*, John Wiley & Sons.（名東孝二監訳・青柳清訳 [1979]『企業の社会会計』中央経済社）。

European Commission [2010] Green Paper, *Audit Policy: Lessons from the Crisis*.

──── [2013] *Mapping and Assessment of Ecosystems and their Services: An Analytical Framework for Ecosystem Assessments under Action 5 of the EU Biodiversity Strategy to 2020*.

──── [2015] *A Map of Social Enterprises and Their Eco-systems in Europe*.

EVPA: European Venture Philanthropy Association [2015] *A Practical Guide to Venture Philanthropy and Social Impact Investment*.

Farrell, Michael and Angela Hoon [2009] What's Your Company's Risk Culture?, BusinessWeek Online, May 12.

FASB: Financial Accounting Standards Board [1980] *Statement of Financial Accounting Concepts No.2, Qualitative Characteristics of Accounting Information*.（平松一夫・広瀬義州訳 [2002]『FASB 財務会計の諸概念（増補版）』中央経済社）。

──── [2006] *Preliminary Views, Conceptual Framework for Financial Reporting: Objective of Financial Reporting and Qualitative Characteristics of Decision ― Useful Financial Reporting Information*.

──── [2012] Exposure Draft, *Proposed Accounting Standards Update, Financial Instruments ― Credit Losses (Subtopic 825-15)*.

Fed: Federal Reserve, Central Bank of the United States [2015] Transcript of Chair Yellen's FOMC Press Conference, March 18.

Ferreira, Nelson, Jayanti Kar, and Lenos Trigeorgis [2009] Option Games: The Key to Competing in Capital-Intensive Industries, *Harvard Business Review*, vol.87, no.3, pp.101-107.

Finsia and AICD: Financial Services Institute of Australasia and Australian Institute of Company Directors [2008] *Underlying Profit: A Discussion Paper on the Reporting of Non-statutory Financial Information*, Finsia.

Fisher, Irving [1906] *The Nature of Capital and Income*, AM Kelley.

Fombrun, Charles and Cees van Riel [2003], *Fame and Fortune: How Successful Companies Build Winning Reputations*, Prentice Hall.（花堂靖仁監訳・電通レピュテーション・プロジェクトチーム訳 [2005]『コーポレート・レピュテーション』東洋経済新報社）。

FRC: Financial Reporting Council [2015] *Extended Auditor's Reports: A Review of Experience in the First Year*.

──── [2016] *Extended Auditor's Reports: A Further Review of Experience*

──── [2017] *Audit Tenders Note on Best Practice*.

Friede, Gunnar, Timo Busch, and Alexander Bassen [2015] ESG and Financial Performance: Aggregated Evidence from More than 2000 Empirical Studies, *Journal of Sustainable Finance & Investment*, vol.5, no.4, pp.210-233.

FSB: Financial Stability Board [2012] *Thematic Review on Risk Governance*.

［2013］*Principles for an Effective Risk Appetite Framework.*
　　　　　［2014］*Guidance on Supervisory Interaction with Financial Institutions on Risk Culture: A Framework for Assessing Risk Culture.*
Gigler, Frank, Chandra Kanodia, and Raghu Venugopalan［2013］Who Benefits from Fair Value Accounting?：An Equilibrium Analysis with Strategic Complementarities, Working Paper.
Goh, Beng, Dan Li, Jeffrey Ng, and Kevin Yong［2015］Market Pricing of Banks' Fair Value Assets Reported under SFAS 157 during the 2008 Economic Crisis, *Journal of Accounting and Public Policy*, vol.34, no.2, pp.129-145.
GPPC: Global Public Policy Committee［2016］*The Implementation of IFRS 9 Impairment Requirements by Banks: Considerations for those Charged with Governance of Systemically Important Banks.*
　　　　　［2017］*The Auditor's Response to the Risks of Material Misstatement Posed by Estimates of Expected Credit Losses under IFRS 9, Considerations for the Audit Committees of Systemically Important Banks.*
Gray, Rob, Dave Owen, and Keith Maunders［1987］*Corporate Social Reporting: Accounting and Accountability*, Prentice Hall.（山上達人監訳・水野一郎・向山敦夫・國部克彦・冨増和彦訳［1992］『企業の社会報告―会計とアカウンタビリティ』白桃書房）。
GRI・UNGC・WBCSD: Global Reporting Initiative, UN Global Compact, and World Business Council for Sustainable Development［2015］SDG Compass: The Guide for Business Action on the SDGs.（IGES・UNGCJ訳［2016］「SDGコンパス―SDGsの企業行動指針」）。
Griffith, Emily, Jacqueline Hammersley, and Kathryn Kadous［2015］Auditing Complex Estimates as Verification of Management Numbers: How Institutional Pressures Shape Practice, *Contemporary Accounting Research*, vol.32, no.3, pp.833-863.
Grossman, Sanford［1981］The Informational Role of Warranties and Private Disclosure about Product Quality, *Journal of Law and Economics*, vol.24, no.3, pp.461-483.
　　　　　and Oliver Hart［1986］The Costs and Benefits of Ownership: A Theory of Vertical and Lateral Integration, *Journal of Political Economy*, vol.94, no.4, pp.691-719.
Hart, Oliver［1995］*Firms, Contracts, and Financial Structure*, Oxford University Press.（鳥居昭夫訳［2010］『企業 契約 金融構造』慶應義塾大学出版会）。
　　　　　and John Moore［1990］Property Rights and the Nature of the Firm, *Journal of Political Economy*, vol. 98, no.6, pp.1119-1158.
　　　　　and Luigi Zingales［2017］Companies Should Maximize Shareholder Welfare Not Market Value, ECGI -Finance Working Paper No. 521.
Harvey, Michael and Robert Lusch［1999］Balancing the Intellectual Capital Books: Intangible Liabilities, *European Management Journal*, vol.17, no.1, pp.85-92.
Hoffman, Reid, Ben Casnocha, and Chris Yeh［2014］*The Alliance: Managing Talent in the Networked Age*, Harvard Business Review Press.（篠田真貴子監訳・倉田幸信訳［2015］『アライアンス―人と企業が信頼で結ばれる新しい雇用』ダイヤモンド社）。
Hull, John［2003］*Options, Futures, and Other Derivatives (Fifth Edition)*, Prentice Hall.（三菱証券商品開発本部訳［2005］『フィナンシャルエンジニアリング―デリバティブ取引

とリスク管理の総体系(第5版)』金融財政事情研究会)。
IAASB: International Auditing and Assurance Standards Board [2016] *An Update on the Project and Initial Thinking on the Auditing Challenges Arising from the Adoption of Expected Credit Loss Models.*
―――― [2017] Exposure Draft, *Proposed International Standard on Auditing 540 (Revised), Auditing Accounting Estimates and Related Disclosures.*
IADI: International Association of Deposit Insurers [2013] Guidance Paper, *Enhanced Guidance for Effective Deposit Insurance Systems: Mitigating Moral Hazard.*
IASB: International Accounting Standards Board [2009] Exposure Draft, *Financial Instruments: Amortised Cost and Impairment.*
―――― [2010] *Conceptual Framework for Financial Reporting.*
―――― [2011] *Supplement to the Exposure Draft "Financial Instruments: Amortised Cost and Impairment".*
―――― [2013a] Exposure Draft, *Financial Instruments: Expected Credit Losses.*
―――― [2013b] Discussion Paper, *A Review of the Conceptual Framework for Financial Reporting.*
―――― [2015] Exposure Draft: *Conceptual Framework for Financial Reporting.*
―――― [2018] *Conceptual Framework for Financial Reporting.*
Iatridis, George [2008] Implementation of International Financial Reporting Standards and the Quality of Financial Statement Information: An Investigation of Earnings Management and Value Relevance, Working Paper.
IIF: Institute of International Finance [2011] *Implementing Robust Risk Appetite Frameworks to Strengthen Financial Institutions.*
―――― [2012] *Governance for Strengthened Risk Management.*
IIRC: International Integrated Reporting Council [2013a] *Capitals Background Paper for ⟨IR⟩.*
―――― [2013b] *The International ⟨IR⟩ Framework.* (邦訳 [2014]「国際統合フレームワーク」)。
Johnson, Harold [1979] *Disclosure of Corporate Social Performance,* Praeger. (名東孝二監訳・青柳清訳 [1980]『ソーシャル・ディスクロージャーの新展開』中央経済社)。
Jovanovic, Boyan [1982] Truthful Disclosure of Information, *The Bell Journal of Economics,* vol.13, no.1, pp.36-44.
Kania, John and Mark Kramer [2011] Collective Impact, *Stanford Social Innovation Review,* Winter, pp.35-41.
Kaplan, Robert and David Norton [2004] *Strategy Maps,* Harvard Business School Press. (櫻井通晴・伊藤和憲・長谷川惠一監訳 [2014]『戦略マップ:バランスト・スコアカードによる戦略策定・実行フレームワーク [復刻版]』東洋経済新報社)。
King, Alfred [2007] "What SFAS 157 Does, and Does Not Accomplish", in: Peter Walton (ed.) *The Routledge Companion to Fair Value and Financial Reporting,* Routledge, pp.24-34.
Kingfisher [2014] *Net Positive Report 2013/14.*
Kolev, Kalin [2008] Do Investors Perceive Marking-to-Model as Marking-to-Myth?: Early Evidence from FAS 157 Disclosure, Working Paper.
Koput, Kenneth and Joseph Broschak (eds.) [2010] *Social Capital in Business,* Edgar

Elger.
Kothari, S. P., Karthik Ramanna, and Douglas J. Skinner [2010] Implications for GAAP from an Analysis of Positive Research in Accounting, *Journal of Accounting and Economics*, vol.50, no.2-3, pp.246-286.
Kramer, Mark and Marc Pfitzer [2016] The Ecosystem of Shared Value, *Harvard Business Review*, vol.94, no.10, pp.80-89.
Kroll, Mark, Bruce Walters, and Peter Wright [2008] Board Vigilance, Director Experience, and Corporate Outcomes, *Strategic Management Journal*, vol.29, no.4, pp.363-382.
Leenders, Roger and Shaul Gabbay (eds.) [1999] *Corporate Social Capital and Liability*, Kluwer Academic Press .
Lev, Baruch [2001] *Intangibles: Management, Measurement, and Reporting*, Brookings Institution Press.(広瀬義州・桜井久勝監訳 [2002]『ブランドの経営と会計』東洋経済新報社)。
Levenstein, Ben and Robert Talbut [2012] The Pernicious Influence of US Audit Rules: A Prudent Regime would have Precluded Bank Excesses.
〈http://www.ft.com/cms/s/0/771752b0-33ed-11e2-9ce7-00144feabdc0.html#axzz2xgitOBmJ〉
Lipietz, Alain [2001] *Pour le Tiers secteur, L'économie sociale et solidaire: pourquoi et comment ?*, Coédition La découverte.(井上泰夫訳 [2011]『サードセクター――「新しい公共」と「新しい経済」』藤原書店)。
Littlecott, Chris [2015] G7 Coal Scorecard: Benchmarking Coal Phase out Actions, E3G News October.
Lorenzoni, Guido [2008] Inefficient Credit Booms, *Review of Economic Studies*, vol.75, no.3, pp.809-833.
Matsumura, Ella, Rachna Prakash, and Sandra Vera-Munoz [2014] Firm-Value Effects of Carbon Emissions and Carbon Disclosures, *Accounting Review*, vol. 89, no.2, pp.695-724.
Mautz, Robert and Hussein Sharaf [1961] *The Philosophy of Auditing*, AAA.(近澤弘治監訳・関西監査研究会訳 [1987]『監査理論の構造』中央経済社)。
McFarland, Keith [2008] *The Breakthrough Company*, Random house.(高橋由紀子訳 [2008]『ブレイクスルー・カンパニー――小さな会社が大きく伸びる法則』講談社)。
MERITUM: Measuring Intangibles to Understand and Improve Innovation Management [2002], *Guidelines for Managing and Reporting on Intangibles, Intellectual Capital Report*.
Milgrom, Paul [1981] Good News and Bad News: Representation Theorems and Applications, *Bell Journal of Economics*, vol.12, no.2, pp.380-391.
NCC: Natural Capital Coalition [2013] *Natural Capital at Risk: The Top 100 Externalities of Business*.(レスポンスアビリティ社訳 [2013]「リスクにさらされている自然資本――ビジネスの外部不経済トップ100」)。
―――― [2016] *Natural Capital Protocol*.
Nicholls, Alex and Jed Emerson [2015] "Social Finance: Capitalizing Social Impact," in: Nicholls, Alex, Rob Paton, and Jed Emerson (eds.), *Social Finance*, Oxford University Press, pp.1-41.

Nielsen [2015] *The Sutainability Imperative: New Insights on Consumer Expectations.*

Nissim, Doron and Stephen Penman [2008] *Principles for the Application of Fair Value Accounting,* CEASA (Center for Excellence in Accounting and Security Analysis) White Paper no.2, Columbia Business School.

Novoa, Alicia, Jodi Scarlata, and Juan Solé [2009] Procyclicality and Fair Value Accounting, IMF Working Paper.

Ochi, Nobuhito [2017] Limits of Level 3 Fair Value Measurement: Based on Conceptual Framework, *Journal of Modern Accounting and Auditing,* vol.13, no.12, pp.493-507.

――― [2018] Reporting of Real Option Value related ESG: Including Complementary Systems for Disclosure Incentives, Proceedings of the EAA 41th Congress in Milan.

OECD: Organisation for Economic Co-operation and Development [2007] *OECD Insights, Human Capital: How What You Know Shapes Your Life.*

Pascual, Unai, et al. [2010] "The Economics of Valuing Ecosystem Services and Biodiversity (Chapter 5)," in: TEEB, *The Economics of Ecosystem and Biodiversity: Ecological and Economic Foundations.* (IGES 仮訳 [2011]「生態系サービス及び生物多様性価値評価経済学」、1-139 頁）。

PCAOB: Public Company Accounting Oversight Board [2015a] *Audit Committee Dialogue,* May 7.

――― [2015b] *Concept Release on Audit Quality Indicators.*

Peasnell, Ken [2006] Institution-Specific Value, BIS Working Papers no.210.

Picot, Arnold, Helmut Dietl, and Egon Franck [2005] *Organisation: Eine ökonomische Perspektive, 4. Ausgabe,* Schäffer-Poeschel Verlag. (丹沢安治・榊原研互・田川克生・小山明宏・渡辺敏雄・宮城徹訳 [2007]『新制度派経済学による組織入門―市場・組織・組織間関係へのアプローチ［第4版］』白桃書房）。

Polman, Paul [2014] Business, Society, and the Future of Capitalism, *Commentary McKinsey Quarterly,* May.

Porter, Michael and Mark Kramer [2006] Strategy and Society: The Link Between Competitive Advantage and Corporate Social Responsibility, *Harvard Business Review,* December, pp.78-94.（村井裕訳 [2008]「競争優位の CSR 戦略」『DIAMOND ハーバード・ビジネスレビュー』1月号、36-52 頁）。

――― and ――― [2011] Creating Shared Value, *Harvard Business Review,* January-February, pp.62-77.（編集部訳 [2012]「共通価値の戦略」『DIAMOND ハーバード・ビジネスレビュー』6月号、8-31 頁）。

PPR [2012] *An Expert Review of the Environmental Profit & Losses Account: What the Experts Say: The Way Forward.*

Prakash, Prem and Alfred Rappaport [1977] Information Inductance and Its Significance for Accounting, *Accounting, Organization and Society,* vol.2, no.1, pp.29-38.

PRI: Principles for Responsible Investment [2017] *Shifting Perceptions: ESG, Credit Risk and Ratings, Part 1: The State of Play.*

PRI, UNEP FI and The Generation Foundation [2017] *Fiduciary Duty in the 21th Century: Japan Roadmap.*

Puma [2011] *PUMA's Environmental Profit and Loss Account for the Year ended 31*

December 2010.
Putnam, Robert [1993] *Making Democracy Work: Civic Traditions in Modern Italy*, Princeton University Press.(河田潤一訳 [2001]『哲学する民主主義―伝統と改革の市民的構造』NTT 出版)。
――― [2000] *Bowling Alone: The Collapse and Revival of American Community*, Simon & Schuster.(柴内康文訳 [2006]『孤独なボウリング―米国コミュニティの崩壊と再生』柏書房)。
Rappaport, Alfred and Michael Mauboussin [2001] *Expectation Investing*, Harvard Business School Press.(新井富雄・芹田敏夫・高橋文郎訳 [2003]『エクスペクテーション投資入門』日本経済新聞社)。
Rockström, Johan, et al. [2009] Planetary Boundaries: Exploring the Safe Operating Space for Humanity, *Ecology and Society*, vol.14, no.2, online. ⟨http://www.stockholmresilience.org/download/18.8615c78125078c8d3380002197/ES-2009-3180.pdf⟩
Rothschild, Michael and Joseph Stiglitz [1976] Equilibrium in Competitive Insurance Markets: An Essay on the Economics of Imperfect Information, *Quarterly Journal of Economics*, vol.90, no.4, pp.629-649.
SASB: Sustainability Accounting Standards Board [2017a] *SASB Conceptual Framework*.
――― [2017b] *Exposure Draft, Proposed Changes to Provisional Standards*.
Schumacher, Ernst [1973] *Small Is Beautiful: Economics As If People Mattered*, Blond & Briggs.(斎藤志郎訳 [1976]『人間復興の経済』佑学社)。
Sheffi, Yossi [2005] *The Resilient Enterprise: Overcoming Vulnerability for Competitive Advantage*, MIT Press.(渡辺研司・黄野吉博監訳 [2007])『企業のレジリエンシーと事業継続マネジメント』日刊工業新聞社)。
SIGMA: Sustainability Integrated Guidelines for Management [2003] *The SIGMA Guidelines: Putting Sustainable Development into Practice*, SIGMA.
Song, Chang, Wayne Thomas, and Han Yi [2010] Value Relevance of FAS No.157 Fair Value Hierarchy Information and the Impact of Corporate Governance Mechanisms, *Accounting Review*, vol.85, no.4, pp.1375-1410.
Spence, Michael [1973] Job Market Signaling, *Quarterly Journal of Economics*, vol.87, no.3, pp.355-374.
SSG: Senior Supervisors Group [2010] *Observations on Developments in Risk Appetite Frameworks and IT Infrastructure*.
Stiglitz, Joseph [1975] The Theory of "Screening," Education, and the Distribution of Income, *American Economic Review*, vol. 65, no.3, pp.283-300.
Sukhdev, Pavan [2012] *Corporation 2020: Transforming Business for Tomorrow's World*, Island Press.(月沢季歌子訳 [2013]『「企業2020」の世界―未来をつくるリーダーシップ』日本経済新聞出版社)。
Sunder, Shyam [1997] *Theory of Accounting and Control*, South-Western College Publishing.(山地秀俊・鈴木一水・松本祥尚・梶原晃訳 [1998]『会計とコントロールの理論―契約理論に基づく会計学入門』勁草書房)。
TATA [2015] *TATA Sustainability Policy*.

TCFD: Task Force on Climate-related Financial Disclosures [2017] *Final Report: Recommendations of the Task Force on Climate-related Financial Disclosures.*

TEEB: The Economics of Ecosystem and Biodiversity [2010] *Mainstreaming the Economics of Nature: A Synthesis of the Approach, Conclusions and Recommendations of TEEB.*

Tuschke, Anja, Gerard Sanders, and Exequiel Hernandez [2014] Whose Experience Matters in the Boardroom? : The Effects of Experiential and Vicarious Learning on Emerging Market Entry, *Strategic Management Journal*, vol.35, no.3, pp.398-418.

UNEP FI and GFN: United Nations Environment Programme Finance Initiative and Global Footprint Network [2012] *A New Angle on Sovereign Credit Risk, E-RISC: Environmental Risk Integration in Sovereign Credit Analysis.*

UNEP FI and Mercer [2007] *Demystifying Responsible Investment Performance: A Review of Key Academic and Broker Research on ESG Factors.*

Unilever [2015] Unilever Sees Sustainability Supporting Growth. 〈https://www.unilever.com/news/press-releases/2015/Unilever-sees-sustainability-supporting-growth.html〉

Unruh, Gregory, David Kiron, Nina Kruschwitz, Martin Reeves, Holger Rubel, and Alexander Felde [2016] Investing for a Sustainable Future, *MIT Sloan Management Review*, Spring, pp.1-29.

UNU-IHDP and UNEP: United Nations University's International Human Dimensions Programme on Global Environmental Change and United Nations Environment Programme [2012] *Inclusive Wealth Report 2012: Measuring Progress Toward Sustainability.*

Upadhyay, Alka [2016] Natural Capital Valuation Initiative @TATA, Natural Capital Protocol Symposium, February 15, at United Nations University.

Veblen, Thorstein [1904] *The Theory of Business Enterprise*, Charles Scribner's Sons.（小原敬士訳［1965］『企業の理論』勁草書房）。

Verrecchia, Robert [1983] Discretionary Disclosure, *Journal of Accounting and Economics*, vol.5, no.1, pp.179-194.

Wahlen, James [1994] The Nature of Information in Commercial Bank Loan Loss Disclosures, *Accounting Review*, vol.69, no.3, pp.455-478.

Watts, Ross [2003] Conservatism in Accounting Part I: Explanations and Implications, *Accounting Horizons*, vol.17, no.3, pp.207-221.

―――― and Jerold Zimmerman [1986] *Positive Accounting Theory*, Prentice-Hall.（須田一幸訳［1991］『実証理論としての会計学』白桃書房）。

WBCSD: World Business Council for Sustainable Development [2017] *Social Capital Protocol: Making Companies that Truly Value People More Successful.*

Weisbrod, Burton [1988] *The Nonprofit Economy*, Harvard University Press.

Westphal, James and James Fredrickson [2001] Who Directs Strategic Change? Director Experience, the Election of New CEOs, and Change in Corporate Strategy, *Strategic Management Journal*, vol.22, no.12, pp.1113-1137.

初出一覧

　本書の各章（書き下ろしの序章と終章を除く）は、参考文献一覧に掲げた下記論稿を基礎として、現下の状況を踏まえ、論稿の整理・集約や各章間の調整・組替えとともに大幅な加筆・修正を施している。

第Ⅰ部　自然資本の外部性制御と企業ディスクロージャー
　第1章　越智信仁［2015c］［2016f］［2017a］［2018a］
　第2章　─────［2018c］、Ochi, Nobuhito［2018］

第Ⅱ部　社会関係資本のマネジメントとシグナリング
　第3章　─────［2016b］［2016c］［2016g］
　第4章　─────［2018e］

第Ⅲ部　制度資本の外部性制御への開示規律
　第5章　─────［2014b］［2016a］［2016e］
　第6章　─────［2016d］［2018b］［2018d］

（第Ⅲ部補章）金融・監査インフラとなる IFRS の留意点
　補章1　─────［2016h］［2017b］［2017c］、Ochi, Nobuhito［2017］
　補章2　─────［2013］［2014a］［2014c］［2015b］
　　　　　─────・諸田崇義・米谷達哉［2010］［2011］

索　引

[あ行]

アカウンタビリティ　11, 31, 32, 47, 156, 167
アセットロック　117, 123
アソシエーション　104, 119
依存度　33, 41, 43
一致的検証可能性　201, 202, 205
イノベーション　55
インセンティブ　1, 2, 5, 9, 33, 47, 65, 66, 71, 137, 153, 168, 177
インセンティブのねじれ　6, 7, 165, 175, 176
インタンジブルズ　3, 6, 51, 55, 76, 83, 85, 87, 89, 94, 238
エージェンシー問題　154, 165
エージェント　6, 147, 165, 166, 167
エシカル消費　71
オクトパスモデル　3, 22, 24
オフサイトモニタリング　208, 227

[か行]

カーボンプライシング　49, 67, 238
会計上の見積り　153, 155, 158, 167, 168, 190
会計的裁量行動　219
開示・品質不正　8
開示規制　8, 64, 66, 76, 142, 144
開示規律　2, 45, 76, 130, 133, 164
開示クライテリア　8, 69, 78, 143, 145, 147
開示の会計学　11, 32, 64, 78
概念フレームワーク　181, 184, 193, 194
外部性制御　2, 3, 11, 70, 74, 169, 240
外部性問題　1, 25, 49, 51, 65, 130, 131, 133, 239
外部不経済　2, 25, 28, 34, 44, 47, 66, 73, 74, 82
科学に整合する目標　61
学習オプション　54
拡大生産者責任　65
拡張された富　21, 23
価値関連性　200, 206
活発な市場　187, 228, 229
ガバナンスカルチャー　4, 169
株主厚生　74
環境会計　33, 34
環境経済学　28, 29, 34, 64
環境経済統合勘定　25, 26, 27
環境効率　32, 34
環境損益計算書　35
環境ラベル　67
関係特殊的投資　10, 170
監査可能性　14, 204, 215
監査上の重要性　202
監査制度　4, 14, 165
監査の失敗　4, 130, 152, 165, 168
監査品質　7, 157, 164, 168, 169
監査報告書　152, 154, 166, 167, 168, 176
監査報酬　7, 154, 157, 170, 172
監査法人のガバナンス・コード　167, 170
監査役等との連携　174, 177
間接的検証可能性　197, 198, 201
完全開示　7, 9
機会　3, 21, 48, 49, 50, 51, 54, 61, 62
機関投資家　36, 38, 39, 49, 73
企業社会会計　11, 22, 30, 32
企業不祥事　82, 92
企業文化　4, 85, 92, 93, 98, 149
規範演繹的研究　11, 78, 242
規範帰納的研究　11, 78, 242
機密コスト　50

逆選択　5, 6, 9, 66, 155
協働　103, 104, 108, 109, 110, 111, 114, 118
協同組合　104, 113, 114, 115, 119
銀行法　136
金融検査マニュアル　136, 138, 217
金融工学　14, 190, 191, 199, 200
金融システムの安定　4, 40, 130, 136, 210
金融制度　4, 130
金融投資　187
グローバル・ガバナンス　38
グローバル金融危機　8, 17, 132, 139, 145, 152, 180, 200, 209
経営者不正　171, 172, 177, 178
経営力　51, 55, 95
景気循環増幅効果　→プロシクリカリティ
契約の失敗　125
契約理論　5, 10, 153, 170
ゲーム理論　9, 14, 222, 234
検証可能性　7, 8, 14, 196, 197, 201, 204, 233, 241
原則主義　9, 228, 229, 241
公益法人制度　111, 116, 122
公正価値　7, 132, 155, 156, 158, 180, 187, 197, 208, 210
公正価値ヒエラルキー　154, 181, 191
公的資金　131, 133, 134, 136
合理的検証可能性　14, 201, 202, 204, 205
コーポレート・ガバナンス　100, 135, 136, 147
コーポレートガバナンス・コード　51, 157, 167, 168
国際統合報告フレームワーク　3, 21, 24, 31
国連持続可能な開発会議　26
コピュラ・モデル　192, 200, 203
コミュニティ　2, 82, 87, 103, 104, 106, 111, 120
コミュニティビジネス　114, 115, 119, 124
コモンズ　24

コレクティブ・インパクト　48, 104, 107, 108, 112
コントロール権　7, 10, 137, 172

[さ行]
財務制限条項　208, 228
裁量的調整行動　217, 218, 227
サウンドバンキング　150, 151, 232
座礁資産　39, 40
サブプライム問題　132, 180, 192, 200
サプライチェーン　29, 33, 35, 36, 75
事業活動　184, 185
事業投資　185, 186, 187
事業モデル　181, 182, 183, 184
シグナリング　4, 7, 13, 21, 70, 77, 97, 118, 147, 167
シグナリング理論　3, 12, 39, 47, 239
シグナル　6, 66, 67, 68, 99, 117, 168, 238
自己資本比率規制　136, 143, 210
市場規律　→第3の柱
市場の失敗　6, 48, 101, 133
システミックリスク　131, 133, 141, 146
自然資本　1, 21, 22, 23, 25, 29, 33, 34, 68
自然資本会計　26, 29, 34, 35, 38, 63
自然資本経営　40, 41, 42
自然資本コスト　29, 36
自然資本宣言　26, 37
自然資本評価型環境格付融資　37
自然資本プロトコル　29, 41, 42
自然資本連合　28, 29, 42
持続可能性　22, 24, 25, 26, 27, 37, 39
持続可能性報告書　32
持続的企業価値　38, 39, 44
実質判断　201, 204
実体的裁量行動　219
資本アプローチ　22, 23, 25
資本コスト　56, 57, 95, 96
社会価値　25, 34, 38, 43, 45, 72, 112, 125
社会関係資本(SC)　1, 2, 22, 23, 42, 82, 84, 86, 87, 88, 91, 104, 106, 107, 109, 149
社会関連会計　34

社会生産性　　　103, 105, 110
社会貸借対照表　　　30, 31
社会的インパクト　　　30, 42, 103, 109
社会的インパクト報告書　　　30
社会的企業　　　104, 117
社会的企業マーク　　　117
社会的共通資本　　　1, 2, 24, 25, 40, 103
社会的経済　　　107, 109, 111, 115
社会的事業体　　　104, 107, 110
シャドープライス　　　27
収支相償　　　122
重要性　　　40, 41, 72
重要な不確実性　　　241
受託者責任　　　38, 73
情報インダクタンス　　　9, 20, 219, 226
情報開示　　　1, 2, 20, 30, 45, 168, 240
情報生産　　　6, 238, 242
情報提供機能　　　208
情報の非対称性　　　6, 9, 66, 86, 105, 116, 125, 135, 142, 154, 156, 165, 166
職業的懐疑心　　　153, 159, 160, 161
人口減少　　　102, 126, 138
新古典派経済学　　　20, 33, 44, 66
人的資本　　　84, 86, 87, 88, 89
真の価格　　　65, 66, 67
信用外部性　　　13, 131, 133, 140, 150
信頼性　　　187, 188, 189, 194, 196, 204
信頼性付与　　　8, 70
スチュワードシップ・コード　　　50, 51
製造物責任　　　65
生態系サービス　　　25, 26, 40
成長オプション　　　54, 59
正当性理論　　　3, 12, 39, 47, 239
制度資本　　　1, 4, 24, 130
生物多様性条約　　　25
ゼロ・エミッション　　　34
ソーシャルビジネス　　　108, 115
測定上のノイズ　　　241
測定の客観性　　　189
測定の重要な不確実性　　　191
測定の多峰性　　　190
測定の不確実性　　　182, 194
ソフトロー　　　44, 75

[た行]
ダークサイド　　　4, 13, 91, 92, 95
第3の柱（市場規律）　　　142, 143, 145, 209
脱炭素　　　49, 50, 51, 55
地域社会益　　　115, 117, 122, 125
地域社会益法人　　　114, 115, 118
地球環境サミット　　　25
知的資本　　　83, 86, 87, 88, 89
地方創生　　　4, 13, 101, 102, 104, 107, 112, 114
チャリティ　　　119, 120
忠実な表現　　　8, 188, 189, 194, 203, 241
直接的規則　　　20, 44
直接的検証可能性　　　196, 197, 198, 202
定款自治　　　122
テイルリスク　　　134, 141, 146
統合報告　　　3, 15, 21, 22, 32, 38, 40, 42, 50, 62, 63, 69, 73, 98, 145, 148
透明性報告書　　　169, 176
富の会計　　　2, 22, 25, 26, 74
トリプル・ボトムライン　　　34, 40
トレーサビリティ　　　8, 132, 180

[な行]
内部モデル手法　　　142, 144
人間の安全保障　　　12, 72, 73
認証　　　1, 4, 13, 16, 104, 115, 116, 117, 118, 123, 124, 125
認知バイアス　　　154, 158, 171
ネクサス・アプローチ　　　108, 112

[は行]
バーゼルⅢ　　　139, 143, 209, 210
バーゼル銀行監査委員会　　　132, 139, 142, 209
売却可能性　　　187
ハイブリッド型法人　　　119, 125
バブル　　　4, 130, 131, 132, 140, 151, 210

索 引　271

パリ協定　46, 49, 61
反証的アプローチ　154, 161, 162, 163, 170
非営利株式会社　104, 117, 123, 125
非営利法人　111, 112, 118
比較可能性　70, 79, 143, 145, 169, 229, 230, 238, 241
非財務情報　12, 21, 62, 63, 66, 67, 68, 78, 238, 241
非財務情報開示指令　64
非上場株式　156, 157, 185, 186, 187, 188, 190, 192, 206, 211
評価技法　14, 190, 199, 200
評判　6, 66 76, 77, 165, 238
ファクターX　34
不確実性　49, 51, 52, 54, 55, 59, 65
不完備契約　10, 153
不正の疑義　154, 157, 158, 159, 162, 164, 173, 177
不正リスク対応基準　152, 157, 160, 161, 162, 174
負のインタンジブルズ　4, 13, 51, 77, 95
負の所有権　77
ブランディング　15, 117
プリンシパル　7
プルーデンス　136, 138, 230, 232
プロシクリカリティ（景気循環増幅効果）　9, 139, 210, 213, 217, 226
併用法　192
ベネフィット・コーポレーション　121, 125
包括的富指標　22, 26, 27
法令違反等事実発見への対応　7, 154, 173
ホールドアップ問題　5, 7, 10, 14, 154, 170, 172, 173, 174
保守主義　146, 187, 232, 233

[ま行]

マクロ社会会計　25, 27, 28
マクロプルーデンス政策　139, 141
マネジメントアプローチ　228, 242
ミクロ社会会計　22, 29, 30
ミッションロック　117, 123
無裁定価格　14, 190, 193, 198, 199
目的適合性　194
モラルハザード　5, 6, 134, 135, 137, 142, 155

[や行]

誘因両立　3, 6, 47, 53, 77, 147, 153, 177
ユニバーサルオーナー　74
予想信用損失　14, 209, 212, 213, 215, 216, 217, 226, 230, 231

[ら行]

リアルオプション　12, 51, 53, 57
リアルオプション経営　58, 59, 61
利害調整機能　208
リスクアペタイト　146, 148, 149
リスクアペタイト・フレームワーク（RAF）　4, 147, 148
リスクガバナンス　141, 150, 151
リスクカルチャー　4, 149, 150, 151
リスクテイク　6
リスクマネジメント　3, 21, 33, 38, 39, 45, 48, 99
レジームシフト　27
レジリエンス　27, 37
レバレッジ　132, 140, 151
レピュテーション　45, 53, 87, 89
レベル3公正価値　14, 154, 160, 191, 196, 200
レベル4　14, 191, 195, 200, 202, 203

[わ行]

割引率　51, 52

[アルファベット]

AQI　169, 176
B-Lab　121
CDO　8, 132, 157, 180, 190, 192, 200

CDP	29, 69	NPO法人	111, 115, 116, 117, 122
CDSB	68	PER	58, 59, 60
CIC	116, 119, 120	PRI	38, 56
CSV	43, 48, 50, 104	RAF	→リスクアペタイト・フレームワーク
DCF法	51, 52		
EDTF	145	SASB	68, 69, 73
ESG	3, 39, 46, 49, 53, 54, 63, 68, 71, 74, 77, 78	SC	→社会関係資本
		SDGs	12, 29, 41, 43, 45, 50, 62, 73, 108, 240
ESG投資	56		
FINREP	230	SDGコンパス	30, 43
GPIF	56, 77	SIGMA原則	31
GRI	29, 68, 73	Social Capital Protocol	42, 90
IIRC	3, 29, 40	TCFD	40, 67, 69
KAM	4, 154, 166, 167, 168	TEEB	26, 28
LCA	34, 37	WAVES	22, 26
LEED	70	well-being	1, 2, 22, 23, 72, 103, 105, 238
LIME	34, 37		

[著者略歴]

越智信仁（おち のぶひと）

1961年愛媛県今治市生まれ、日本銀行勤務を経て、2015年から尚美学園大学総合政策学部教授。京都大学博士（経済学）、筑波大学博士（法学）。日本証券アナリスト協会検定会員（CMA）、公認会計士試験合格。日本IR学会評議員、グローバル会計学会理事。

主な業績として、『持続可能性とイノベーションの統合報告』（日本評論社・2015年、日本公認会計士協会学術賞、日本NPO学会賞）、『IFRS公正価値情報の測定と監査』（国元書房・2012年、日本会計研究学会太田・黒澤賞、日本内部監査協会青木賞）、『銀行監督と外部監査の連携』（日本評論社・2008年）、「レベル3公正価値測定の重要な不確実性を巡る概念的考察」（会計プログレス18号・2017年）、「統合報告書による自然資本会計の主流化」（環境経済・政策研究9巻2号・2016年）、「IFRS導入と公正価値評価への対応」（国際会計研究学会年報（2010年度）・2011年、国際会計研究学会賞）他。

社会的共通資本の外部性制御と情報開示
――統合報告・認証・監査のインセンティブ分析

2018年9月25日　第1版第1刷発行

著　者　越智信仁
発行者　串崎　浩
発行所　株式会社 日本評論社
　　　　〒170-8474 東京都豊島区南大塚3-12-4
　　　　電話 03-3987-8621　FAX 03-3987-8590
　　　　振替 00100-3-16　https://www.nippyo.co.jp/
印刷所　平文社
製本所　松岳社
装　幀　図工ファイブ
検印省略　Ⓒ Ochi Nobuhito 2018

ISBN978-4-535-55910-3　　　　　　　　　　　Printed in Japan

JCOPY〈(社)出版者著作権管理機構 委託出版物〉
本書の無断複写は著作権法上での例外を除き禁じられています。複写される場合は、そのつど事前に、(社)出版者著作権管理機構（電話03-3513-6969、FAX 03-3513-6979、e-mail: info@jcopy.or.jp）の許諾を得てください。また、本書を代行業者等の第三者に依頼してスキャニング等の行為によりデジタル化することは、個人の家庭内の利用であっても、一切認められておりません。

持続可能性と
イノベーションの
統合報告

非財務情報開示のダイナミクスと信頼性

越智信仁[著]

社会価値的側面、投資価値的側面から、統合報告書に至る統合ダイナミクスを解き明かすとともに、開示情報の信頼性・監査保証業務まで体系的に論じる。

■第14回 日本NPO学会・学会賞(優秀賞)受賞
■第44回日本公認会計士協会学術賞受賞

◆本体4,000円＋税
◆A5判／308頁

銀行監督と
外部監査の連携

我が国金融環境の変化、
各国制度の比較等を踏まえて

越智信仁[著]

外部監査人による銀行監督当局への情報提供や当局検査の代替といった新しい法的可能性について、外国との比較を踏まえて具体的に提案する。

Ⅰ 本書の目的と構成
Ⅱ 我が国における金融環境変化と銀行経営、銀行監督、外部監査の現状
Ⅲ 銀行監督当局と外部監査人の連携を巡る各国制度比較
Ⅳ 銀行監督当局と外部監査人の連携強化に資する制度インフラの考察
Ⅴ 要約と今後の課題

◆本体5,800円＋税
◆A5判／396頁

日本評論社
https://www.nippyo.co.jp/